現代社会を読む経営学 ⑬

アメリカの経営・日本の経営

グローバル・スタンダードの行方

Ito Kenichi　Nakagawa Seisi　Hori Ryuji
伊藤健市・中川誠士・堀 龍二 編著

ミネルヴァ書房

「現代社会を読む経営学」刊行にあたって

　未曾有の経済的危機のなかで「現代社会を読む経営学」(全15巻)は刊行されます。今般の危機が20世紀後半以降の世界の経済を圧倒した新自由主義的な経済・金融政策の破綻の結果であることは何人も否定できないでしょう。

　しかし，新自由主義的な経済・金融政策の破綻は，今般の経済危機以前にも科学的に予測されたことであり，今世紀以降の歴史的事実としてもエンロンやワールドコム，ライブドアや村上ファンドなどの事件(経済・企業犯罪)に象徴されるように，すでに社会・経済・企業・経営の分野では明白であったといえます。とりわけ，近年における労働・雇用分野における規制緩和は深刻な矛盾を顕在化させ，さまざまな格差を拡大し，ワーキング・プアに象徴される相対的・絶対的な貧困を社会現象化させています。今回の「恐慌」ともたとえられる経済危機は，直接的にはアメリカ発の金融危機が契機ではありますが，本質的には20世紀後半以降の資本主義のあり方の必然的な帰結であるといえます。

　しかし他方では，この間の矛盾の深刻化に対応して，企業と社会の関係の再検討，企業の社会的責任(CSR)論や企業倫理のブーム化，社会的起業家への関心，NPOや社会的企業の台頭，若者のユニオンへの再結集などという現象も生み出されています。とりわけ，今般の危機の中における非正規労働者を中心とした労働・社会運動の高揚には労働者・市民の連帯の力と意義を再認識させるものがあります。

　このような現代の企業，経営，労働を取り巻く状況は，経営学に新たな課題を数多く提起すると同時に，その解明の必要性・緊急性が強く認識されています。現実の変化を社会の進歩，民主主義の発展という視点から把握し，変革の課題と方途について英知を結集することが経営学研究に携わる者の焦眉の課題でしょう。

　しかも，今日，私たちが取り組まなければならない大きな課題は，現代社会の労働と生活の場において生起している企業・経営・労働・雇用・環境などをめぐる深刻な諸問題の本質をどのように理解し，どのように対処すべきかを，そこで働き生活し学ぶ多くの労働者，市民，学生が理解できる内容と表現で問いかけることであるといえます。従来の研究成果を批判的に再検討すると同時に，最新の研究成果を吸収し，斬新な問題提起を行いながら，しかも現代社会の広範な人々に説得力をもつ経営学の構築が強く求められています。「現代社会を読む経営学」の企画の趣旨，刊行の意義はここにあります。

「現代社会を読む経営学」編者一同

はじめに

　2008年9月15日に起きた大手投資銀行・証券会社リーマン・ブラザーズ (Lehman Brothers) のアメリカ史上最大の経営破綻（負債総額6130億ドル，64兆円），いわゆるリーマン・ショックは，政治・経済・軍事など，あらゆる面で世界を牽引してきたアメリカの失墜をもたらした。それは，日本の経済にも，また企業経営にも多大な影響を及ぼした。

　21世紀への転換期，日本企業は世界市場での生き残りをかけて，日本的経営と呼ばれるそれまでの経営スタイルに代えて，アメリカ流の経営スタイルを讃美し，それをグローバル・スタンダードの名のもとに導入した。それを象徴するのが成果主義，あるいは業績連動型といった言葉であろう。そうしたアメリカ流の経営スタイルは，日本人の働き方（＝人事労務管理）に大転換をもたらすと受け止められた。ところが，リーマン・ショック後の世界同時不況の中で，アメリカ流の経営スタイルに対する評価が大きく揺らぐことになる。

　今後，日本企業はどういった経営スタイルをとるべきなのであろうか。それには3つが考えられる。1つ目は，21世紀への転換期に大転換させた方向を今後も継続する方法。2つ目は，それ以前の1980年代に世界から評価された日本的経営に戻す方法。そして3つ目は，アメリカ流と日本流の折衷案（ハイブリッド）を採用する方法である。これら3つの選択肢の内，どれを選択するにしても，はっきりさせておかねばならない点がある。21世紀への転換期に，日本企業の経営スタイルがアメリカ流の経営スタイルに飲み込まれてしまった（収斂した）のかどうか，という点である。この点が明確にならない限り，次にとるべき方向を決定することはできない。

　その際，グローバル化の展開に注意を払う必要がある。近年の貿易拡大と資本取引の増加は，先進国間の経済的相互依存関係をこれまでになく強め，その結果諸国間の経済的統合はかつてなく緊密化している。世界同時不況という今

回の危機的状況が，こうしたグローバル化の進展にブレーキをかけるのかそうでないのかによって，日本企業がとるべき方向も大きく影響を受ける。

われわれは，現下の状況は世界が大転換している過程で生じたことで，この危機的状況が終焉すればグローバル化は紆余曲折を経ながらもさらに進展し，グローバル競争が一層熾烈化すると考えている。事実，日本企業のさらなるグローバル化を示唆する事態も進行している。

2008年を象徴するのは先のリーマン・ショックであったが，その裏で見逃してはならない出来事が進展していた。それは，日本企業による外国企業への出資と外国企業を対象としたM&Aである。その代表的な事例は，三菱UFJフィナンシャルによるモルガン・スタンレーへの出資（90億ドル，9000億円），武田薬品工業によるアメリカの製薬会社ミレニアム・ファーマシューティカルズの買収（8000億円），東京海上ホールディングスによるアメリカ企業フィラデルフィアの買収などで，総額は7兆4600億円に達していた。

こうした動向は，資産バブルのジャパンマネーによる買収ブームとしてのM&A（三菱地所によるロックフェラーセンター買収やパナソニックによるMCA買収など）や自動車・電機の現地生産にみられたかつてのグローバル化とは違った色彩をもつものである。海外での事業展開は戦略に基づく行動であり，日本企業にとって至上命題でもある。金融危機と景気後退で生じた株価下落や円高が絶好のチャンスを与えたのである。日本企業のグローバル化は新たな段階に突入しようとしている。

経済がグローバル化すれば，これまで異質だった国ごとの制度・施策（人事労務管理に関する制度・施策も含めて）がグローバル・スタンダードに収斂するのではないか。そうなった場合，リーマン・ショックで失墜したとはいえ，いまだ厳然たる力を有するアメリカ企業をモデルとした制度・施策に収斂するのではないか，というのは自然な見方である。はたしてそうなのであろうか。

われわれは，経済のグローバル化が経営のそれと同じことを意味するとは考えていない。日本企業がグローバル競争を生き抜くことと，日本企業の人事労務管理を含む制度・施策がグローバル・スタンダード（アメリカモデル）に収斂していくことは別の問題と考えているのである。もちろん，アメリカ企業が

はじめに

　グローバル市場の勝者であったことは事実であり，リーマン・ショック後の展開の中で再度勝者になる可能性は強い。たとえそうなったとしても，アメリカ企業の制度・施策を真似る必要はない。日本企業には慎重な判断が求められる。

　事実，本書が明らかにしているように，在日アメリカ系企業の制度・施策はアメリカ本社のそれに近づいてはいるものの収斂はしていない。日本で事業展開する企業として構築してきた日本流の経営スタイルを根幹で継承しているのである。日本企業に比べ，収斂の圧力が強くかかっていた在日アメリカ系企業ですらそうなのである。こうした在日アメリカ系企業の姿は，今後日本企業がとるべき方向を考える際の指針とすべきものである。さらに，本書が明らかにした事実は，日本企業で現在働いている人々，さらには今後そこに入っていく学生諸君にとっても大きな関心事であるはずである。読者諸氏からご意見・ご批判を賜れば幸いである。

　最後に，ミネルヴァ書房社長杉田啓三氏と編集部の梶谷　修氏には大変お世話になった。特に，梶谷氏の献身的な支援がなければ本書は出版できなかったであろう。末尾ながら，この場を借りて両氏に感謝の意を表させていただきたい。

　2010年1月

編者を代表して

伊藤健市

アメリカの経営・日本の経営
―――グローバル・スタンダードの行方―――

目　次

はじめに

序　章　アメリカモデルと日本モデル……………………伊藤健市… *1*
　　1　グローバル化と資本主義の多様性 ……………………………… *1*
　　2　ナショナルモデル ……………………………………………… *3*
　　3　日本モデルとアメリカモデル …………………………………… *5*
　　4　日本モデルとアメリカモデルの位置関係 ……………………… *8*

第1章　アメリカモデルの変貌……………………………伊藤健市… *13*
　　　　──IBMを事例に──
　　1　2つのアメリカモデルとIBM ………………………………… *13*
　　2　IBMモデルとその位置づけ …………………………………… *14*
　　3　IBMモデルの変貌：ガースナー改革 ………………………… *24*
　　4　IBMモデル変貌の帰結 ………………………………………… *27*

第2章　コーポレート・ガバナンスの変容にみる日本の経営と
　　　　アメリカの経営 ……………………………………澤田　幹… *31*
　　1　コーポレート・ガバナンスと経営モデル …………………… *31*
　　2　コーポレート・ガバナンスとアメリカモデル ……………… *33*
　　3　日本モデルとコーポレート・ガバナンス …………………… *37*
　　4　バブル崩壊と日本的経営モデルの見直し …………………… *40*
　　5　経済のグローバル化と日本モデル …………………………… *45*

第3章　ソニーの組織改革とコーポレート・ガバナンス
　　　　 ……………………………………………………澤田　幹… *49*
　　1　ソニー株式会社の創立と国際化の歩み ……………………… *49*
　　2　経営の多角化と組織改革 ……………………………………… *52*
　　3　出井体制下でのコーポレート・ガバナンス改革 …………… *55*
　　4　ソニー型コーポレート・ガバナンスの有効性 ……………… *59*

目　次

　　　5　ソニーはアメリカモデルなのか？ ……………………………62
　　　6　ソニー型コーポレート・ガバナンスのこれから ……………66

第4章　日本IBMの給与制度 ……………………………堀　龍二…69
　　　1　IBMの伝統的な給与理念とその転換 …………………………69
　　　2　日本IBMの給与制度 ……………………………………………73
　　　3　目標管理による業績評価の実施と改編 ………………………81
　　　4　「ガースナー改革」に合わせた制度変更 ……………………84
　　　5　職務と人の両方を評価する日本IBM …………………………92

第5章　ファイザーの人事考課…………………………伊藤健市…97
　　　1　ファイザーの沿革 ………………………………………………97
　　　2　能力主義の導入と人事考課 ……………………………………98
　　　3　職群別職能資格制度による能力主義の強化と人事考課 ……104
　　　4　職種別職務等級制度への移行と人事考課 ……………………109
　　　5　ファイザーからのインプリケーション ………………………116

第6章　ジョンソン・エンド・ジョンソンのコンピテンシー
　　　　　……………………………………………………佐藤健司…119
　　　1　日本企業におけるコンピテンシーの展開と活用状況 ………119
　　　2　ジョンソン・エンド・ジョンソンの沿革と同社を支える2本柱
　　　　　……………………………………………………………………122
　　　3　ジョンソン・エンド・ジョンソンにおけるコンピテンシーの展開
　　　　　……………………………………………………………………130

第7章　日本IBMの人材教育 ……………………………伊藤健市…141
　　　　　――プロフェッショナル専門職を中心に――
　　　1　IBMと日本IBM …………………………………………………141
　　　2　20世紀におけるIBMの人材教育 ………………………………144

ix

3　日本IBMのプロフェッショナル専門職制度 …………………… *147*
　　4　日本IBMのリーダーシップ開発 …………………………………… *154*

第8章　ザ・リッツ・カールトン・ホテルのキャリア開発
　　　　──企業理念の浸透と実践のためのキャリア形成──
　　　　………………………………………………………………谷本　啓 *163*
　　1　ホテル産業におけるキャリア形成 ………………………………… *163*
　　2　ザ・リッツ・カールトン・ホテルの沿革 ………………………… *169*
　　3　ザ・リッツ・カールトン・ホテルの人材育成 …………………… *175*
　　4　クレドの浸透と実践の促進 ………………………………………… *179*
　　5　リッツ・カールトンにおけるキャリア形成の特徴 ……………… *182*

第9章　アフラックのワークライフバランス ……………佐藤健司 *187*
　　1　日本企業におけるワークライフバランスの展開と実施状況 …… *187*
　　2　ワークライフバランス推進企業としてのアフラック …………… *189*
　　3　アフラックにおけるワークライフバランス ……………………… *193*

第10章　P&Gジャパンのダイバーシティ・マネジメント
　　　　………………………………………………………………中川誠士 *211*
　　1　日経連ダイバーシティ・ワーク・ルール研究会による定義 …… *211*
　　2　アファーマティブ・アクションとダイバーシティ・マネジメント
　　　　………………………………………………………………………… *213*
　　3　P&G本社におけるダイバーシティ・マネジメント …………… *218*
　　4　P&Gジャパンにおけるダイバーシティ・マネジメント ……… *226*
　　5　本社と日本支社のダイバーシティ・マネジメントの対置 ……… *230*

第11章　ファイザーのメンタルヘルスケア ……………伊藤健市 *235*
　　1　わが国におけるメンタルヘルスケア ……………………………… *235*
　　2　ファイザーのコアバリュー ………………………………………… *239*

3　ファイザーのメンタルヘルスケア ……………………………242

終　章　グローバル化と日本モデル
　　　　　　………………伊藤健市・中川誠士・堀　龍二…253
　　1　資本主義とグローバル化 ……………………………………253
　　2　グローバル化の進展 …………………………………………254
　　3　グローバルに統合された企業と日本モデル ………………256

索　引……267

序章
アメリカモデルと日本モデル

1 グローバル化と資本主義の多様性

1 資本主義の多様性

1989年,ベルリンの壁が崩壊し,資本主義陣営(西側)と共産主義陣営(東側)とに分割されていた世界構図も崩壊した。それ以降,多くの国々で,資本主義が現実的な制度として受け入れられている。資本主義対共産主義に代わって,資本主義対資本主義が,つまり,どのような資本主義を選択するかが問題となっている。

では,資本主義のスタイルにはどのようなものがあるのか。資本主義の原理を最も明確に示すのがアングロ・サクソン型である。その特徴は,自由競争(=市場原理)を徹底的に追求し,自由放任(レッセ・フェール)を謳う点にある。もう1つが福祉国家型である。その特徴は,自由競争(=市場原理)によって生じる市民間の格差や不平等を,政府が介入する(セーフティ・ネットの構築など)ことで是正し,種々の福祉制度によって救済する点にある。これらは,自由主義体制(あるいは新自由主義体制)と福祉国家体制という政治的枠組みに視点を置いた資本主義の類型化であり,現在,福祉国家的な制度・施策は,新自由主義的な潮流に飲み込まれつつある。

こうした政治的枠組みに対し,制度的枠組みによっても多様なスタイルの資本主義が確認できる(青木昌彦〔2003〕『比較制度分析に向けて』NTT出版;P. A. Hall and D. Soskice eds.〔2001〕*Varieties of Capitalism*, Oxford University Press／遠山弘徳他訳〔2007〕『資本主義の多様性』ナカニシヤ出版)。企業やその経営に焦点を当てる本書にとっては,こちらの類型化のほうが重要である。資本主義諸国は,コーポレート・ガバナンス,産業ネットワーク,イノベーション,経営

スタイルといった制度構造をそれぞれ異にしている。例えば，コーポレート・ガバナンスに関して，アメリカではステークホルダー（利害関係者）の中でも株主を重視する傾向が強く，ヨーロッパではステークホルダーとの法的関係を重視する傾向が強い。一方日本では，ステークホルダー間の利害のバランスをとろうとする傾向が強い。以上のコーポレート・ガバナンスの違いは，アメリカでは株主志向といった形で，ヨーロッパではEUが制定した従業員代表と事業所協議会との協議を求める法律といった形で，日本では長期雇用，企業内教育の充実，企業別組合の普及に典型的に示される従業員志向といった形でそれぞれ具体的に現れている。こうした制度構造の違い，別の言い方をすれば制度構造の多様性を規定するのは，個々の国に特有な社会的・文化的・歴史的要因である。そうした要因が個々の国の繁栄に対し固有の経路をもたらし，結果として多様な制度構造，多様な資本主義が出現するのである。

2 グローバル化と資本主義の多様性

　現在，多様な資本主義の行方に大きく影響する事態が世界規模で進行している。いうまでもなくグローバリゼーションの展開（＝グローバル化）である。

　グローバル化とは，地域と地域，国と国の間にあった障壁を越えて（ボーダレス化），ヒト・モノ・カネ・情報・サービスが自由に動くことを指し，世界規模での貿易の拡大や資本取引の増大を通して経済的な結びつきが強固になる。

　現下のグローバル化は，1971年8月のドル・ショック後の変動相場制への移行を契機に，各国の資金移動規制撤廃のもと先進国の金融資本を中心に海外直接投資が活発化したことに刺激を受け，1985年9月のG5（アメリカ・イギリス・ドイツ・フランス・日本）の財務大臣・中央銀行総裁会議での「プラザ合意」以降加速した。そして，東欧・ソ連などの崩壊と中国の開放経済政策がグローバル化に拍車をかけた。さらに，WTO（世界貿易機関）などの国際機関による多国間協議を通して一層深化し，IT化がその拡大を強烈に推進している。注意すべきは，現下のグローバル化が新自由主義的な潮流と軌を一にしている点である。

　グローバル化のもと，消費者は消費財を世界中から調達できるようになるが，

企業（ここで想定しているのは大企業）からみれば，国境によって分断され保護された国内市場で国内企業と競争していた状況から，グローバルな市場で世界中の企業を相手に競争しなければならない状況へと追い込まれる（もちろん国内市場のみで事業展開する企業がなくなるわけではない）。また，市場での勝者と敗者も，国内市場とグローバル市場ではその意味する内容が違ってくる。国内市場での勝者であっても，グローバル市場での勝者にならなければ企業の存続自体が危うくなる事態に直面し，グローバル化することを余儀なくされる。

こうしたグローバル化の進展のもとで多様な資本主義，特にその制度構造の多様性はどうなるのであろうか。グローバル・スタンダードという言葉が示唆するように，それは資本主義の多様性に終焉をもたらすのであろうか。以下では，グローバル化の中で企業とその経営スタイルがどう変化するのかという側面にも焦点を当てつつ考察を進めていきたい。

2　ナショナルモデル

1　グローバル化とナショナルモデル

企業がグローバル市場の勝者をめざして競争せざるを得ないという現下の状況は，多様な資本主義のもとで多様な経営スタイルを開花させてきた各国の企業に，その見直しを迫るものとなる。各国の企業は，それぞれの生き残りをかけて互いに他国の企業の経営スタイルの良き点を学び，可能であれば導入しようとする（ベンチマーキング）。もちろん，国内市場で競争している場合も他の企業をモデルに自社の経営スタイルを再編・強化するといったことは行われてきた。そこでは，社会的・文化的・歴史的要因が共通したものであるため，それほど違和感なく他社の経営スタイルを取り入れることができる。そうした収斂の過程を経て，一国の経営モデルとでもいうべきものがその時々の経営環境に適合したものとして構築されていく。同じことが社会的・文化的・歴史的要因が異質な国々で構成されるグローバル市場でも起こるのであろうか。

まず，グローバル市場のもとで収斂が起こるとすればどのような形が想定できるのであろうか。最もわかりやすいのは，ナショナルモデルに収斂するとい

う考え方，つまり，特定の国がモデルとなり，他の国々はその特定の国の制度構造をベスト・プラクティスとして模倣し，それに向かって収斂していくとの考え方である。このナショナルモデルへの収斂は，その前提として各国が模範とするべきベスト・プラクティスが存在していなければならず，各国はそうしたナショナルモデルに自国を近づけようとする。もちろん，ベスト・プラクティスは時代とともに変化するから，ナショナルモデルもそれとともに変化する。パックス・ロマーナではローマ帝国が，パックス・ブリタニカでは大英帝国が，第二次世界大戦後のパックス・ルッソ・アメリカーナではアメリカとソ連が，ソ連崩壊後のパックス・アメリカーナではアメリカがそれぞれナショナルモデルとされた。いずれにせよナショナルモデルとされたのはその時代の覇者，ここでの議論に沿えば市場での勝者であったことは間違いない。

2　ナショナルモデルの妥当性

こうした考え方は非常にわかりやすいし，国の政策立案や企業の制度構造の再構築に当たっても，そうしたナショナルモデルを手本にすれば済む。だが，ここで考えておかねばならないことがある。そもそも，ナショナルモデルがあると仮定してもその全制度構造を模倣することは無理だし，その実現可能性はほとんどないという点である。これは「経路依存性」の理論が説明してくれる。

経路依存性とは，国の歴史あるいは企業の歴史はそれぞれ異なる出発点をもち，それぞれが別の経路をたどって発展し現在に至っている，とする考え方である。この発展過程における時間の経過とともに，経済の諸制度あるいは経営スタイルの間で相互作用が生じ，相互補完関係が構築される。その結果，同じ問題に直面して同じような対応を行うにしても，それは表面上同じようにみえるだけで，別の国・企業でうまく機能した制度・経営スタイルであったとしても，他の国・企業で同じ結果をもたらすとは限らないのである。別の見方をすれば，制度構造がすべて同じでないなら，ある国・企業が特定の制度に加えた変更を模倣することは困難となる。それゆえ，ナショナルモデルが理論的に成り立つのは，それまでの制度構造をすべて捨て去り，それに代えてナショナルモデルと同じ制度構造を新たに導入する場合しかない。でも，こうしたやり方

は，既存の制度のもとでの埋没コスト，つまり新制度の採択にもかかわらず回収不能なコストの存在と，何よりも新たな制度構造のもつ不確実性のもと，その実現はかなり困難である。

ナショナルモデルの模倣が現実的でないにしても，その方向をモデルにするという考え方は当然成り立つ。これもナショナルモデルへの収斂とみなせるが，「方向性の収斂」と呼ぶべきものである。以下では，日本とアメリカに焦点を絞って，両国間で進行している事態を考察する。

3　日本モデルとアメリカモデル

1　日本モデルの大転換

ここ十数年，日本企業は経営「改革」を旗印に，それまでの経営スタイルを大幅に見直している。それは，従業員志向から株主志向に移行したコーポレート・ガバナンス，株式持ち合いの解消，連結経営の導入，弱体・不採算事業の閉鎖，コスト競争力のない系列企業の切り捨て，といった諸点に現れている。なかでも，正社員の人事労務管理の領域では，「大転換」（あるいは「地殻変動」）としか表現できない事態が生じている。例えば，①「終身雇用」を誇っていた雇用慣行を崩し，「リストラ」の名のもとに早期退職制度などを利用した余剰人員の整理，②成果・業績をそれほど重視してこなかった年功・能力主義的な制度・施策から，成果・業績に表れる貢献度を評価の軸に据える成果・役割主義的な制度・施策への移行，③手厚い福利厚生からの撤退，などである。

こうした「大転換」をどうみればいいのであろうか。(A) 旧来の日本モデル（組織志向的な経営スタイルのことで，ステークホルダーの中ではまず従業員を大切にしようとする）が崩壊し，アメリカモデル（市場志向的な経営スタイルのことで，ステークホルダーの中では何よりも株主を大切にしようとする）がそれに置き換わることで，日本モデルがアメリカモデルに収斂したとみるべきであろうか。それとも，(B) 表面的にはアメリカモデルに収斂しているかのようにみえるが，その内実をつぶさに観察すれば日本モデルが根強く残っている（ハイブリッド型になっている）とみるべきであろうか。(A) は日本がアメリカを

ナショナルモデルとするという見方で，すでに明らかにしたようにその現実可能性は低い。(B) は日本モデルにアメリカをモデルとする方向性の収斂がみられるとの立場で，本書もこの立場に立っている。では，なぜアメリカモデルがわが国のモデルになったのであろうか。まずこの点を明らかにしておこう。

2　アメリカモデルの台頭と日本モデル

　グローバル化は，すでに触れたように先進国間の経済的相互依存関係をこれまでになく強める。その結果，諸国間の経済的統合はかつてなく緊密化する。このような経営環境の変化の中で，わが国ではアメリカをモデルとした方向性の収斂を進める要因のもつ力が他の国々に比して強まっている。

　まず第一に，日米両国の企業は，グローバル化のもとで同じ顧客や投資家を満足させねばならない状況に直面している。これは，日本モデルがアメリカモデルに接近するのを後押しする非常に大きな力である。第二に，日米両国経済が，これまで以上に密接に絡み合っており，そのことは自ずと同じ方向に向かうよう日本モデルを導くのである。事実，アメリカの政策立案者たちは，貿易，商業，知的財産権などに関するアメリカ法を模範として日本の国内法を整備するよう日本政府に圧力をかけている。また，アメリカの投資家やコンサルタントは，日系アメリカ企業にアメリカ流の経営スタイルを導入するよう迫っている (S. M. Jacoby〔2005〕*The Embedded Corporation*, Princeton University Press／鈴木良始・伊藤健市・堀龍二訳〔2005〕『日本の人事部・アメリカの人事部』東洋経済新報社)。こうしたアメリカ流の洗礼を受けた経営者がそれを日本に持ち返るといった動きが散見される。古くはソニーの盛田昭夫氏，最近では武田薬品工業の武田國男氏やキヤノンの御手洗冨士夫氏，パナソニックの中村邦夫氏などがそうである。さらに，在日外資系企業の経営者を中心に組織された在日米国商工会議所 (American Chamber of Commerce in Japan) は，アメリカ企業のビジネスチャンス拡大につながる政策提言を一貫して行い，1994 年以降「国会ドアノック」を通して政界への影響力を強めている。

　日米両国の企業はこれまで以上に相手を意識し，それぞれ相手のやり方を学ぼうとする。日本企業は，「改革」を約 10 年先行して断行したアメリカ企業を

モデルとし，そこで取り入れられた制度・施策をためらうことなく導入した。その結果，現在多くのわが国大企業が展開している人事労務管理の制度・施策は，アメリカモデルと大差のないもののようにみえる。とりわけ，同一産業内で競争している企業にはこの動きが強く表れる。シリコンバレー企業のやり方を富士通が導入したのがその好例である。だがそれは，日本モデルがアメリカモデルに置き換わったことを意味するものではない。

3　方向性の収斂

　日本モデルにはアメリカをモデルとした方向性の収斂がみられるものの，日本モデルの根幹をなすものは残っている，とするのが本書を貫くスタンスである。本書が想定しているのは，アメリカをモデルとした方向性の収斂が歴然と存在していることを示す，例えば成果・業績主義あるいは業績連動型といった言葉で制度・施策が説明されていたとしても，その内実を詳細に観察してみれば日本モデルの根幹を構成するものがかなり残っている，ということである。要するに，種々の制度・施策の根幹部分にアメリカモデルがどれだけ浸透しているかが問題なのである。

　では，どういった分析手法をとればこの点を明らかにできるのであろうか。もちろん，代表的な日本企業を具体例にその制度・施策の変化を考察するという方法もある。だが，本書はそうした方法ではなく，その観察点を日本企業の中では外資の影響を強く受けたソニーと在日アメリカ系企業に置いている。後者の在日アメリカ系企業は，アメリカに本社を置く企業であったとしても，日本で事業展開している以上，アメリカ流の制度・施策とまったく同じものを日本で活用してきたわけではなく，それを日本の経営風土や日本人の好みに合うようアレンジしてきた。そうした日本流にアレンジされた制度・施策は，それを取り巻く経営環境の激変の中で変化を余儀なくされたはずだし，ソニーや在日アメリカ系企業にはアメリカモデルへの収斂に対する圧力が日本の企業よりもはるかに強くかかっていたはずである。

　アメリカモデルは，日本企業にとってモデルとして学ぶ対象であったとしても，全面的に置き換える対象ではないし，そのこと自体に無理がある。だが，

在日アメリカ系企業にとっては，ナショナルモデルではなく自国モデルなのである。本社からの指示があれば即座に対応すべきものである。その意味で，在日アメリカ系企業の制度・施策が本国の制度・施策に近づいているとの予測は大いに説得力をもつ。だが，この予測は正しいのであろうか。この点を企業の具体的な事例を通して明らかにするのが本書の目的である。つまり，アメリカモデルに収斂させようとする圧力が強い在日アメリカ系企業の制度・施策に，日本流にアレンジしたものがどの程度残っているのかを考察することで，日本モデルとアメリカモデルの位置関係を明確にしたいのである。

4 日本モデルとアメリカモデルの位置関係

　日本企業の特徴は，先に触れたように，一言でいえば組織（従業員）志向という点にある。具体的には，①雇用が可能な限り長期にわたって継続され，②その結果離職率は格段に低く，③広範な教育訓練が提供され，④年功と平等への配慮が，採用・昇進・昇給・異動といった処遇に大きな影響を及ぼし，⑤従業員志向のコーポレート・ガバナンスがみられ，⑥企業別組合が以上の組織志向性を支えていた。ただし，以上の特徴は，大企業に典型的にみられるものであり，さらには従業員構成で圧倒的な比重をもっていた男性正社員を対象としたものであった点は指摘しておく必要がある。

　一方，アメリカ企業にも，企業別組合は別として，1980年代半ばまで以上の日本企業とよく似た経営スタイルを採用していた企業が数多く存在していた。一般にエクセレント・カンパニーと評価されていた企業群がそうである。だが，1980年代半ば以降，多くのアメリカ企業は市場（株主）志向性を強めている。それは，先の日本企業の組織志向性と対極をなす動きとして出現している。すなわち，①雇用期間は短期となり，②その結果離職率が高く，③教育訓練投資は削減され，④採用・昇進・昇給・異動は市場を基準としたものに置き換わり，⑤株主志向のコーポレート・ガバナンスがみられ，⑥組合は産業別に組織される傾向が強いか，あるいは存在しない。

　以上のような市場志向性を強めたアメリカモデルこそがグローバル・スタン

ダードのあるべき姿で，日本企業もそれをモデルにするべきという主張もある。はたしてそうなのであろうか。日本企業のあるべき人事労務管理を，働く人々の立場に立って考えるという視点から，在日アメリカ系企業を対象にその人事労務管理諸施策のとるべき方向性を学ぶのも本書の目的である。

ところで，日本モデルとアメリカモデルの位置関係という問題は，実はこれまで何度も議論されてきた。その意味で，現在の問題に焦点を絞る前に，過去にあった同じような事態を考察しておくことが有益であろう。現在と違って，アメリカモデルの優位性が疑問視され，かえって日本モデルのほうが優位であるといった評価を受けた時代もあったのである。

「過去にあった同じような事態」とは，第二次世界大戦がもたらしたものである。当時の一般的な風潮は，同大戦での連合国側の勝利はアメリカの政治・経済制度（ビジネスモデルも含む）の勝利と受け止められ，そうした側面のみならず社会文化といった側面でもアメリカモデルが席巻し，世界の国々の諸制度はアメリカモデルに収斂する，と考える論者も多数登場した。その当時（1950～60年代），日本の企業経営者はそのビジネスモデルを学ぶ目的で海外視察団をアメリカに繰り返し派遣していた。ただし，彼らはアメリカモデルのすべてをそのまま模倣するのではなく，日本の経営スタイルに適合する制度だけを導入したのであって，根幹をなす部分までもがアメリカモデルに置き換わったわけではない（本章のColumnを参照）。同じことが現在の状況にもいえるのであろうか。何度も繰り返すが，それを明らかにするのが本書の目的である。

「アメリカモデルの優位性が疑問視」されたのは，アメリカの戦後ブームが終焉した1970年代以降のことである。生産性の低下，インフレの昂進，経常収支の赤字（その中心をなす貿易収支の赤字）と財政赤字という「双子の赤字」，それを象徴するドル・ショック，事態の悪化を加速した二度のオイル・ショック（1973年と78年）のもと，アメリカモデルの優位性に影が差し，同モデルへの収斂といった議論は衰退したのである。そこでは，アメリカモデルに代わって，ヨーロッパモデル，次いで日本モデルが脚光を浴びた。日本モデルの成功の鍵は，具体的には，①十分に訓練された従業員の存在，②高品質な製品，③効率的な生産システム，④安定した協調的労使関係，⑤サプライヤーとメー

▶▶ **Column** ◀◀

海外視察団はアメリカから何を学んだのか

　日本生産性本部は，アメリカの経営管理方式の積極的な導入を目的に，海外視察団の派遣あるいは海外からの専門家の招聘を主たる事業として，1955年3月に創立されました。とりわけ，当時の東芝社長（初代日本生産性本部会長）石坂泰三氏を団長とする第1回トップ・マネジメント視察団は，アメリカの一流大企業の経営が有する「特徴」＝「進歩した経営方法」，アメリカの高い生産性を支える「特徴」を学び取ったのです。それは具体的には，計画性，市場開拓，労使の協力，人間性の尊重，科学性，社会的責任の6点でした。本巻と関係の深い「人間性の尊重」に絞ってみておきましょう。

　そこでは，「在来の狭い利益中心の観念が後退して，従業員に対してその良質の勤労を永続的に保持することを最高の方針とし，これを実現するために，組織的計画的な諸方策を徹底的に実行している……。（改行）従来は企業の経営者は，何よりも株主への配当を多くすることに最大の関心を払ったのであるが，今やアメリカの大会社の経営者は，従業員を大切にすることの方に，優先的考慮を払うのが通例になったと考えてよい。これは，これらの大会社が，今日では，ほぼ完全に所有と分離した独立の経営になったことと，従業員に対する優先的考慮が，結局において生産性の反映することに確信をもつに至ったこととによるものといいうるであろう。」つまり，アメリカ大企業の経営トップは，「人を雇うことは，その全人格を雇うことである」という，いわば当然のことを明確に認識していたし，そのための考慮に注意が向けられていたことを指摘しています。その背景にある人間観は次のようなものでした。「全人格としての従業員は，単に金銭上の満足だけが要求の全部ではない。むしろ，職の保障（job security），昇進への機会の均等，人間としての生長，明朗な職場，日常業務への愛着などを要求している」と。

　当時の日本企業にとって，先の6つの「特徴」は，「大いに学び取らなければならない点」であったことはいうまでもありません。だが，第1回視察団の報告書には，次のような指摘もありました。アメリカから学ぶべき点は数多いが，その際何よりも注意すべきは，「国情のちがい，企業の規模，経済事情その他万端のことがらの制約を受けるから，いま直ちに受け入れ得るものと，相当の準備地固めをしたうえでないと，受け入れが困難なものとがある」と。これは重要な指摘ですし，現在の経営トップに是非とも心にとめ置いてもらいたい指摘です。（参照資料：日本生産性本部『繁栄経済と経営』1956年）

カーとの協調関係，⑥それらを支える産業界と政府との良好な関係，などにあったことが指摘されていた。大戦後とは逆に，アメリカの企業経営者が研修団を組んで日本を訪れることとなり，QCサークル活動に代表される参加型の経営手法やジャスト・イン・タイム（JIT），労使協調路線の重要性を学んだのである。「ジャパン・アズ・ナンバーワン」といった評価が示すように，当時日米の立場は逆転したかのようにみえた。

　しかし，事態はそう単純ではなかった。ヨーロッパや日本から学んだアメリカは，1990年代に再度その立場を逆転させたのである。日本は，その間「失われた10年」という経済停滞を体験することとなる。その中で，日本モデルとアメリカモデルとの位置関係が問題となっているのである。しかもそれは，経済のグローバル化とIT化が進行する中での話である。はたして今回も，大戦後と同様，日本の経営スタイルに適合するものだけを取り入れるといった対応方法をとるのであろうか。それとも，根幹にかかわる部分もアメリカモデルに転換させるのであろうか。アメリカは，1990年代以降2008年9月の「リーマン・ショック」に端を発する世界同時不況までグローバル市場の勝者であり，各国がモデルとする国であったことは事実である。アメリカの制度構造，例えば市場志向性，株主志向のコーポレート・ガバナンスがモデルとなり，それらがグローバル・スタンダードと受け止められてきた。はたしてこの考えは正しいのであろうか。一般に，グローバル市場での勝者はナショナルモデルと容易にみなされ，そこにはベスト・プラクティスがあるかのように受け止められる。しかし，グローバル市場での勝者であったとしても，その制度構造がベスト・プラクティスかどうかは別問題なのであって，その判断には慎重な検討が求められる。こうした点を，アメリカ本社の組織（従業員）志向から市場（株主）志向への転換の波をまともに受ける，在日アメリカ系企業の対応を中心に考察しようというのが本書の目的である。

(伊藤健市)

第1章

アメリカモデルの変貌
――IBMを事例に――

　21世紀への転換期に日本企業が模倣したアメリカモデルは，1980年代半ば以降にそれまでのアメリカモデルが大変貌したものでした。その意味で，グローバル・スタンダードとして，日本企業がモデルとしたアメリカモデルは，1980年代半ば以降という特殊な時代背景のもとで誕生したモデルであるとともに，一過性のものとなる可能性をもつモデルなのです。では，1980年代半ばを境に変貌した2つのアメリカモデルは何がどう違うのでしょうか。IBMを事例に探ってみましょう。

1　2つのアメリカモデルとIBM

　日本企業が方向性の収斂でモデルとしたアメリカモデルとはどういった内容のものであったのか。当然のことながら，それは1980年代半ばまでのアメリカモデルではない。そうした旧来型のモデルが大きく変貌し，1990年代にアメリカが再生したことで世界が注目し，その結果，グローバル・スタンダードとみなされるまでになったのである。

　もちろん，旧来型のモデルも日本企業を含めて世界中の企業のモデルになっていた。ここでいいたいのは，1990年代半ば以降に日本の企業がモデルにしたアメリカ流の経営スタイルは，旧来型のモデルにみられた経営スタイルではなく，1980年代半ば以降に大転換した経営スタイルであった，ということである。日本も含めて世界中の企業がモデルとしたのは，1980年代半ば以降の新自由主義や市場原理主義の台頭のもとで，大きく転換したアメリカモデルであった。この新たなアメリカモデルは，1980年代半ば以降にアメリカ再生をかけて登場したモデルであった。

　では，旧来型のモデルにみられる経営スタイル，つまり1980年代半ばまで

のアメリカ企業の経営スタイルとはどういった内容のものであったのだろうか。そうした経営スタイルのどの部分が変えられなければならないと認識され，それがどう変わったのであろうか。

それを知る恰好の企業が IBM (International Business Machines Co.) である。同社は，戦後のアメリカ企業を代表する企業の1つであり，その経営スタイルは多くのアメリカ企業のモデルにもなっていた。さらに，戦後日本の企業が再建される途上でモデルにした企業の1つでもあった。日本企業がモデルとしたこともあって，日本モデルは IBM の経営スタイルとよく似ている。その意味で，IBM が1980年代半ば以降その経営スタイルのどの部分をどう変えたのかを明らかにすることは，当時生じたアメリカモデル変貌の内実を知るのに最適だし，そうした経営スタイルは在日アメリカ系企業が変えようとする経営スタイルであった。さらにいうなら，日本モデルが方向性の収斂の中で変更を加えようとする経営スタイルでもあった。

2　IBM モデルとその位置づけ

マネジメントの泰斗ピーター・F・ドラッカー (Peter F. Drucker) は，その著『すでに起こった未来 (*The Ecological Vision*, 1993)』の中で，「独自の価値観に根差した日本的経営というテーマについて語ると，日本では必ずといってよいほど笑われたものだ」，と語っている。彼の日本人の友人は，「われわれはただ IBM のこれまでの取り組みをなぞっているだけなのです」，と告げたという。その真意について問いつめると，いつも次のような判で押したような答えが返ってきた。「1950年代に戦後の復興に本腰を入れ始めた折，最も成功した会社はどこだろうかと，世界を見わたしました。やはり IBM を置いてほかにありませんよね」，と (pp.47-58. 当該箇所は邦訳されていない)。

IBM は，戦後，日本企業が復興する際のモデルとされたのである。1955年以降，日本生産性本部はアメリカを中心に海外視察団を派遣した。早くも3年後の1958年には，「海外視察2000人派遣記念祝賀会」が開催されている。そうした海外視察団が訪問したアメリカ企業の中に，IBM はフォード自動車会

第1章 アメリカモデルの変貌

社やウェスティングハウスとともに上位3位までに入っていたのである（日本生産性本部〔2005〕『生産性運動50年史』107頁）。このIBMは，1990年代に入って，日本の企業がかつてモデルとした組織（従業員）志向的な企業から市場（株主）志向的な企業へと大変貌を遂げたのである。以下では，IBMモデルの位置づけと，その変貌の内実を考察しておきたい。こうしたIBMモデルの変貌と類似の事態は，本書で取り上げる企業を含む多くのアメリカ企業が体験したものでもあった。

1 IBMの沿革と経営スタイル

1911年，パンチ・カード式集計機を製造していたタービュレイティング・マシンを中心に3社が合併してコンピューティング・タービュレイティング・レコーディング（CTR）が誕生する。1914年，CTRの経営を引き受けたトーマス・ワトソン・シニア（Thomas Watson, Sr.）は，24年にIBMへと社名を変更する。初期のIBMは，計算機や計量秤，チーズ・スライサーから，タイム・レコーダー，会計機，統計機などへと事業を拡大していった。トーマス・ワトソン・ジュニア（Thomas Watson, Jr.）が社長に就任してからは，一部科学者の高価な計算機であったコンピュータを，生産工程や事務処理を一変させ，経営活動の効率化・近代化を推進するビジネスマシンと位置づけ，コンピュータ・システム（ハードウェア，大型汎用機）を介して社名通りの多国籍企業へと躍進した。

① 3つの信条

1990年代初頭までのIBMの経営スタイルは，ワトソン父子によって構築されたといっても過言ではない。彼らは，種々の確執を乗り越え，IBM発展の礎を築いた。シニアが示した基本信条は，その後約70年にわたってIBMを支えた。それは，「個人の尊重（個々の社員に十分な思いやりを示せ）」「最善の顧客サービス（全力を尽くして顧客を満足させよ）」「完全性の追求（最後まであきらめずに完璧を期せ）」の3つである。その中で最も重要な信条は「個人の尊重」であった。その要諦は，「従業員のクビを切らない」，「仕事をしやすい環境を用意する」，「従業員のことを一番に考える」，「従業員の不平に耳を傾け

る」,「従業員の処遇に差をつけない」,「上司は部下を助ける」,「生え抜きを昇進させる」「個人の領分を侵さない」といった諸点にあった。

②終身雇用（就業保障）

IBMの一番目の信条「個人の尊重」は, 経費削減などの経済的理由で社員を解雇しない（=就業保障）という点に現れている。IBMの真価が問われたのは1929年に始まる世界大恐慌期であった。この大不況のもと, 事務機器業界でも工場閉鎖, 倒産, 大量解雇が相次いだが, 同社は設備を増強し, 増産計画を立てることで一人の解雇者も出さず, 1株につき6ドルの配当を払い続けた。1932年には100万ドルを投じて研究所を開設するなど研究開発（R&D）を増強し, 34年に「405会計機」を, 翌35年には電動タイプライターをそれぞれ発表している。IBMは, ローズヴェルト大統領のニューディール政策のもと, 政府から会計機の大量受注を受けたことで飛躍的に成長する。1937年には売上高3000万ドル, 39年には4000万ドルとなり, 国内80％, 政府機関では95％という圧倒的シェアを獲得した。戦後, 苦境に立たされた1969年から72年には, 1万2000人を超す社員が配置転換され, 5000人以上が再教育訓練を受けた。75年には約3800人の社員がまたしても配置転換されている。景気後退期だけでなく, 近代化（自動化）による生産能力の向上といった事態に対しても同じことを行っている。25年も経過した古い工場設備を自動化したケンタッキー州レキシントンにある工場では, 近代化に3億5000万ドルをかけ労働コストを生産コストの3分の1から5％まで下げたが, 余剰人員を解雇ではなく配置転換するための再教育費にも約500万ドルを投じていた。このように, IBMでは従業員の解雇は避け, そのために莫大な再教育費を投下していたのである。ただし, 誰一人解雇しないといった温情的な方針をとっていたわけではなく, 業績が向上しない者を入社早々に解雇する場合もあった。

③教育訓練

雇用保障と職務保障は同義ではない。職務の変化が激しいIBMでは, 社員は一生同じ職務にとどまることはなく, 再教育訓練を受けて新しい職場に配属される。アメリカでは職務で採用されるのが一般的だが, IBMでは終身雇用という安心感のもと社員は職務変更を問題にせず, かえって幅広い能力を培う

ことでキャリアパスを拓くチャンスと受け止めていた。ニューヨーク州エンディコットにある研修所には，「社員教育にこれで十分はない」という言葉が刻まれた石碑がある。この言葉通り，IBMの社員教育は徹底している。1年から1年半を要する新入社員研修から始まり，管理職向けの教育訓練も整備され，全管理職はそのポジションに就いた最初の1年間に80時間の研修を受けることが義務づけられており，その後も毎年最低40時間の研修を受けていた。IBMには，管理職養成研修所，中間管理職研修所，上級管理職研修所，さらには役員人材養成プログラムがあり，同プログラムには全管理職が参加していた。1984年の教育訓練費総額は6億ドルを超えていた。企業の将来はその社員の質にかかっているのだから，教育訓練投資は当然とするのがIBMの考えである。その結果，全社員の5％が常時社内教育を受け，50・60歳代でも厳しい教育訓練を受けることになる。終身雇用を維持するために，社員に対してこうした厳しい教育・再教育を行っていたことは明記すべきであろう。

④新卒者の採用

採用の要諦は，IBMの教育訓練に堪えうる優秀な人材を確保することにあった。同社は，全米約350の大学を対象に新入社員を募集するが，重点はトップ100大学の新規卒業者に置いていた。とりわけ，特定役員の何人かがハーヴァードなど主要32大学と密接な連絡をとっていた。もちろん例外はあるが，学業成績，学生活動，スポーツ，リーダーシップの素質，コミュニケーション能力などが優秀でなければ最初の面接にすらたどりつけない。採用の決定は，第一線の管理職の判断に委ねられている。3％弱という新人営業担当員の中途退社率の低さは，優秀な人材を集め，彼（彼女）らに徹底した教育訓練を施すことに起因している。同社は，人材確保の一環として，内部昇進制をとっていた。外部から役員を招聘するのは社内にない能力が求められる場合だけで，1990年代までに3名程度しかなかった。さらに，少数民族や女性の採用・活用にも早くから積極的に取り組んできた。1935年には女性向け研修が

キャリアパス（career path）：昇進するための異動ルートのこと。また，その際の基準・条件でもある。ある職務に就くための要件としての職務経験，職務の習熟度が明確であれば，目標設定や自己評価に活用でき，自己啓発につながる。

始まり，43年には初の女性副社長も誕生している。1980年代には，新規採用者の約40%が女性であった。

⑤高水準の給与

「イコール・オア・ベター」，つまり優良トップ企業と同等あるいはそれ以上の水準の給与を支払うのがIBMの創業以来の基本方針であった。1934年には出来高給制を廃止し，58年には全社員の給与が月給制に統一された。営業担当員・営業管理職・支店長の場合，その総所得の約半分は基本給で，残りは**歩合給**であった。営業担当員の基本給は，その人の地位，勤続年数，業績で決定された。歩合給はそのリスクの70%程度を埋め合わせる保証があるので，営業担当員の実際のリスクは正味15%程度である。IBMの全社員は自身の業績評価を求める権利を有し，毎年上司と議論しつつ査定される。この業績評価に基づいて昇給額が決定されるのである。こうしたやり方も「個人の尊重」という考え方を支えている。査定の場では，来年度の目標や目的が設定され，その達成に必要な業務遂行方法の手直しなども議論される。各営業担当者の目標（割当額）は，担当区域の大きさ，担当顧客のタイプ，顧客の事業拡大の可能性の有無，市場に影響を与える諸条件などを考慮して決定され，65〜75%の営業担当員は毎年その割当額を達成している。割当額達成者は，名誉ある「ハンドレッド・パーセント・クラブ」の会員になることができ，こうした**内的報酬**が彼（彼女）らのモチベーションを引き出していた。

⑥福利厚生

IBMで特筆されるのは提案制度とその報奨金である。提案が採用されれば，最初の2年間にそれによって節約できる金額の25%を上限とする高額な報奨金が与えられる。なかには10万ドル台の報奨金を得た提案もあり，1975〜84

歩合給（commission）：営業職や販売職によく適用される給与形態で，売上高，販売数量や契約高・件数などに直接比例させて支給する給与のこと。生命保険の外交員，タクシー運転手，自動車等のセールスパーソンなどによく採用されている。労働意欲を掻き立てる経済的刺激に富んでいる。業績給の一種。

内的報酬：報酬は，外的（仕事の外部）報酬と内的（仕事の内部）報酬に大別できる。賃金・給与・ボーナスなど主に経済的なインセンティブを指す外的報酬に対し，内的報酬は他人からの評価・承認・尊敬や自身の成長といったことを指す。「お金をもらえる」外的報酬に対し，内的報酬は「仕事が楽しい」状態と表現できる。

年の間に，同社は3億ドルの経営費を節約でき，提案者は6000万ドルを受け取っている。さらに，同社の福利厚生も特筆されるべき内容である。そのモデルは，1920年代のエンディコット・ジョンソン靴製造会社に求められる。射撃場やゴルフ場を備えたカントリー・クラブ，夕食会，無料コンサート，図書館，夜学コースの提供から始まって，社員の疾病・事故・入院・身体障害治療などの経費を負担する制度，医療保険，年金制度，退職金制度，社員持ち株制度などが導入されていた。ただ，持ち株制度は購入者に比して株を持ち続ける者が少なかったことから，それに代わるものとして奨学金や大学授業料ローン，各種の慈善基金の創設などへの転換が図られた。社会への貢献，社会的責任を果たす良き企業市民として，身障者の雇用なども積極的に行っている。1971年には，非営利の活動団体に所属して，1年間ボランティア活動に従事する社会奉仕休暇制度が導入されており，IBMが承認すれば有給休暇扱いとなっていた。

⑦コミュニケーション・チャネル

　最後に，IBMには社内の良好なコミュニケーションを保つことを目的とした制度があった。同社には，社員は誰でも自分の直属上司のとる措置に異議を唱える権利をもつ，という考え方がある。これを体現しているのがオープン・ドア制度で，満足のいく回答が得られるまで各階層の管理職を遡って，最終的には経営者と面接して話す権利を全社員に均等に認めるものである。匿名性を担保されながら，遠慮なく意見や不満を申し立てるスピーク・アップ制度もある。さらに，幹部面接は，上司より上の幹部とIBMや自分の仕事について意見を交わし，互いに気の向くままに自由に討論し合う機会を提供する制度である。

　こうした一連の諸施策が，1990年代までのIBMの発展を支えてきたのであり，同社がノン・ユニオンの会社として存続し続けた基盤を提供するものでもあった。

2　IBMモデルの位置づけ

　以上のIBMモデルは，何もIBMのみに限定されたものではなかった。1980年代半ば頃までのアメリカ企業は，IBMや1990年代半ば頃までの日本企業と同様，その社員に終身雇用と年功（セニョリティ）に基づく内部昇進・昇給を提供していた。そこには，公正な雇用とは何か，誰がそれを提供し保証するのかといった点に関する明確な考え方が存在し，それが長期にわたってかなりの有効性をもち，企業と社員との関係構築で大きな役割を演じていた。そうした考え方を提供した1つのモデルがIBMモデルであった。

①競合モデルとその共通点

　戦後のアメリカ企業には2つの競合するモデルがあった。重要なのは，これら2つの競合モデルには共通する特徴があり，この共通性こそが戦後のアメリカ企業の特徴を浮かび上がらせている，という点である。

　1つ目のモデルは「産業別組合モデル」とでも名づけうるもので，自動車産業ビッグ・スリー（GM，フォード，クライスラー）と全米自動車労組（United Auto Workers, UAW）との間の協約交渉を通じて形成されたもので，主にブルーカラー層（現場労働者）の雇用システムにみられる。それは，組合のある企業はもとより，組合のない企業によっても模倣されていた。その要点は，以下の4点である。

- ・個人の能力ではなく，セニョリティが賃金において重要な役割を演じる。
- ・職責（職務遂行上の責任）が協約によって厳格に規定されている。つまり，職務記述書によって遂行すべき職務の範囲が明確に規定されている。
- ・レイオフされた人々のほとんどが，リコールによって仕事に復帰する。
- ・企業はレイオフによって雇用水準を自由に調整できる。

　もう1つのモデルがIBMモデルに代表される「非組合化アプローチ」とでも名づけうるものである。それは，主としてホワイトカラー層（事務労働者，管理職）に適応されるもので，組合回避を目的とする企業がモデルにしたもの

セニョリティ（seniority）：先任権。人事上の決定に際し，勤続年数の長い従業員を短い従業員よりも優遇するアメリカ労働協約上の制度。
レイオフ（layoff）とリコール（recall）：本章Columnを参照。

であった。その要点は以下の4点である。
- ・企業は，コミュニケーション・プログラムや従業員調査によって，従業員との直接的な関係構築に努めている。
- ・給与は属人的な要素を含んでいる。
- ・フレキシブルな職務記述書。つまり，遂行すべき職務の範囲が柔軟に変更できる。
- ・雇用保障に対する暗黙の約束がある。

これら2つのモデルは，一見相反するようにもみえるが，そこには共通点があり，その意味では両モデルは同じ根源に対する2つの表現であった。その共通点とは以下のような内容である。
- ・企業と従業員は長期にわたって相互に補完し合っており，相互の責任が両当事者の間に存在するという仮定に基づいている。
- ・企業を相対的に安定した境界と関係をもつ整合的な組織形態とみなす。
- ・従業員は自らのキャリアを企業の内部で形成する。
- ・企業はその従業員に対し，日々の給与以外にも義務を負う。
- ・企業と従業員の双方が勤労意欲，感　情，情　動を軽視すれば企業の生産性と収益性を制約するという考え方が中心にあり，企業はその理念として従業員に対し長期にわたってコミットする。

この共通点が1980年代後半以降に転換したのである。それゆえ，その影響は，ブルーカラーを対象とした「産業別組合モデル」にも，そしてホワイトカラーを対象とした「非組合化アプローチ」にも及んだのである（P.Osterman〔1999〕*Securing Prosperity*, Princeton University Press, pp.20-25／伊藤健市・佐藤健司・田中和雄・橋場俊展訳〔2003〕『アメリカ・新たなる繁栄へのシナリオ』ミネルヴァ書房，25-30頁）。

②IBMモデルを取り巻く状況の変化

1980年代半ばまでみられていた共通点を企業が変えざるを得ないと感じたプレッシャーは何だったのか。ここでは，3つの要因を指摘しておきたい。

第一に競争の激化である。それは，規制緩和とそれによる新規競争者の出現によってもたらされた。競争の激化は，多くの企業を混沌とした環境下での事

業展開へと追い込んだ。例えば、遠距離通信産業における規制緩和では、それまで AT&T (American Telephone and Telegraph) の独壇場であった市場に多くの企業が参入し、その結果、超優良企業 AT&T のみならず地域のベル・システムでの解雇が加速するなど多大な影響を及ぼした。また、州際銀行法の変更は、チェース・マンハッタン、ケミカル・バンク、そしてシティグループといった企業での **M&A** やレイオフを誘発した。一方で、巨大企業に有利な市場がその性格を変えたため、小規模企業が息を吹き返し、巨大企業がその対応に迫られるといった事態も生じた。保険業界では、小回りの利く小規模企業が巨大保険会社では商品間の調整が困難であると考えられる新商品を販売したことで、プルデンシャル、トラヴェラーズ、エトナといった巨大保険会社が**リストラクチャリング**（事業の再構築）や解雇を余儀なくされた。

　第二にテクノロジーの変化である。競争に直面した企業は、これまでは価格引き下げや新製品開発で対応してきた。しかし、1980年代半ば以降に問題となったのは、企業の「基本的な組織構造」の再編であった。この点で求められたのは、新たなテクノロジー、特に情報技術 (IT) であった。IT は、マネジメントとコントロールの新しい形態を可能にした。また、ビジネス・プロセスの根本的な変革をもたらすものでもあった。だが、「人の働かせ方」（＝人事労務管理）に関して、IT は知識と意思決定の権限を社員に委譲し、トップ・マネジメントの掌中に情報を集中し、データを加工し分析する中間管理者の必要性を排除するものとして利用されている点を指摘しておかねばならない。IT は、競争の激化との相互作用の中で、企業の性格と行動に重大な変化をもたらしている。

　第三に**コーポレート・ガバナンス**の変化である。敵対的買収が横行する中で、株主——特に、年金基金、投資信託などの**機関投資家**——が声高に主張し始め

M&A：Merger and Acquisition の略。M は企業の吸収合併、A は企業買収を意味する。その目的は、事業分野の拡大による経営多角にあるが、規模拡大による経営の合理化や競争力強化のためにも行われる。

リストラクチャリング (restructuring)：本来の意味は本文の通り「事業の再構築」で、わが国のリストラ（＝解雇）とは少しニュアンスを異にする。もちろん、事業の再構築で不要部門で働いていた従業員が解雇されることはある。

た。1965年には個人株主が企業株式の84%を所有し，機関投資家は16%にすぎなかったが，1990年には個人株主は54%にまで減少したのに対し，機関投資家は46%にまで増加した。特に，上場大企業1000社においては，機関投資家が1990年には50%，94年には57%の株式を所有するまでになった。機関投資家は，自分たちが所有する**ポートフォリオ**の業績向上，すなわちより高い収益を追求するよう企業に迫ったのである。こうした事態は，1970年代頃まではみられなかった。例えば，フランシス・X・サットン（Francis X. Sutton）らの『アメリカの経営理念（*The American Business Greed*, 1956)』には，次のような一文がある。「経営者たちは，一般に自分たちが4つの広範な責任を負っていると主張している。すなわち，消費者，従業員，株主，そして一般大衆に対する責任である。……どのグループも対等な立場にある。経営者の役割はこれらすべてに関して公正さを保証し，そしてどのグループに対しても無条件で最大を保証しないことにある。株主も何ら特別の優位をもつわけではない。株主は投資に対する公正な報酬を受け取る権利はあるが，いわゆる『公正』なレベルを超えれば経済的罪悪である。」（p.15. 当該箇所は邦訳されていない。）そこには，**ステークホルダー**間の利害のバランスをとるといった考えが厳然とあったのである。1980年代以降，こうした考えは吹き飛んでしまった。株主（投資家）により高い収益をもたらすためにリスクを引き受けねばならなくなった企業は，それを社員や管理職に転嫁した。短期的な収益を志向する株

コーポレート・ガバナンス（corporate governance）：企業統治。「統治」とは，必ずしも企業の「支配」あるいは「経営」を意味するものではない。企業内部での意思決定がその中心になることは事実だが，意思決定システムの制御やチェックといった活動も含めてこの用語が使われる。こうした活動を経営システムの中にどのように組み込むのか，そしてそれが企業の経済的パフォーマンスにどのような影響を及ぼすのかが，問題の焦点となる。なお，株主を最重視する現行法の立場から，株主による統治を狭義のそれとして理解することもある。

機関投資家（institutional investor）：本文中にある年金基金，投資信託などの法人または団体で，投資目的で継続的に証券投資を行う投資家の総称である。

ポートフォリオ（portfolio）：機関投資家の所有する有価証券の一覧表のことであるが，資産運用時の最も有利な分散投資の選択のことも意味する。

ステークホルダー（stakeholder）：企業活動に関連するあらゆる利害関係者をステークホルダーと呼ぶ。出資者である株主はもちろんのこと，顧客，取引先企業，融資を行っている金融機関などがこれに当たる。また，従業員や労働組合，さらに広義には，地域社会・地域住民もこれに含めて考えることも多い。

主の前では、長期的な事業計画のもとで遂行される社員の教育訓練や能力開発が犠牲になり、給与やキャリアに関する制度はその基準を大きく変え、正社員や管理職ですらその雇用保障が危機にさらされ、その一方でパートタイマー、派遣労働者、**独立契約者**、**業務請負企業労働者**など、フレキシブルに働ける者への依存が急速に高まった。こうした動きとは対照的に、最高経営責任者 (CEO) をはじめとする役員は、**ストック・オプション**の恩恵を受け、その報酬だけが肥え太ったのである。

3 IBMモデルの変貌：ガースナー改革

IBMモデルは、1990年代に入って組織（従業員）志向から市場（株主）志向へと変貌することになる。その契機は、1991年から93年にかけて、154億ドルという未曾有の損失を出したことにある。同社の従業員は、ピーク時の1986年に40万人強を数えていたが、その後1992年までに10万人近くを削減している。それは、汎用コンピュータ（メインフレーム）からワークステーション、パソコンへという製品市場の転換、そしてハードウェア事業からソフトウェア事業への転換といったリストラクチャリングに伴う同社の経営戦略再編のもと、製造工場の整理・統合・廃止による本社スタッフの削減、管理職層の削減、流通部門の削減の結果であった。ただし、そのほとんどは定年退職による自然減と新規雇用の抑制、そして自主退職奨励制度によるものであった。

ところが、先の大損失を受けて1993年3月に会長兼CEOに就任したルイス・V・ガースナー (Louis V. Gerstner, Jr.) は、同年7月に3万5000人を削減

独立契約者（independent contractor）：派遣・契約社員と異なり、専門性の高い仕事で雇用契約ではなく、業務委託契約を結んで働くフリー・ライターなどの労働者。企業は雇用に伴う義務を問われない。

業務請負企業労働者（workers provided by contract firms）：請負契約に基づき、従業員やサービスを顧客に提供する会社に雇用され、通常1つの顧客企業にのみ派遣され、その事業場で働くビル警備・清掃、コンピュータ・プログラミングなどに従事する労働者。

ストック・オプション（stock option）：自社株購入権。事前に決められた価格で、一定期間内に自社株を購入できる権利。株価が上がった時点で権利を行使し、時価との差額を手に入れる。企業業績向上と株価上昇への貢献を刺激し、その貢献の見返りを提供するものである。アメリカでは経営層のみならず、一般の従業員にも与える傾向がある。

する計画を発表した。この計画は，それまでの定年退職や自主退職奨励制度に頼るものではなく，レイオフによるものであった。レイオフはしないという何十年にもわたってIBMが堅持してきた方針が転換したのである。IBMは，1996年までにその社員を約25万人にまで削減した。この内，10万人は1993年以前から雇用されていたが，残りの約15万人は同年以降に新たに採用された。さらに，事業構成もハード48％，ソフト17％，ファイナンス5％，サービス30％となり，社員の半数はサービス部門に属することとなった。売上高構成比もハードが3分の1，サービスがほぼ2分の1を占めるまでになっている。

　ガースナーがまず取り組んだのは，以下の6点に要約できる企業文化の変革であった。

1) 生産者重視から顧客重視へ
　技術に基づいて，製品を製造し市場に出すというスタンスから，顧客の望むものを売る，顧客中心に対応する方向への変革。
2) 個人中心主義からチーム中心主義へ
　歴史的に個人中心主義が強く，互いに牽制し合い，革新のスピードが遅くなることもあったため，個々人の業績重視からチーム・経営全体を考える方向への変革。
3) 既得権から機会・報酬の獲得へ
　IBMの社員であるがゆえに自動的に機会・報酬を与えられるのではなく，従業員が努力して勝ち取るように意識を変革。
4) 人間関係重視から業績重視へ
　昇進は，人間関係ではなく，業績を重視して行う方向に変革。
5) ルールからプリンシプルへ
　ルールで行動せず，原理・原則に基づき行動する。従来は階層型でルールも多く，これに基づき行動していたが，ルールのもとになっている原理・原則を示し，これに基づき行動するように変革。
6) 努力から成果へ
　努力していれば報われるという傾向があったが，努力だけでは足りない。成果を重んじる方向に変革。

こうした企業文化の変革は，大幅な人員削減を伴う組織改革に必要なものと認識されていた。この変革が最も端的に表れるのが報酬制度や福利厚生の改革である。ガースナーは，報酬や福利厚生に関する考え方がきわめて硬直的であったとし，その硬直度を以下の3点において指摘している (L. V. Gerstner, Jr. 〔2002〕*Who Says Elephants Can't Dance?*, HarperCollins, pp.93-94／山岡洋一・高遠裕子訳〔2002〕『巨象も踊る』日本経済新聞社，133-134頁)。

- どのレベルでも報酬の大半を給与が占めていた。ボーナスやストック・オプション，部門の業績と連動した報酬はほとんどなかった。
- ほとんど差がつけられていなかった。
- 福利厚生に力点が置かれていた。IBMは家父長的で，あらゆる形で従業員への支援をふんだんに提供していた。年金，医療給付，社員用のカントリー・クラブ，終身雇用の保障，豊富な教育機会。どれをとってもアメリカ企業で一番だった。

　2点目は説明が必要であろう。ガースナーによれば，具体的に以下のような実態がみられたという。①業績が基準に達しない者を除いて全従業員に年次昇給が与えられていた。②成績上位と下位の従業員の間で，年次昇給額にほとんど差がなかった。③昇給率はその年の平均前後の狭い幅に抑えられていた。例えば，予算が5％増加した場合，実際の昇給率は4％から6％の間に落ち着いた。④ソフトウェア・エンジニアやハードウェア・エンジニア，営業担当者，財務担当者などの専門職で，市場での需要が旺盛な職種であっても，全従業員に**等級**ごとに同じ給与が支払われていた（同上）。

　ガースナーは，IBMは基本的には家族主義であり，成果に基づく差別化よりも平等や分配が優先された，と判断したのである。そこで彼が採用したのは，業績に基づいて報酬を決定する新制度であった。旧制度から新制度への移行を特徴づけているのは，(a)「平均的に支給する」から「支給に差をつける」方向への移行，(b)「内向き」から「市場連動」への移行，(c)「既得権」から「新たな関係」への移行である。最後の点でいう「既得権」の内容は，「処遇の

等級（grade；band）：資格制度に複数ある階梯のこと。本文では，IBMの職務等級制度の等級のことで，職務の重要度や責任度に応じて序列づけられている。

ための昇進」,「連続した昇進」,「家父長的で一律の福利厚生」であり,「新たな関係」の内容は,「貢献に応じた報酬」,「個に焦点を当てた育成」,「選択／コスト分担」であった。つまり,新制度は忠誠心や在職期間に応じて報酬を提供するものではない。そこにはすべて次のような差別化がかかわっている。市場の動向に応じて全社の給与総額に差をつける。個人の業績や市場価値に応じて昇給に差をつけ,事業の業績や個人の貢献度に応じてボーナスに差をつける。個人のスキルの重要性や他社との人材獲得競争に敗れるリスクに応じてストック・オプションに差をつける。つまり,新制度の力点は「差をつける」ことに置かれたのである。

IBMにおける報酬は,基本給,ボーナス（業績・リスクに応じて支給）,エクイティ（株式,ストック・オプション）,福利厚生（年金など）で構成されていたが,それぞれをリスク型,業績連動型,エクイティでのインセンティブ型へと移行させている。ガースナーのもとIBMは,報酬制度の改革も含めて,旧来型の家父長的・家族主義的な諸制度を廃止したのである。それは,旧来型のIBMモデルからの決別を意味した。

4　IBMモデル変貌の帰結

ガースナー改革は,IBMの抜本的な改革であり,「ガースナーが新CEOに就任して以来,極端に言えばIBMはまったく別の会社に変わった」（北城恪太郎・大歳卓麻編著〔2006〕『IBM　お客様の成功に全力を尽くす経営』ダイヤモンド社,62頁）などと評価される。その背景には,1980年代半ば以降のコンピュータ産業に登場した**ダウンサイジング**や個人向けパソコンなどの新しい波がある。さらには,かつては垂直統合型の産業であったが,そこにマイクロソフト,インテル,サン・マイクロシステムズ,オラクルなど,オペレーション・システムやマイクロプロセッサー,データベースに特化する専業メーカーが現れた。IBM内では,こうした新興の身軽なライバルに対抗するには企業分割しかな

ダウンサイジング（downsizing）：規模の縮小の意味。本文ではメインフレームからワークステーション,パーソナルコンピュータ（PC）へのコンピュータの小型化のこと。

いという意見も囁かれていたが，ガースナーがとったのは，ソリューション・プロバイダー，インテグレーターへの転換であった。

ガースナー改革は次のような数字に現れている。例えば，売上げは1993年の627億ドルから，2000年には884億ドルまで成長した。1993年に81億ドルもの赤字を記録した純利益は2000年には81億ドルの黒字となった。1993年4月から2001年末までの間に，IBMの株価は800%以上上昇し，時価発行総額は1800億ドル増加した。こうした数字から，ガースナー改革は「恐竜」「瀕死の巨象」とからかわれたIBMを，企業文化と戦略の変革を通じて，俊敏な「踊る巨象」へと劇的に甦らせた，とまで高く評価されているのである（同上，76頁）。だが，はたしてそうなのであろうか。

この点を明らかにするには，IBMモデルの大変貌，つまり組織（従業員）志向から市場（株主）志向への転換を，IBMの従業員がどう受け止めたのかを知らねばならない。

1998年以降，『フォーチュン（Fortune）』誌は「アメリカで最も働きやすい会社ベスト100（以下，ベスト100）」を毎年発表している。同誌の企業評価の特徴は，売上高・利益・総資産・株式時価総額といった指標ではなく，従業員の経営者に対する信頼，仕事・会社に対する誇り，従業員同士の仲間意識・連帯感などを，従業員自身が採点・評価する点にある。具体的には，①信頼性（従業員とのコミュニケーション），②従業員の尊重（機会と福利厚生），③公正さ（報酬，多様性），④誇りと仲間意識・連帯感（社会貢献，祝福），の4つの分野で評価している。

ベスト100の発端は，ロバート・レヴェリング（Robert Levering）らの『アメリカン・ベスト・カンパニー100（*The 100 Best Companies to Work for in America*)』にある。従業員の視点で企業を評価した同書は1984年に刊行され，レヴェリングは同じタイトルの本を1993年にも執筆している。その1984年版は，1年半を費やして27州114社を訪問し，最低でも1社当たり5～6人の従業員に直接インタビューしてできた労作である。

こうした調査に基づき，給与レベル，福利厚生，雇用安定性，昇進チャンス，勤務環境という5つの指標で企業を採点した上で，従業員満足度が高かった

> ▶▶ *Column* ◀◀
>
> **レイオフの変化**
>
> 　レイオフとは，事業不振で人員削減が必要となった場合，労使間の協定により将来の再雇用（リコール）を見越して行う一時解雇のことです。その際，先任権ルールが適用されます。それは，勤続年数の短い従業員からレイオフされ，レイオフされた者の中で勤続年数の長い者からリコールされるというルールです。ところが，1990年代以降このレイオフの性格が大きく変化し，それが繁栄期にも行われるようになりました。さらに，リコールがなく，解雇と同じ内容をもつものとなったのです。そして，ブルーカラーを中心に行われていたレイオフが，これまでであればターゲットにならなかった教育水準の高い専門職や管理職にも押し寄せたのです。1996年の『ニューズウィーク（*News Week*）』誌の記事は次のように語っています。「社員を解雇することは，企業国家アメリカの流行になっている。新しい工場をつくり，良き企業市民であることが25年前の流行であったのと同じことである。今では，企業の屋台骨を形成する社員，特にホワイトカラーを解雇している。……ウォール・ストリートとアメリカの大企業は，傍若無人な資本主義（in-your-face capitalism）こそが，アメリカを再び偉大な国にしたことでは完全に意見が一致している」（A. Sloan〔1996〕"The Hit Men," 28 Feb., pp.22-23），と。

100社が同書にリスティングされている。IBMは，福利厚生・雇用安定性・昇進チャンスの3つの指標で10位以内にランクされ，総合で7位につけていた。

　ところが，レヴェリングが創設した「働きがいのある職場研究所」の協力のもとに始まったベスト100で，IBMは2003年版（38位）・2004年版（72位）を除いてリスティングされていない。つまり，IBMの従業員はもはや同社をかつてほど評価していないのである。ガースナー改革以降の企業文化の変化がこうした事態を招いたのであり，組織（従業員）志向から市場（株主）志向への転換がもたらした「負の遺産」がここに明確に示されているのではないだろうか。それは何もIBMに限ったことではなく，「改革」と称して「人の働き方・働かせ方」（＝人事労務管理）に大なたを振るった多くの企業にもいえるのではないだろうか。

[推薦図書]

T・J・ピーターズ，R・H・ウォータマン／大前研一訳（1983）『エクセレント・カンパニー』講談社

> 1980年代半ばまでの超優良企業を知るための好著。もちろんIBMは本書で超優良企業の1つとして取り上げられている。

ロバート・スレーター／宮本喜一訳（2000）『IBMを甦らせた男ガースナー』日経BP社

> ガースナー改革・IBM再生の内実を一次資料を丹念に渉猟し，さらに関係者へのインタビューで得た事実で描いた好著。

ケビン・メイニー／有賀裕子訳（2006）『貫徹の志　トーマス・ワトソン・シニア』ダイヤモンド社

> IBM創業者トーマス・ワトソン・シニアの事蹟と1980年代半ばまでのIBMモデルを知るための必読の書。

[設問]

1. アメリカモデルはなぜ変貌したのでしょうか。それは，アメリカ人の働き方にどういった影響を与えましたか。
2. なぜ旧来型のIBMモデルは変革されねばならないとされたのでしょうか。それは，IBMで働く人々にどういった影響を与えましたか。

（伊藤健市）

第2章
コーポレート・ガバナンスの変容にみる日本の経営とアメリカの経営

　日本の経営スタイルとアメリカの経営スタイルの相違について，しばしば「日本の企業は従業員主権であり，アメリカの企業は株主主権である」と評されることがあります。そしてそれは，両国のコーポレート・ガバナンスに関する考え方や制度，環境の違いに起因しているものであると理解されています。しかし，はたしてそのような単純な区別は本当に可能なのでしょうか。本章ではコーポレート・ガバナンスの側面から両国の経営モデルの変遷を概観します。

1　コーポレート・ガバナンスと経営モデル

　「企業は誰のものか」という問いに対して法律的観点からアプローチすれば，出資者（株式会社の場合は株主）以外にその答えを見出すことはできない。そして，企業のあらゆる活動は出資者の利益に即して行われなければならないことも自明である。

　しかし，実際の企業活動はそれほど単純に捉えられるわけではない。**日本経済団体連合会（日本経団連）**が『**企業行動憲章**』（1991 年制定，2004 年改定）の中で「企業は，公正な競争を通じて利潤を追求するという経済的主体であると同時に，広く社会にとって有用な存在でなければならない。そのため……国の内外を問わず，人権を尊重し，関係法令，国際ルールおよびその精神を遵守す

日本経済団体連合会（日本経団連）：1946 年に設立された経済団体。主として東証第一部に上場している様々な業種の企業が加盟し，各種経済政策に対する提言や種々の指針を発信している。2002 年には，労働問題を大企業経営者の立場から議論・提言してきた日本経営者団体連盟（日経連）と統合し，より広範な観点から活動を展開している。

るとともに，社会的良識をもって，持続可能な社会の創造に向けて自主的に行動する。」と指摘するように，現代企業はその活動する国がどこであろうとも社会的存在としての認識に基づいた行動が求められている。すなわち，様々な利害関係者（ステークホルダー）の利益と社会全体の利益（公益）の両方を基盤にするところにこそ，企業活動が社会から認知される理由があるのである。

また近年ではCSR活動を「企業活動において経済，環境，社会の側面を総合的に捉え，競争力の源泉とし，企業価値の向上につなげる」（日本経団連「CSR推進ツール」2005年制定より）ものとして経営指針の中核に据えようとする動きが盛んである。そして，こうした企業活動をその内外から統治していこうとするのがコーポレート・ガバナンスという活動である。

一般に，コーポレート・ガバナンスの活動には，①各ステークホルダーへの説明責任（アカウンタビリティ）の徹底とそのための的確な情報開示，②それを通じた経営の透明性，健全性，適法性の確保とその周知，③経営者ならびに各管理階層をめぐる経営・管理責任所在の明確化，④以上の活動を日常的にチェックするための内部統制体制の確立，といった要素が含まれる。それらを通じて，すべての業務が経営理念や経営目的に沿って適正化され，一部の役員や組織ぐるみによる違法行為や暴走がチェック・阻止され，さらにそのことが，企業の競争力・収益性向上とステークホルダーの利益確保につながるという効果が期待されているのである。OECD（Organization for Economic Cooperation and Development, 経済協力開発機構）は「コーポレート・ガバナンス原則」（1999年制定）の中で，その望ましい制度の姿として，①企業が資本を効率的に活用すること，②企業が地域社会を含む広範囲のステークホルダーの利益を考慮すること，③取締役会が企業とその株主に対して説明責任を負うこと，④企業が

ステークホルダー →第1章23頁を参照。

CSR（Corporate Social Responsibility）：企業の社会的責任。狭義には法令遵守（コンプライアンス）や企業倫理の徹底など，企業が社会的に果たさねばならない義務がこれに当たるが，広義には情報公開や各ステークホルダーとの双方向コミュニケーション，各種社会貢献活動などを含め，企業が社会の中でどのようなスタンスに立って活動を続けていくべきなのかを問う概念として捉えられる。

コーポレート・ガバナンス →第1章23頁を参照。

社会全体の利益のために活動すること，という4点を挙げているが，こうしたことからも，今やコーポレート・ガバナンスは，新たな経営モデルの確立そのものにかかわる概念として世界中で認識されていることがわかるだろう。

2 コーポレート・ガバナンスとアメリカモデル

ところで，企業とステークホルダーや社会全体との関係性は，社会環境や経済状況，さらにはステークホルダー自身の交渉力などによって差異が生じる。さらには時代の変遷による変化，変質も無視できない。そしてそのことが，経営モデルの相違や変容の一因となる。例えば，株主対策，消費者対策などだけではなく，雇用管理や労働組合対策，**福利厚生**といった人事労務管理制度もまた，その例外ではない。

「コーポレート・ガバナンス先進国」とされるアメリカでは，1990年前後から，ビジネル・ラウンド・テーブル（日本経団連に当たる財界団体）が数度にわたって声明を発表するなど，経営体質の強化の観点から，この問題が常に注目されてきた。そしてこれが，日本のモデル変革の議論にも大きな影響を及ぼしているのが現状である。そこで，まず，アメリカにおけるコーポレート・ガバナンスの位置づけを簡単に整理しておこう。

アメリカにおいて，企業活動を社会的に監視し，その責任を厳しく問う動きが脚光を浴びたのは1970年代からである。後に消費者運動の象徴的存在となるラルフ・ネーダー（Ralph Nader）がアメリカ最大の自動車メーカーであるGM（General Motors Co.）に対して起こした安全性問題に関する訴訟は大きな注目を集め，その後同社に対するマイノリティ問題や従業員問題に関する株主からの訴訟へと結びついていった。注目すべき点は，当時，問われたのが特定のステークホルダーの不利益ではなく，反社会的と考えられる企業活動そのものであったという点である。すなわち，比較的政治色の強い，しかしながら企

福利厚生（welfare work of service）：企業が従業員とその家族を対象に，その福祉向上を目的に行う様々な施策のこと。年金保険や医療保険など社会保険として法的に強制される法定福利と，社宅や食堂といった施設サービスなど企業が任意で行う法定外福利とに大別される。

業の社会全体への責任・貢献といった問題を根源から取り上げようとする運動だったのである。

　ところが，1980年代に入ると，この様相が変化し，株主を主役とするコーポレート・ガバナンスが活発化することとなる。当時，多くの大企業が生産性の伸びの低下，業績悪化に苦しみ，国際競争力を低下させていたことから，経営者の能力を疑問視する声が株主側からあがっていた。そして，これが経営者解任の動きや敵対的 **M&A** の頻発につながったのである。しかし，こうした動きは短期的な視点から株主利益を確保することを目的とすることが多かったため，かえって経営を不安定化させる要因となった。さらに，M&A のブームは敵対的買収をめぐる攻防を過熱化させ，いたずらに **LBO** などのファイナンス手法を高度化させ，企業買収価格の高騰という事態を招いた。しかも，多くの例においては，このような形での株主介入が収益性改善効果や経営体質の強化につながることはなかった。こうした経緯を踏まえて，企業活動の外部からの監視の強化を通じて経営体質の強化と株主利益の確保を図ろうとする考え方がクローズアップされることとなった。これが今日のコーポレート・ガバナンス展開の基盤となったのである。

　当初，アメリカのコーポレート・ガバナンスを支える基本的な考え方はウォール・ストリート・ルールと呼ばれるものであった。それは，「もし株主が投資先企業の経営に関して不満があれば，その企業の株式を売却することによって不満は解消される」というシンプルなものであった。しかし，1980年代に**機関投資家**の資産規模増大，証券投資理論の発展，ERISA 法（従業員退職所得保障法）での分散投資義務づけが進むことによって，次第に長期・分散型投資が主流になると，機関投資家たちは単純な「買うのか，それとも売るのか」と

M&A　→第1章22頁を参照。
LBO（leveledged buyout）：企業買収手段の1つで，買収対象企業の資産あるいは将来キャッシュフローを担保にした負債（借入金・債券）を買収資金にして行う方法のこと。買収資金の一部または大部分を，自己資金ではなく負債を充当することで，少ない手持ち資金により大規模な買収を行うことができる。アメリカでは，1970年代から1980年代にかけてのM&Aブームの際に特に多用された。日本でもこの手法を使った買収劇は徐々にではあるが増加している。
機関投資家　→第1章23頁を参照。

いう意思表示の仕方だけでは，十分に利益を守ることが困難となり，経営に対してより積極的に発言を行っていく必要性が増すこととなった。そこで，株主総会における議決権行使の意思を鮮明にしたり，**社外取締役**を送り込んだりする動きが活発化したのである。

なかでも，社外取締役は日常的な経営活動の監視に最も効果的なものとして期待されることとなった。そして，1990年代半ばからのアメリカ経済再生のプロセスで普及した経営者に対する**ストック・オプション**制度は，経営者自身の報酬と企業利益の関連性を高めるものとして歓迎された。また，1980年代後半，デラウェア州最高裁において，株主利益に奉仕する取締役会の構成として社外取締役が多数を占めることを推奨する判決が相次いだこともこうした動きに拍車をかけた。こうして，社外取締役を多数任用することこそが理想的なコーポレート・ガバナンスの姿であるかのような「神話」が形成されていったのである。**S&P 500**をみると，全取締役のうち社外取締役が占める比率は，1970年代に20〜30%であったのが，1997年には平均72%にも達していた(S. Stuart〔1997〕 *Board Index : Board Trends and Practices at S&P 500 Corporation*)。

しかし，2001年に発覚したエンロンやワールドコムの企業会計にかかわるスキャンダルとそれを契機とする両社の経営破綻は，社外取締役が多数を占めることによって独立性を高めたはずの取締役会が，実際には有効に機能せず，一部の経営陣の暴走を許してしまう危険性を有していることを露呈した。**SOX**

社外取締役（outside director）：アメリカでは一般に「独立取締役（independent director）」と呼ばれる。ここで「独立性」とは，買収防衛策の是非をチェックする社外取締役と社外監査役が，内部取締役の保身行動を厳しく監視できる実態を兼ね備えているかどうかによって判断される。例えば，主要取引先，顧問アドバイザー，メインバンクといった債権者，親族，元従業員などは，防衛策を監視する「独立社外者」として適正か否かについて，その実態の精査が必要とされている。これに対して，日本では会社法2条15号に規定があるものの，形式的なものにとどまっており，実効性に乏しいのが現状である。

ストック・オプション →第1章24頁を参照。

S&P 500：スタンダード&プアーズ社によって開発された，ニューヨーク市場の株価動向を示す株価指数の1つ。1923年から毎日発表されている。採用されている銘柄は工業株400種，運輸株20種，公共株40種，金融株40種となっており，製造業にやや大きなウェイトが置かれているが，ニューヨーク市場の時価総額の約80%をカバーしており，市場全体の動きを表す指標として機関投資家などに広く利用されている。この500社の姿はアメリカ大企業の「平均的な姿」といえるかもしれない。

法 (Sarbanes-Oxley Act : 2002 年) は, その反省の上に立って急遽制定されたものであるが, その迅速さからは, アメリカにおけるコーポレート・ガバナンス問題への意識の高さをうかがい知ることができる。

なお, 近年では, 企業側からの積極的な各種情報開示や CALPERS (カリフォルニア州公務員退職年金基金) などをはじめとする大手機関投資家との意見交換など, 株主との関係を強化する動きは多様化しつつあり, その全体像が IR (Investor Relations, 投資家関係) 活動として企業に対する評価尺度の1つとして定着している。

ただし, 多数派を占める社外取締役の存在こそが企業経営に健全化をもたらすとの考え方は, 現在でも根本的には変化してはいない。SOX 法における焦点の1つが, 取締役の独立性要件の厳格化であったことからもわかるように, 日常的な監視制度としての取締役会による, 透明で中立的な活動に対する株主からの高い期待は, 相変わらずアメリカにおけるコーポレート・ガバナンスの中核をなしているのである。

ところで, アメリカ社会には, このように株主の意向を反映した経営モデルの確立を実効あるものにする社会的基盤が備わっていることを指摘しておかなくてはならない。それは, 事業縮小や組織再編に合わせた人員削減や戦略適合的かつ迅速な人材確保を可能とする柔軟な労働市場の存在である。アメリカの非正規雇用比率は日本とほぼ同様の約3割といわれているが, たとえ正規従業員であっても, レイオフ (一時帰休) がしばしば行われる上に, 差別の理由によるものでない限り, 自由に解雇することができるという法理 (Employment at Will, 随意雇用契約) が存在するために, 経営側にとって, 雇用調整は実際にはかなり容易である。そして, これらの制度に守られた経営者が, 従業員よりも株主の利益を優先させるのはむしろ当然のことかもしれない。

SOX 法：正式名称は Public Company Accounting Reform and Investor Protection Act of 2002。「企業改革法」などとも意訳されている。全11章69条文から構成されたこの法律では, 特に, 内部統制の強化に重点が置かれていることが注目される。

3　日本モデルとコーポレート・ガバナンス

　日本においてもアメリカにおいても，法定上は出資者総会である株主総会が株式会社における最高意思決定機関であることには相違ない。しかし，企業を取り巻く制度，風土全般をみると，日本では独特のガバナンス体制が構築されてきたことがわかる。具体的には，終身雇用に代表される「企業は従業員のもの」との通念，メインバンクや企業集団といった安定株主の存在，そしてそれらを通じて発揮される「身内によるガバナンス」の機能である。

　終身雇用は，年功主義，企業別労働組合と合わせて，しばしば「三種の神器」と称されてきた。新規学卒者採用を採用活動の中核に据え，特段の理由のない限り解雇は行わず，定年までの特定企業での勤続をおおむね保障するという雇用システムは，従業員に雇用ならびに生活の安定と企業への高い帰属意識をもたらすとともに，企業内部における教育訓練・能力開発の充実と組織内集団的・蓄積的学習プロセスの発達を促してきた。さらに，そこで醸成される「職場の一体感」が職場ないしチーム単位での集団的作業システムの効率的運用を可能とし，それが生産性ならびに品質の向上をもたらすものと評価されてきた。1970年代後半から80年代にかけて，このような日本的な雇用システムとそれに連動する作業方式が日本企業の「強み」としてもてはやされたのである。

　ただ，終身雇用はもっぱら正規従業員のみに適用されるものである。パートタイム労働者や臨時雇いなどは，通常，短期の有期雇用契約であるため，その雇用は不安定になりがちである。また，正規従業員であっても，女性従業員やブルーカラー労働者はほとんどの場合，一定年齢に達すると，慣習上，退職を余儀なくされるなど，その枠の外に置かれてきた。彼（彼女）らの存在は，雇用調整弁として，不況期における正規従業員の雇用維持，そして，安定的な新規学卒者獲得のために，利用されてきたのである。したがって，終身雇用が存続してきたという一面だけをみて，日本の企業が全般として「従業員主権」という特性をもっていたということはできない。

しかし，それでもなお，正規従業員に関して一定の雇用安定を維持することによって，彼(彼女)らの意識をより強く企業の内部に向けさせるとともに，株主をはじめとする外部からのガバナンスが働く余地がきわめて少ない構造をつくり上げることが可能となったことは事実である。ほとんどの取締役が，現経営陣の意向に沿って，従業員からの「内部昇進」という形で選出されるため，本来の「株主利益の代弁者」としての機能をとうてい果たし得ない存在となってしまっているということも，この雇用システムと深くかかわりをもっている。

　日本企業におけるコーポレート・ガバナンスの特殊性をみる場合，さらに特筆すべきなのが，**メインバンク・システム**，そして安定株主の重視である。

　メインバンクは長期的にその企業との取引関係を継続させるとともに，最大株主であり，かつ最大債権者であるという立場を利用することによって，実質的なガバナンス活動を行ってきた。多くの日本企業が，いかにメインバンクという存在に依存しながら経営を安定化させてきたかについては，1980年代までの日本企業全体の**直接金融**による資金調達率の低さ（図2-1）や金融機関の株式所有率の高さ（図2-2）からうかがうことができよう。

　ところで，メインバンクやその他の日常的に取引関係が密接な企業による株式保有，あるいは**株式相互持ち合い**は，基本的に現経営陣体制のもとでの長期的経営安定化を志向する大規模株主集団の形成と，それ以外の株主の排除を促

メインバンク（main bank）：ある企業に対して，融資取引において長期間トップシェアを維持し，かつ預金，資金決済，社債受託，従業員取引といった総合的金融サービスなどにおいても高いシェアを維持して長期にわたって親密な取引を行う銀行をはじめとする金融機関のこと。長期的に安定的かつ密接な取引関係を継続していくことをある程度前提としているため，その企業に対するバックアップは財務面にとどまらず，各種情報提供や経営指導，役員派遣など多岐にわたる。また，多くの場合，その企業にとっての最大株主となり，必要とされる場合の発言権，意思決定権を保有する。例えば，経営状態が悪化した場合は，自らが中心となり，他金融機関に働きかけて協調融資や経営再建計画の立案・執行にも当たる。そしてまた，再建の可否の最終的な判断を下す役割も彼らが担っている。

直接金融（direct finance）：企業が株式や社債などを発行して，金融機関を介さずに，市場から直接資金を調達すること。逆に，金融機関からの融資を介して資金調達することを間接金融と呼ぶ。

株式相互持ち合い：複数の企業が相互に株式を保有し合うことで，高度経済成長期に三菱，三井，住友といった財閥系企業集団を中心に，急速に拡大していった。株式を相互保有するということは，互いの経営体制を相互監視するという意味をもつが，同時に，非常時以外には相互信認を貫くということになり，安定株主工作としての意味合いが強くなる。しかし，会社法が定める資本充実の原則からすれば，資本の空洞化を招くという問題点を内包している。

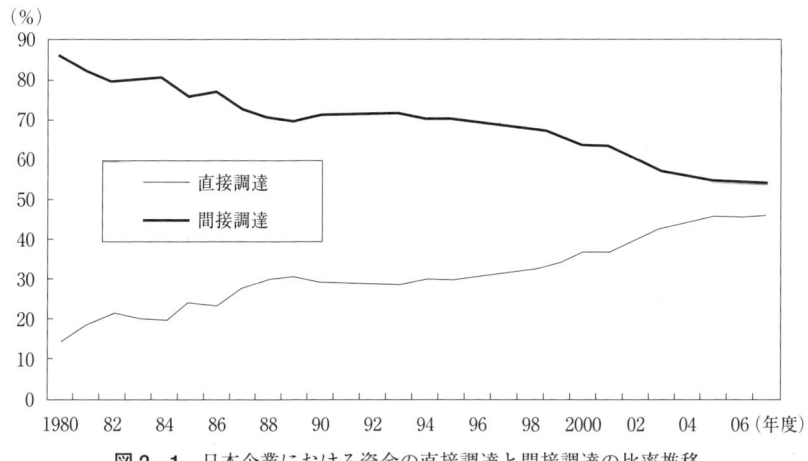

第2章　コーポレート・ガバナンスの変容にみる日本の経営とアメリカの経営

図2-1　日本企業における資金の直接調達と間接調達の比率推移
（出所）　日本銀行「資金循環統計」。

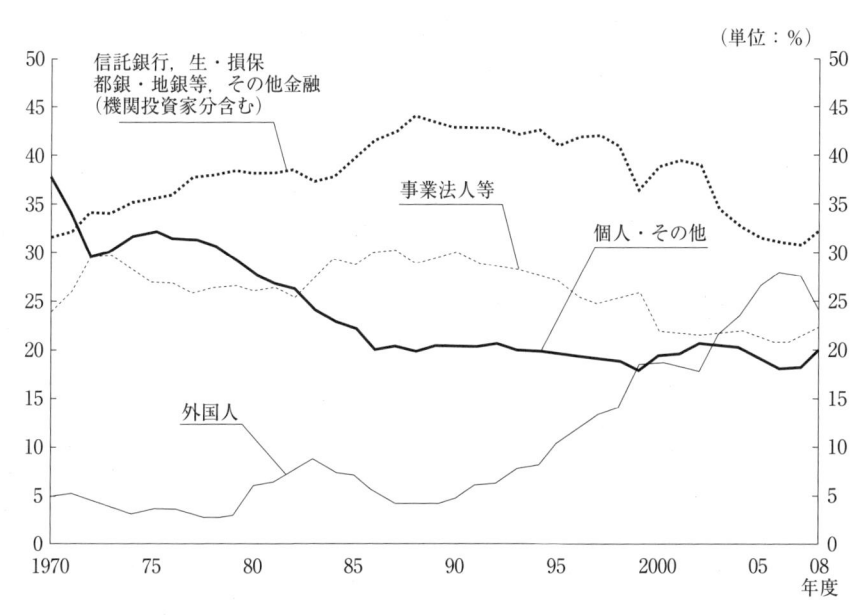

図2-2　日本企業における株式所有構造の変化
（出所）　東京証券取引所「株式分布状況調査」。

す。これが「安定株主工作」である。もちろん，安定株主は無条件に現経営陣体制の「味方」であるわけではない。不祥事の発覚や経営不振の際には，強力なガバナンス機能の発揮が期待されているのであり，その意味で，特定企業の経営状態の評価について，ある程度の社会的責任を果たすものである。例えば，メインバンクの融資撤退は，その企業にとっては市場からの「退場宣告」に近い重みをもつ。しかし，経営状態が安定している間は，融資先企業との関係継続を優先させるため，**キャピタルゲイン**や経営権の支配を株式保有の目的とはせず，むしろ，企業業績から考えれば低いとも思われる配当を受け入れるなど，本来の株主利益とは反する行動をとることも少なくない。他方で，安定株主以外の個人株主や機関投資家はガバナンス機能を発揮する機会を奪われ，きわめて不公平な状況に置かれることとなるのである。

以上のように，従来の日本企業におけるコーポレート・ガバナンスは，従業員や取引関係のある企業・金融機関など「身内」によるものが大勢を占め，きわめて閉鎖的な性格をもつものであった。つまり，市場の機能を利用したアメリカ型コーポレート・ガバナンスとは大きく異なるものだったのである。

こうした性格により，企業経営には安定がもたらされ，長期的視点からの経営戦略の策定も可能になったともいわれる。しかし他方でそれは，資本コストに対する意識低下とそれに基づく過剰投資，経営規模肥大化の危険性をはらむものであった。そして，こうしたマイナスの側面が露呈するのが1990年代中盤以降のことである。

4　バブル崩壊と日本的経営モデルの見直し

バブル経済崩壊を契機にした景気後退は，日本企業に古い経営体質の諦念と財務体質の見直し，さらには国際競争力強化への関心を喚起した。**経済同友会**内の企業動向研究会設置（1992年）とそこでの議論を受けた日本コーポレー

キャピタルゲイン（capital gain）：保有していた資産の価格が上昇することによって得られる利益。
経済同友会：1946年に設立された，日本を代表する経済団体。企業経営者が個人の資格で参加し，国内外の経済社会の諸問題について種々の提言を行っている。

ト・ガバナンス・フォーラムの発足（1994年），さらには日経連の提言「日本企業のコーポレート・ガバナンス改革」発表（1998年）などは，これまで「安定的」とみなされてきたシステムが社会情勢，経済情勢の変化に対する硬直性をもたらし，企業に本来必要とされる柔軟性を大きく損なわせてきたとの反省を根底に，経営監視機能や情報開示の改善，そしてそれらを通じた投資収益率の向上をめざそうとするものであった。こうして，これまでの身内意識に基づく経営からの脱却と，安定株主以外の株主，特に機関投資家重視の意識が強まった。それはすなわち，「株主価値の創造」を基盤に据えた経営モデル構築の動きだったのである。

1990年代以降の変化については，特に以下の点が重要である。

第一に，安定株主工作の縮小，株式相互持ち合いの解消に伴う，外国人株主や投資銀行など機関投資家のクローズアップである。財務体質の改善強化を図る企業にとって，経営を安定させるという名目で大量の他社株式を保有することは，資金繰りの悪化，資産運用効率の悪さの露呈に伴い，大きな負担となっていた。また，株式価格の下落が含み損の増加と財務体質脆弱化を招いていたこともあり，保有株式を売却する動きが一気に加速化したのである。

第二に，メインバンク制の変容である。バブル経済期，そしてその崩壊期において，経営危機に陥った企業に対して，事前のチェックも発覚後の支援も十分にできなかったメインバンクは少なくない。むしろ，それまでの過剰融資が企業と銀行双方の財務体質を悪化させる要因となっていた例すら，かなりの数にのぼる。このような状況下で，いわゆる**金融ビッグバン**への対応と不良債権の迅速な処理を求められた銀行は，特定企業との関係について「はじめに融資ありき」という姿勢を方向転換せざるを得なくなった。さらに，株式相互持ち合いや安定株主工作の解消，見直しが進む中で，銀行はメインバンクとしてこれまでと同様の機能を果たすことが困難となったのである。

金融ビッグバン（Big Bang financial reform）：1995年に政府が提唱した金融制度改革。金融市場の規制を緩和・撤廃し，その活性化，国際化を図ることが目的とされた。市場での自由競争の促進が提唱されるこの政策のもとで，これまで監督官庁の指導と監視，そして保護のもとで経営を行ってきた金融機関は，一般の企業と同様の競争原理，効率性原理に基づく経営体制への変革を迫られた。そして，このことが取引先企業との関係の見直しにつながったのである。

表 2-1　外国人持ち株比率が高い企業
（2006 年 3 月現在，株式時価総額 2000 億円以上の東証第一部上場企業を対象としている）

順位	企業名	外国人持ち株比率(%)
1	日本オラクル	76.9
2	中外製薬	73.6
3	新生銀行	73.3
4	西友	67.3
5	日産自動車	66.8
6	トレンドマイクロ	65.0
7	昭和シェル石油	62.6
8	ボッシュ	62.0
9	オリックス	59.3
10	ヤマダ電機	56.1
11	日東電工	55.9
12	アサツー・ディ・ケイ	54.4
13	HOYA	54.3
14	クレディセゾン	54.1
15	武富士	53.8
16	ローム	51.6
17	富士写真フイルム	51.1
18	キヤノン	51.1
19	ドンキホーテ	50.7
20	ソニー	50.1

（出所）『日本経済新聞』2006 年 9 月 10 日。

　また，金融自由化により直接金融による資金調達がこれまでよりも容易になった企業にとっても，メインバンクは必ずしも最優先すべき存在ではなくなった。2007 年に内閣府が実施したアンケート調査によると，「経営に最も影響力を与える主体」としてメインバンクを挙げる企業は，3 年前の 24.3％ から 21.1％ へと減少しているのである。

　こうした変容によって，日本企業における経営側と株主の関係は大きく変化した。すなわち，長期的視点から企業を友好的に見守る株主の存在感は後退し，代わって，これまで閉鎖的な取引慣行に縛られていた日本企業への投資を躊躇していた外国人機関投資家に大きなチャンスがめぐってきたのである。景気後退によって日本企業の株価が全般に低迷していたことも，彼らの日本への参入を促進した（表 2-1）。そして，機関投資家の多くは安定株主ではないため，その発言権を最大限に利用しようとすることから，「物言う株主」として注目

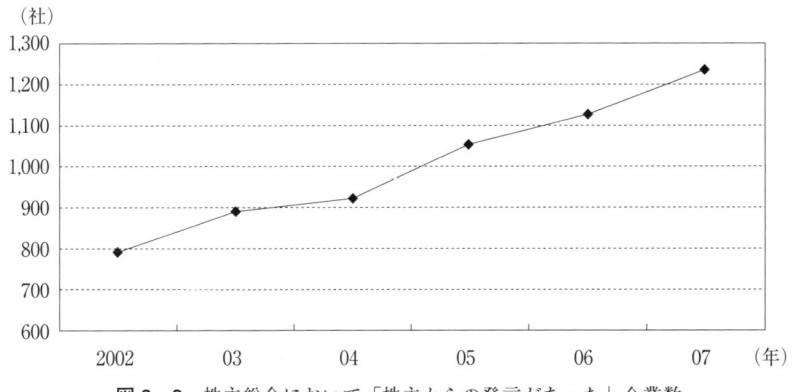

第2章　コーポレート・ガバナンスの変容にみる日本の経営とアメリカの経営

図2-3　株主総会において「株主からの発言があった」企業数
(出所)　商事法務『株主総会白書』各年度版。

表2-2　主な社外取締役起用企業

	人数（人）	比率（%）
ソニー	12	80
エーザイ	7	64
日立製作所	5	38
三菱商事	5	33
JR西日本	5	36
信越化学	4	20
東　芝	4	29
商船三井	3	27
コマツ	3	30
花　王	2	13

(出所)　『日本経済新聞』2008年11月26日付。

を浴びるようになったのである。彼らの発言機会は，**図2-3**に示した株主総会当日の発言だけではなく，経営側提案に対する反対投票，株主独自提案や質問状の提出など多岐にわたっている。また，社外取締役の起用企業が2003年に東証第一部上場企業の内約30%であったのに対して，2007年には45.1%へと急増していること（日本経済新聞社調べ）も，彼（彼女）らによるガバナンスへの期待感の表れであろう（**表2-2**）。

　なお，**表2-3**に示した一連の法令・制度改革が，このような傾向に拍車を

表2-3 1990年代以降のコーポレート・ガバナンスに関する主な法令等見直し

1993	商法改正により，株主代表訴訟の簡便化（手数料大幅引き下げ）
1997	商法改正により，ストック・オプション制度の創設可能に
1999	連結財務諸表原則の制定
2001	監査役の経営監視機能強化を目的とした商法改正
2002	商法改正により，委員会等設置会社と監査役設置会社の選択制導入
2003	内閣府令等により，コーポレート・ガバナンスに関する情報を有価証券報告書に記載することとなる
2004	電磁的方法による株主総会議決権行使が可能に
2005	会社法制定

かけたのである。これらは，アメリカモデルの導入を望む財界団体などの意向を反映したものであった（なかでも，委員会等設置会社制度の導入は，株式会社制度そのものをアメリカ型につくり替えるものとして注目される。この点については次章を参照）。さらにまた，外国人のみならず，企業年金連合会などの日本の機関投資家もこの影響を受けて，経営状態や配当，取締役選任に関する積極的な発言姿勢を強めつつある。

　ところで，こうした株主重視の傾向は，従業員の雇用や生活に少なからぬ影響をもたらしたことも忘れてはならない。日経連による報告書『新時代の「日本的経営」：挑戦すべき方向とその具体策』（1995年）以降鮮明となった，雇用形態の多様化とそれに伴う終身雇用（同報告書の表現によれば「長期蓄積能力活用型」人材）枠の大幅な縮小は，従業員にとって自らの勤務する企業がもはや「身内」と呼べる存在ではなくなりつつあることを示すものであった。そして，上に記した株主発言の拡大は，この流れをさらに助長することとなった。つまり，株主価値増大要求に応えるためには，人件費の削減や「変動費化」による財務体質強化が最大の課題となり，その実現のために，正規雇用から非正規雇用への置き換えや，経営側にとって管理負担の少ない間接雇用（派遣労働者，請負労働者等）の積極的利用といった非正規従業員活用策の重用が必須とされたのである。

5　経済のグローバル化と日本モデル

　以上のように，従業員，労働組合対策よりもIR活動を重視する日本企業の傾向は，近年鮮明なものとなってきた。それは，経済のグローバル化と国際競争への備えを求めてアメリカモデルへの道を模索する日本企業という図式そのものである。最近でも，日本経団連や経済同友会などがCSRのあり方と関連づけてコーポレート・ガバナンスに関する様々な報告書や提言を発表しているし，経済産業省の企業統治研究会（2008年設置）など行政レベルにおいても，株主総会の結果開示，社外取締役の要件（独立性確保）および義務化，M&Aをめぐる買収防衛策の是非など多岐にわたる議論が行われている。

　しかし他方で，キヤノン，トヨタ自動車などのように「日本モデルの利点」を強調し，その継続を標榜する企業も少なくない。例えばキヤノンの御手洗冨士夫会長は，「米国には米国のやり方があるように，日本には日本にあったやり方がある。」（『日経ビジネス』2005年1月3日号，62頁）として，終身雇用を中核とする日本モデルの姿こそ人材を活かす道であるとの考え方を崩していない。それは，経済活動がグローバル化する中で，なお日本モデルを志向することの意味を積極的に捉えようとする動きである。同じように，日本に本社をもつ企業であっても，そのめざす方向性，構築するコーポレート・ガバナンス体制は多様なものとなりつつある，というのが現実の姿であろう。

　日本取締役会の発表した『ベスト・ガバナンス報告書』（2007年7月）は「コーポレート・ガバナンスにグローバル・スタンダードはない」として「企業の多様性とガバナンスの多様性」を主張しているが，たしかに，すべての企業が同じ方向をめざす必要はないし，それらを「日本型」「アメリカ型」というように類型化するべきではないのかもしれない。

　経済のグローバル化とステークホルダーの多国籍化，多様化がますます進展する今日，どのようなステークホルダーを企業経営健全化，活性化に向けてのパートナーとして選ぶのか，そして誰のための企業とするのかが，その企業のめざす方向そのものを左右するといっても過言ではない。そしてコーポレー

▶▶ **Column** ◀◀

社外取締役の「力」と役割

　次章でも詳しく取り上げるソニーは，社外取締役の積極的登用と活用をいち早く宣言した企業として知られています。2003年，委員会等設置会社への移行を決定するとともに，その人数を大幅に増やしたのですが，何よりも話題を呼んだのはその顔ぶれでした。カルロス・ゴーン（日産自動車社長），宮内義彦（オリックス会長），小林陽太郎（富士ゼロックス会長），岡田明重（三井住友フィナンシャルグループ会長）ら著名財界人が並び，議長には，中谷巌（多摩大学学長）が就任したのですから，マスコミから大きな注目を浴びたのも無理はありません（役職はいずれも当時のもの）。しかし，その後の2004年の「ソニー・ショック」，そして2008年度の巨額赤字の計上にみられるように，結果的には彼らがソニーの業績向上に役立ったとはいえない状況です。ただ，だからといって社外取締役を「役立たず」の存在と決めつけ，削減しようなどという動きはみられません。はたして，社外取締役はどのような力を発揮し，役割を果たしていくことが期待されているのでしょうか。

　そもそも，社外取締役は毎日会社に顔を出し，日常業務の意思決定や執行を細部に至るまでチェックするような存在ではありません。会社法上，社外取締役は，会社との間であらかじめ「責任限定契約」を締結することができることになっています。これは，株主代表訴訟で損害賠償請求を起こされたときなどに，彼らの責任を一定の範囲内に限定するものなのですが，このことからも明らかなように，社内昇進組で常勤の取締役とは求められる役割が異なるのです。

　しかし，決して彼（彼女）らの役割が「軽い」というわけではありません。彼（彼女）らに求められるのは，単なる広告塔としての役割ではなく，社内出身者にはない観点から，経営トップが十分な議論を重ね，適切な意思決定を行っているか，それが「身内の論理」に終始したものになっていないのかをチェックしていくことなのです。つまりその会社に「しがらみ」がないからこそできる発言や行動が期待されているのです。

　しかし，それはともすれば，日常業務を行っている現場との意識の乖離を生む危険性をはらんでいることを忘れてはなりません。社外取締役に期待通りの力を発揮させることができるかどうかは，彼（彼女）らの特性を十分に理解し，社内出身者の機能・役割とうまくかみ合わせる仕組みをつくることができるかどうかにかかっているのです。

ト・ガバナンス体制の構築は，企業が発信するメッセージとして，ますます重要な意味をもつものと考えられる。

[推薦図書]

海道ノブチカ・風間信隆編（2009）『コーポレート・ガバナンスと経営学』ミネルヴァ書房
　グローバル競争の激化を背景として，経営学の基本問題としてコーポレート・ガバナンスを捉え直すとともに，その国際比較を行っている。

工藤　章・橘川武郎・グレン・D・フック編（2005）『現代日本企業：企業体制（上）内部構造と組織間関係』有斐閣
　バブル経済崩壊以降顕在化した日本の企業と企業体制（内部構造，組織間関係）を明らかにし，政治・経済・社会システムの再構築の選択肢と筋道を導き出す。

労働政策研究・研修機構（2007）『企業のコーポレートガバナンス・CSRと人事戦略に関する調査研究報告書』（労働政策研究報告書No.74）
　企業がどのステークホルダーを重視するかによって，また，どのようなコーポレート・ガバナンスを志向するかによって，人事戦略はどのような影響を受けるのか，日本企業の実態を調査分析している。

[設問]

1. 従来からある日本の株式会社制度（現在の呼称は「監査役設置会社」）において，株主総会，取締役会，監査役の三者はそれぞれどのような関係にあるのだろうか。法律上の規定と実態それぞれについて，整理してみよう。
2. アメリカに本拠を置くヘッジ・ファンド，スティール・パートナーズは日本企業に大規模な投資を行っている機関投資家として知られている。同社が株式を保有する日本企業に対して，どのような要求を行っているのか，そしてそれに対して日本企業側はどのように対応しているのか，調べてみよう。

（澤田　幹）

第3章

ソニーの組織改革とコーポレート・ガバナンス

 ソニーは日本企業でありながら,しばしば「日本の企業らしくない」といわれてきました。それは井深　大,盛田昭夫,大賀典雄といった歴代の経営者の個性によるところが大きいかもしれません。そして,経済のグローバル化が進展するにつれ,その傾向はますます強まっています。しかしまた,日本に本社を置く限り,日本的な経営風土を維持していることも確かなようです。この章では,特に1990年代以降に焦点を当て,ソニー経営の「日本的」な部分とそうでない部分を明らかにしていきます。

1　ソニー株式会社の創立と国際化の歩み

 ソニー株式会社(以下,ソニーと略す)は1946年創立(当初の社名は東京通信工業株式会社)で,日本の電機メーカーとしては比較的後発の部類に属する企業である(表3-1)。しかし,だからこそその視点は,当初から国内市場だけでなく,海外市場に向けられていた。具体的には,以下の点が挙げられる。

 第一に,創立当初から「世界的な目を持って考え,物を作り,輸出に全力を注いでいく」という方針を前面に押し出し,1955年には,国際市場を意識して,いかなる言語圏においても発音しやすく,覚えやすいブランド名"SONY"を使用し始め,東京証券取引所第一部上場を果たした1958年には社名もこれに合わせることによって,認知度の向上を図った。

 第二に,最新鋭のトランジスタ技術などを利用した「世界初」あるいは「世界最軽量・最小」を意識した商品開発を推し進めるとともに,VTRやCD,MD,DVDといった製品で,相次いで世界統一規格の策定をもくろむなど,技術面で世界をリードすることを意識し続けてきた。世界統一規格の中にはCDやブルーレイのように成功し,大きな市場獲得につながったものもあれば,VTR

表 3-1　ソニー略年表

1946	東京通信工業株式会社として創立
1955	SONY ブランドを初めて使用
	東証第一部上場
1958	社名をソニー株式会社に変更
1960	アメリカに進出
1970	初めて社外取締役を選任
	ニューヨーク証券取引所上場
1983	事業本部制導入
1994	カンパニー制導入
1995	取締役にストック・オプション導入
1996	カンパニー制再編
1997	執行役員制導入
1998	報酬委員会・指名委員会設置
1999	ネットワーク・カンパニー制へ移行
2002	アドバイザリーボード設置
2003	委員会等設置会社へ移行
2005	カンパニー制廃止，事業本部制の復活

（出所）　ソニー・ホームページより（2009 年 11 月 20 日アクセス）

のベータ方式のように結果的に失敗に終わったものもあるが，いずれにせよ，ソニー・ブランドを世界中に広げることにはつながっている。

　第三に，創立からわずか 15 年後の 1960 年には「アメリカ人と一緒に，アメリカのメーカーと同じようなやり方で」をスローガンに，Sony Corporation of America を設立し，さらに 1970 年にはニューヨーク証券取引所に上場するなど，海外での事業展開にもかなり積極的であり，また，比較的早期から外国人株主を受け入れる社風があった。

　なお，日本企業の特徴の 1 つとされる**メインバンク**の存在についてみてみると，設立当初からしばらくは三井銀行，東京銀行がベンチャー・キャピタリスト的な役割を担っていたものの，全体としてはさほど強い関係をもつものではなかった。銀行によるソニー株式保有は，1992 年段階で発行済み株式総数の 11.5% で，2001 年までには 4.5% へと減少している。また，**直接金融**比率は 1980

メインバンク　→第 2 章 38 頁を参照。
直接金融　→第 2 章 38 頁を参照。

第3章　ソニーの組織改革とコーポレート・ガバナンス

表3-2　ソニー「多角化」の歴史（主要なもの）

1968	米国シービーエス・インクとの合弁により，シービーエス・ソニーレコード（株）を設立 ＜1988年1月ソニー100％出資，1991年4月（株）ソニー・ミュージックエンタテインメントに社名変更＞
1979	米国ザ・プルデンシャル・インシュアランス・カンパニー・オブ・アメリカとの合弁によりソニー・プルデンシャル生命保険（株）を設立　＜現在のソニー生命保険（株）＞
1989	米国コロンビア・ピクチャーズエンタテインメント・インクを買収　＜現在のソニー・ピクチャーズエンタテインメント＞
1993	（株）ソニー・コンピュータエンタテインメントを設立
1994	家庭用ゲーム機"プレイステーション"発売
1995	ソニーコミュニケーションネットワーク（株）設立
1996	パーソナル・コンピュータ"VAIO"発売
2001	ソニー銀行（株）設立
2001	ソニー・エリクソン・モバイルコミュニケーションズ（株）設立
2004	フェリカネットワークス設立
2004	ソニーフィナンシャルホールディングス（株）設立
2004	ソニーBMG・ミュージックエンタテインメント設立

（出所）　ソニー・ホームページより（2009年11月20日アクセス）

年代半ばには早くも間接金融比率を上回り，その後90％以上にまで上昇している。また，雇用制度をみるならば，いわゆる「終身雇用」の枠組みで働く従業員も少なくはないものの，新卒者採用においては早くから学歴不問を打ち出すなど，日本的特徴とされる要素の影は薄い。むしろ，日本に本拠地を置く企業でありながら，「日本的」というものにこだわらない**企業風土**が培われ，喧伝されてきたのである。

企業風土（corporate culture）：企業の構成員（役員，従業員の両方）が共有する価値観や信念，思考プロセス，そして，これらに基づく行動のこと。価値観などを共有することによって，コミュニケーションや意思決定の円滑化，個々のモチベーション向上などが期待できる。どの企業においても，創業者の理念や考え方を反映して構築されることが多いが，当然ながら，時代とともに少しずつ変化していくものでもある。

2　経営の多角化と組織改革

　ソニーは，世界を意識した市場拡大と合わせて，独自の**多角化**路線を推進させてきた（表3-2）。すなわち，本来の中核領域であるエレクトロニクス分野から音楽・映画などのエンタテインメント分野，"プレイステーション"を中心とするゲーム分野，保険・銀行などの金融分野，さらにはインターネット関連分野へと事業領域を積極的に拡大し，他の電機メーカーにはあまりみられない「ハードとソフトの融合」による独自の**シナジー効果**を追求してきた。また，この過程で，いったんは参入失敗に終わったパソコン市場においても，"VAIO"シリーズを成功させ，一定の地位を確保している。これらが相まって，「ソニー・ブランド」が構築されたのである。

　ただ，急速な技術革新と市場の変容に対応し，多角化の効果をより大きなものとするためには，以下に示すように，しばしば大きな組織改革が必要とされてきた。

　①事業本部制導入（1983年）

　創業以来オーディオ事業を主力としてきたソニーであるが，テレビやビデオ，さらには半導体，情報機器などに事業を多角化し，さらに従業員規模も飛躍的に増加したことから，**事業本部制**を導入した。各本部長は，開発・生産・販売の一貫したプロセスを統括する権限と責任が与えられたため，指揮命令系統が明確になると同時に，市場動向への迅速な対応が可能となった。特に，これま

多角化（diversification）：企業の成長戦略の1つで，事業分野や市場を拡大することにより，ビジネスチャンスを増加させるとともに，既存の事業分野・市場とのシナジー効果（相乗効果）による収益拡大をめざすもの。しかしこのような戦略は限られた経営資源を分散させてしまうため，市場変化やグローバル化により事業環境が厳しさを増す今日，成長拡大路線ではなく，事業領域を「コア（中核）事業」に特化して経営基盤を強化する「選択と集中」戦略をとる企業も多い。
シナジー効果（synergy effect）：複数の事業領域を展開することによって生じる相乗効果，相互作用。この効果が高いほど，企業全体としての資本収益性が高いことになる。通常，技術や生産システム，原材料・部品，流通経路，管理上のノウハウなどの共有，共通化によって生じるものと考えられているが，ソニーの場合，「ハードとソフトの融合」によって，顧客を囲い込むことも，念頭に置かれているといえるだろう。

で営業本部が統括していた販売領域について，国内はもちろんのこと海外展開についても各事業本部の裁量に委ねた点は，他企業の事業部制にはない大きな特徴であった。そして，これを原動力として，CD，MD，3.5インチFD，リチウムイオン二次電池など，世界中をマーケット・ターゲットとする製品が次々に登場したのである。

②カンパニー制導入（1994年）

多角化路線を突き進んだ結果，1993年時点で19事業本部・8営業本部体制となっていたのを，8つの**カンパニー**へと統合した。この結果，各事業本部で重複していた経営資源を有効活用するとともに，意思決定プロセスを簡素化することができた。カンパニーの長（プレジデント）は，事業本部時代の2倍に当たる10億円まで決済する権限を与えられるとともに，事業本部制時代よりも，さらに厳密な**P/L責任**と**B/S責任**，加えて**キャッシュフローの責任**が課されることにより，各カンパニーの自律性はより強いものとなった。また，このようなプレジデントへの権限と責任の付与は，企業家精神の高揚と将来の役

事業本部制：もともと事業部制組織とは，トップマネジメントのもとにある部門組織を製品別，地域別などに設け，独自の利益責任をもつ経営単位と位置づける分権型組織である。各事業領域について自己完結性，独立性が生まれる上に，業績評価がしやすいため，合理的で迅速な意思決定が可能となり，経営の多角化を促進する企業には適した組織形態とされている。しかし，責任を明確にするために事業の細分化を進めすぎると，個々の独立意識が強くなりすぎ，ヨコの連携が円滑に行いにくくなる，という弊害が生まれる。そこで，相互に関連した複数の事業部を1つの事業本部のもとに統合し，各事業に共通する事項や単一の事業部では手がけることが困難な事項の担当や，事業部間の調整を行い，組織の「タコ壺化」を防ごうとするのが事業本部制である。

カンパニー制：事業部制と同様，各事業部門に自立意識をもたせることがねらいとなっている。その実態は会社によって様々であるが，特に人事や財務の面においてこれまでの事業部制よりもさらに各部門の独立性，自律性を高める傾向が強い。

P/L責任・B/S責任：P/Lとは損益計算書（Profit & Loss Statement），B/Sとは貸借対照表（Balance Sheet）の略。いずれも企業の財務状態を表す。前者は企業の一定期間における経営成績を示し，後者は，企業の一定時点における財政状態（資産，資本，負債）を明らかにする。本文では，各カンパニーごとにこれらの財務諸表を作成し，業績や財政状態についての責任を明確にすることを意味している。

キャッシュフローの責任：キャッシュフローとは，資金の流れ，もしくはその結果としての資金の増減のこと。営業活動によって獲得された純現金量を示すとともに，株主や債権者に対して配当や利子として分配できる資金の大きさや投資の可能性を示すものとなる。本文では，これをP/LやB/Sととともに，カンパニーごとに明示することにより，その財務上の意思決定を行いやすくすると同時に，経営責任を明確にすることを意味している。

員候補の育成を視野に置いたものであった。ただ，自由度が高まりすぎることへの懸念から，1996年には，会長以下専務までの上級役員で構成される経営会議とは別に，全社的なグループ経営の戦略立案やカンパニー間の調整を行うエグゼクティブ・ボードが設けられた。また，これと合わせて，マーケティング活動を全社一元化するため，商品開発部門と営業部門は，新設する国内営業本部と商品開発ラボラトリーなど計6部門に集約された。

③ネットワーク・カンパニー制への変容（1999年）

AV機器とネットワークとの融合などの市場変化に対応するため，再びカンパニー制の見直しが行われた。それは単に，個々の製品に対応したカンパニーが採算性を重視し，市場で「勝つ」ことだけではなく，様々な製品やソフト，サービスなどを融合し，そこから「新しいビジネスモデルをつくる」ことを目的としたものであった。例えば，"VAIO"を軸に据えてメモリースティックやデジカメ，さらにはインターネット内の様々なコンテンツとの連携を図るなど，価値連鎖を創造することがめざされたのである。

④グローバル・ハブの新設（2001年）

21世紀に入ると，ソニーは「本格的ブロードバンドネットワーク社会の到来」に備えて最適なサービスを提供する総合エンタテインメント企業へ変革を図り始めた。そして，ハードウェアとソフトウェアの両方を有するメリットを活かし，経営資源を総合的に結集するとともに，その相互補完や社外との緩やかなネットワークを促進するため，各カンパニーの自律性は保持したまま，グループ全体の経営戦略策定機能に特化した組織として新設されたのがグローバル・ハブである。

⑤カンパニー制の廃止と事業本部制の復活（2005年）

デジタル家電の急速な発展やインターネットを介した様々なコミュニケーションの進化は，それまでのカンパニー制を硬直的なものとしてしまい，次第に縦割り組織の弊害が目につくようになった。そして，2004年から2005年にかけてテレビや家電などエレクトロニクス分野での不振が顕著となったのを機に，カンパニー制の廃止と5事業本部・2事業グループ体制への再編が行われた。これまで大きな権限を握っていた各カンパニーのプレジデントに相当する

ポストはなくなり，エレクトロニクス領域の立て直しのため，エレクトロニクスCEO（新設）に当該領域の全権限を集中させることとした。

以上のような本社と各事業部門，そして事業部門間の連携の度重なる見直しは，技術革新や市場変化に対応していく上では必要不可欠なものだった。しかしそれはまた，多大な労力とコストを必要とするものであった。それでもなお，特に1990年代以降組織改革が頻繁になったのは，1995年に出井伸之氏が社長に就任して以降，急速に進められた「世界に通用する企業体制」づくり，特にコーポレート・ガバナンス改革と大きく関連している。つまり，外部に対して，多角化した事業それぞれの現状について明確に説明するとともに，それらが発するシナジー効果を最大限にするための努力をトップ自らが示していくことが求められたのである。

3　出井体制下でのコーポレート・ガバナンス改革

出井氏は，社長就任直後から，矢継ぎ早に新たな施策を実行していった。以下に挙げるのはその主なものである。

①社外取締役の位置づけの見直し

ソニーにおいて最初に社外取締役が就任したのは1970年である。しかし，事業領域がますます多様化する中で，1997年からは，社内取締役にはない経験・知識・専門性をもった人材を取締役に加えることで，議論・経営判断の質を高め，監督機能を充実させることを期待して，その拡充が図られた。社外取締役の数は1996年には全取締役10名中2名，翌年は同じく3名であったが，2003年には17名中8名，そして2009年現在は14名中12名となっている。また，取締役会議長も社外取締役が務め，グループ全体の最高経営監視機関としての役割を明確なものにしている。

②執行役員制導入

日本の企業ではトップレベルでの意思決定機能と執行機能が必ずしも明確に分離されていないことが一般的である。このため，取締役というポストも株主

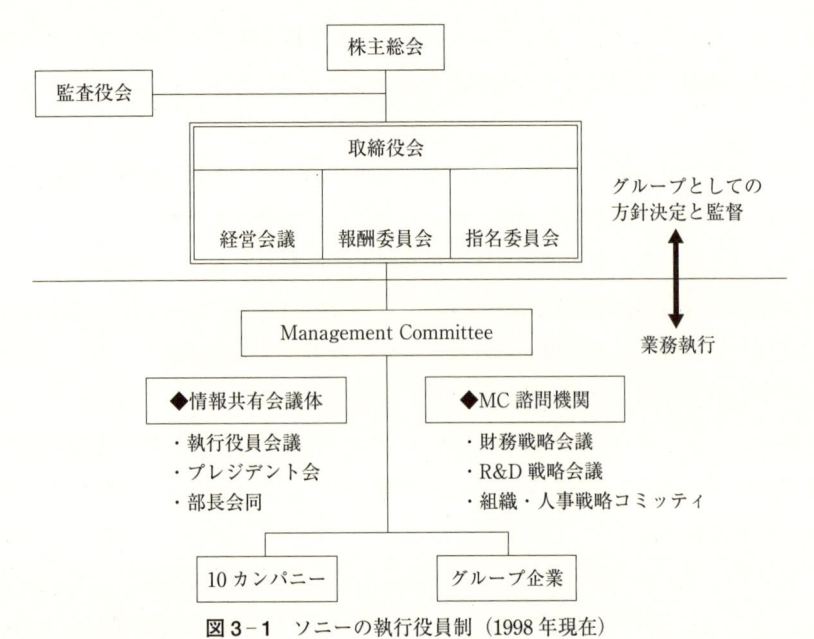

```
                    株主総会
                       │
    監査役会 ──────────┤
                       │
              ┌────────────────────────┐
              │        取締役会         │
              ├──────┬──────┬──────────┤        グループとしての
              │経営会議│報酬委員会│指名委員会│  ←→  方針決定と監督
              └──────┴──────┴──────────┘
    ───────────────────┼─────────────────────
                       │                      ↕  業務執行
            ┌──────────────────────┐
            │ Management Committee │
            └──────────────────────┘
           ┌──────────┴──────────┐
      ◆情報共有会議体          ◆MC諮問機関
      ・執行役員会議            ・財務戦略会議
      ・プレジデント会          ・R&D戦略会議
      ・部長会同                ・組織・人事戦略コミッティ
           │                        │
      10カンパニー              グループ企業
```

図3-1　ソニーの執行役員制（1998年現在）

(出所)　西村茂（1998）「ソニーグループの経営機構改革」『別冊商事法務 No. 214　執行役員制の実施事例』商事法務研究会，12頁。

に委託された経営者としてよりも，内部昇進ルートの一環として位置づけられることが多い。このため，取締役としての資質を評価されて，というよりも，長年の勤続と貢献に対する「功労賞」的な意味合いで就任に至ることも少なくない。また，権限と責任の所在も不明確になりやすい。そこで，ソニーでは意思決定機能と業務執行機能とを明確に分離する改革を行った。取締役は前者に専念し，後者を新設された執行役員に委任することにより，業務執行者責任の明確化，取締役会による執行役員の監督強化に努め，経営の効率化と質的向上を実現しようとしたのである（図3-1）。また，これに伴い，取締役数はそれまでの38名から10名へと大幅に削減された。さらに，翌1998年には報酬委員会，指名委員会という2つの専門委員会が設置された。前者は取締役・執行役員の報酬制度の内容および個人別報酬プランの承認を行い，後者は取締役・監査役・執行役員候補者選定を主な職務としていた。そして，こうした改革の

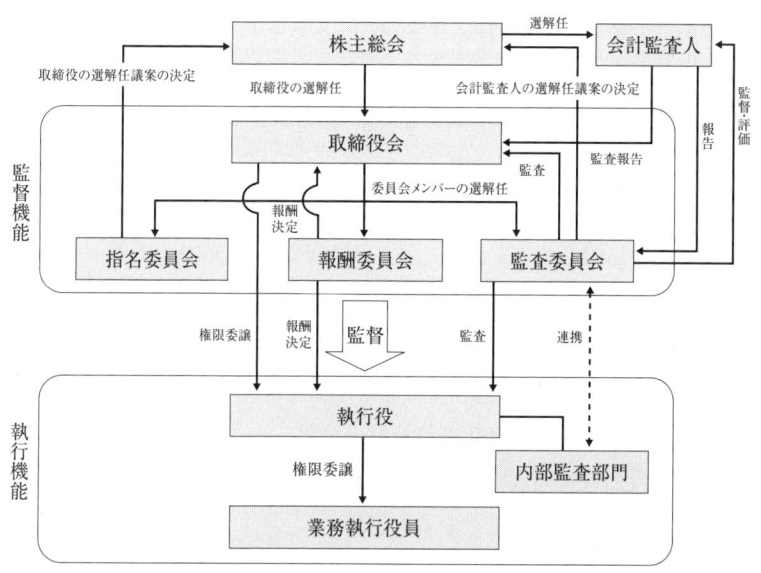

第3章　ソニーの組織改革とコーポレート・ガバナンス

図3-2　ソニーにおける委員会設置会社形態とコーポレート・ガバナンスの構図
（出所）ソニー「国内取引所向けコーポレートガバナンスに関する報告書」より。

意図は，増加しつつある外国人株主を意識して，当時の商法の株式会社の規定範囲内で，可能な限りアメリカ的なモデルを構築することだったのである。

③委員会等設置会社への移行（2006年会社法施行以降は「委員会設置会社」と改称）

2003年，商法が改正され**委員会等設置会社**制度が導入されると同時に，ソニーはこれをいち早く取り入れることを決定した（**図3-2**）。それまで法的な制約からアメリカモデルへの完全移行を果たし得なかった同社にとって，それ

委員会等設置会社：2003年の商法改正によって，日本の株式会社は従来からの株式会社形態である監査役設置会社と委員会等設置会社のどちらを選択してもよいこととなった。なお，監査役設置会社との主な相違点は，①意思決定機関としての取締役会と執行責任者としての執行役を明確に分離したこと，②取締役会の下に報酬委員会，指名委員会，監査委員会を配置し，代わりに監査役を撤廃したこと，の2点である。特に，上記三委員会については，社外取締役が過半数を占めることが義務づけられている。なお，2006年会社法施行以降は，制度の名称そのものが「委員会設置会社」と改められている。

は当然の選択であった。法的裏づけをもつことにより，制度の安定性は高まるとともに，執行役の株主に対する責任が規定され，権限を委譲する側の取締役会，される側の執行役ともに，その立場，機能がより明確なものとなった。

このほか，ストック・オプション制度の導入，アドバイザリー・ボードの設置など，社内外に対してコーポレート・ガバナンスの充実をアピールする改革が次々に実行された。また，ガバナンス強化のため，法律に定められた事項に加え，以下のようなソニー独自の基準やルールを取締役会規定に盛り込み，制度化している。

- 取締役会議長・副議長と代表執行役の分離
- 社外取締役の再選回数の制限，委員会メンバーのローテーション
- 各委員会議長の社外取締役からの選任
- 利益相反の排除や独立性確保に関する取締役の資格要件の制定
- 指名委員会の人数の下限の引き上げ（5名以上），また2名以上は執行役兼務の取締役とすること
- 原則として報酬委員の1名以上は執行役兼務の取締役とすること，および報酬委員へのソニーグループのCEO，COOならびにこれに準ずる地位を兼務する取締役の就任禁止
- 監査委員の他の委員会メンバーとの兼任の原則禁止

2006年4月に発表された「内部統制およびガバナンスの枠組みに関する取締役会決議」（2009年5月一部改定）には，上記の組織・制度改革を業務の適正化，取締役や執行役の役割と責任の明確化に向けてどのように結びつけようとしているのかが詳細に説明されている。そしてその背景には，「企業は株主の

CEO：Chief Executive Officer の略。「最高経営責任者」と訳すこともある。アメリカでは，業務執行を行う執行役員のトップをこのように称しているが，委員会設置会社に移行した日本企業の多くも，アメリカ型のCEOという役職を置いている。

COO：Chief Operating Officer の略。「最高執行責任者」と訳すこともある。業務を実際に運営管理するライン部門（販売部門や製造部門など）を統括し，取締役会で決定された戦略を実行する責任を負う。CEOが経営全般に関する最終責任を負うのに対して，COOは決められた戦略に従って行われる実務の責任を負う。

ものである」という割り切りと,「ソニーの最大のミッションは『企業価値の最大化』である」という明確な方針が透けてみえる。

こうした方針のもとで実施される制度改革や見直しはすべて,急増しつつあった外国人株主に対するメッセージとしての意味をもっていた。ソニーにとって,事業活動の国際化は株主構造の国際化と表裏一体のものであり,コーポレート・ガバナンスをアメリカ型のものへとシフトさせていくことは,同社の成長・拡大のためには避けることのできないものと考えられていたのである。そして,前節で取り上げた度重なる組織改革も,その時点での経営戦略の方向性とそれを具現化する体制をわかりやすく株主に明示する必要から行われてきたのである。なお,こうした姿勢は,出井氏の退陣後も基本的には変わってはいない。

4　ソニー型コーポレート・ガバナンスの有効性

出井氏,そしてその後任であるハワード・ストリンガー（Sir Howard Stringer）体制を合わせた10年余りの間に,ソニーには,以下のような経営上の改善がもたらされた（表3-3,表3-4,図3-3）。

表3-3　ソニーにおける事業部門別売上高推移

（単位：億円）

	エレクトロニクス	ゲーム	音楽	映画	保険・金融	その他
1998	46,697	7,838	7,587	5,458	3,394	2,916
1999	47,196	6,547	7,069	4,921	3,803	3,641
2000	55,239	6,609	6,121	5,552	4,269	4,051
2001	53,104	10,037	6,428	6,358	5,122	1,464
2002	52,862	10,037	6,363	8,028	5,405	2,503
2003	48,974	7,802	5,599	7,564	5,935	3,304
2004	50,216	7,298	2,491	7,337	5,606	2,544
2005	51,505	9,586		7,459	7,432	4,089
2006	60,505	9,586		7,459	6,493	4,260
2007	66,138	12,842		8,579	5,811	3,822
2008	54,880	10,531		7,175	5,382	5,396

（注）　音楽部門は2005年度より「その他」に統合。
（出所）　ソニー『有価証券報告書』各年度版より作成。

表3-4 ソニーにおける事業部門別営業利益推移

(単位：億円)

	エレクトロニクス	ゲーム	音楽	映画	保険・金融	その他
1998	1,311	1,365	366	430	180	▲45
1999	1,183	774	284	386	209	▲129
2000	2,487	▲511	205	43	179	▲113
2001	▲82	829	202	313	221	▲86
2002	414	1,127	▲87	590	233	▲320
2003	▲353	676	190	352	552	▲100
2004	▲343	432	88	639	555	▲41
2005	▲309	87		274	1,883	162
2006	1,567	▲2,323		427	841	324
2007	3,560	▲1,245		540	226	502
2008	▲1,681	▲585		299	▲312	304

(注) 音楽部門は2005年度より「その他」に統合。
(出所) ソニー『有価証券報告書』各年度版より作成。

(単位：％)

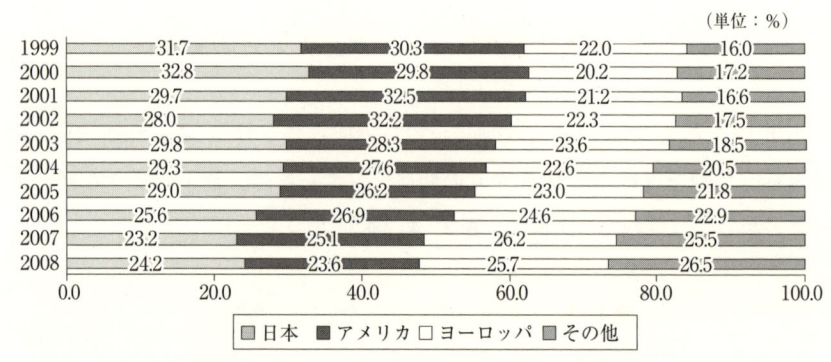

年	日本	アメリカ	ヨーロッパ	その他
1999	31.7	30.3	22.0	16.0
2000	32.8	29.8	20.2	17.2
2001	29.7	32.5	21.2	16.6
2002	28.0	32.2	22.3	17.5
2003	29.8	28.3	23.6	18.5
2004	29.3	27.6	22.6	20.5
2005	29.0	26.2	23.0	21.8
2006	25.6	26.9	24.6	22.9
2007	23.2	25.1	26.2	25.5
2008	24.2	23.6	25.7	26.5

図3-3 ソニーにおける地域別売上高比率の推移
(出所) ソニー『有価証券報告書』各年度版より作成。

- 1995年以降の10年間で，株式時価総額を2倍以上に増加させた。
- 「電機メーカー」から「総合IT企業」への転換を図った。すなわち，収益性の低いエレクトロニクス部門を必ずしも中核とは規定せず，ゲームや映画，金融といった新規ビジネス部門を成長させることにより，経営の安定と成長を促した。
- 日本，アメリカ，ヨーロッパ，その他の各地域での売上高が，それぞれほぼ均等に全体の約25％を占めるようになった。これにより，カントリ

ー・リスクや為替変動リスクはかなり減少したものと考えられる。
・経営不振に陥った際には，経営陣の大幅な刷新を断行した。

これらは，同社が経営トップによる意思決定権限集中化と各事業部門への業務執行権限委譲をバランスさせながら，グローバル化への対応を着実に行ってきたことの表れである。そして，何よりも収益性の確保と企業価値の増大に敏感なアメリカ型コーポレート・ガバナンスを志向してきたことがこうした効果をもたらしたことは評価される。

しかし，このような体制構築がプラスの効果ばかりを生み出したわけではない。以下に挙げるように，負の側面がいくつか表面化している。

○新規事業部門への取り組みを重視するあまり，エレクトロニクス部門の不振が際だったものとなってしまい，これが「**ソニー・ショック**」の直接的な原因となった。エレクトロニクス部門は，利益率こそ慢性的に低いものの，売上高の約3分の2を構成する主要部門であることには変わりない。それが巨額の赤字を抱えるのは，やはり不健全な経営体質といわざるを得ない。2005年に発表された中期経営方針でようやく「本業回帰」の指針が出されたわけだが，短期的収益性確保への志向が強すぎ，開発コストが膨大なものとなるエレクトロニクス部門がなおざりにされたことが，こうした手立ての遅れを誘発した可能性は高い。

○成長部門としての期待が大きいゲーム部門も，任天堂などのライバル企業との競争激化のため，思うような収益性を確保できていない。この分野で

ソニー・ショック：ソニーは2004年4月24日，2002年度連結決算が，純利益こそ前期比7.5倍となったものの，当初見込んでいた業績の下方修正を余儀なくされたことと，2003年度についてもパソコンの販売減速やリストラ費用が利益を圧迫するなどにより減収減益，純利益は半減するとの見通しを発表した。この発表を受け，翌日からソニーの株価は2日連続ストップ安（500円安）となり，ソニーはこの2日間で株式時価総額の約3割強に当たる9000億円強を失った。ソニーの株価下落によって，ハイテク株を中心に失望売りが相次ぎ，日経平均株価がバブル崩壊後の安値を割り込んだ。これが市場で「ソニー・ショック」と呼ばれた現象である。しかし，この株価大幅下落の要因は，数値で表される業績低下だけにあったのではない。この時点で赤字を計上していたわけではないのにこれだけ大幅な「売り」が出たのは，特にエレクトロニクス分野での不振が目立ち，その打開策が示されていなかったこと，そのために「ユニークな製品を開発し，いち早く世界に送り出していく」というブランド・イメージが失墜しつつあったため，と考えられているのである。つまり，それだけ同社の将来性に対する市場の期待感そのものが薄れつつあったことがうかがわれる。

は，絶えず新規技術を取り入れたハード，斬新なソフトが投入される中で，両者のバランスのとれた融合を保っていくことが必要とされるため，もともと収益面での安定性を保持することは容易ではないという側面をもつ。すなわち，単純に「成長部門」として位置づけることができない困難さがあるわけだが，この点についての配慮が十分であったか，定かではない。
○2008年には創業以来ともいえる大幅な営業損失，当期純損失を計上することとなった。この経営不振は，直接的には世界的な金融危機を契機としたものではあったが，取締役会レベルでどの程度事前に事態が把握されていたのか，そして有効な対策が講じられようとしたのか，判然とはしていない。いずれにせよ，コーポレート・ガバナンスを制度として充実させることが，必ずしも企業の安定や成長につながるものではないことを示す結果となってしまったことは事実である。なお，2007年には50.6%であった外国人株主所有比率が2009年に39.0%へと大幅に低下したことは，結局のところ，彼らが制度そのものよりも，数値で示される業績のみに注目する存在であることを，改めて示すこととなっている。

5　ソニーはアメリカモデルなのか？

ソニーは，東京証券取引所への提出書類の中で「経営の最重要課題のひとつとして，コーポレート・ガバナンス体制の強化に取り組んでいます。」と記している。そしてここまでみてきたように，経営体制，コーポレート・ガバナンス体制において特筆すべき改革を行うことによって，「先進的企業」としての評価を得てきたことは事実である。

ただ，その実態をやや子細にみていくと，そこには様々な思惑が見え隠れする。例えば，執行役員制は，当初，社内情報に精通した取締役が情報の共有を密にして意思決定体制をより強固なものにするために，取締役の過半数を社内出身者が占めるというこれまでの構図を変化させない形で制度化された。そして，これが外部の意見を積極的に取り入れることに必ずしも積極的ではないのではないかとの疑念を抱かせた。一部マスコミには，皮肉まじりで「ライスバ

ーガー型」と紹介されたほどである。ただ,海外の目を意識しながらも,日本型体制を再生強化するという姿勢は,他の日本企業からは高く評価された。だからこそ,ソニーの取り組みが開始してわずか1年後の1998年にはこの制度を導入する日本企業は200社を超えたのである。

ただし,当時の商法規定に沿いながら,いわば日米折衷型の制度として登場した執行役員制は,取締役になれる可能性が減ってしまった管理職のモラール低下を招き,また,執行役員は株主代表訴訟の対象にならないなど,残された問題は少なくなかった。だからこそ前述のように,ソニーはその後,委員会等設置会社への移行を果たすことによって,さらにアメリカモデル追求へと舵を切ることになる。しかし,執行役員制導入時とは異なり,これに対する他企業の反応は必ずしも敏感なものではなかった。事実,2008年現在で,東証第一部上場1717社の内,委員会設置会社への移行を果たした企業は47社(2.7%)にとどまっているのである。日本監査役協会が2006年に行ったアンケート調査によると,移行しない理由として,「現行制度が日本の社会風土にマッチしている」「現行制度の中で取締役会改革により効率性や健全性の改善が可能」といった回答が挙げられているが,このあたりに,外部資本が大量に入ってくることの警戒感,言い換えれば,日本企業がアメリカ型ガバナンスをめざす上での心理的制約を垣間みることができる。翻ってみれば,それだけソニーのアメリカ型への志向の強さが浮き彫りとなっているようにみえる。

しかし,株主に対する姿勢や発言をさらに詳細にみていくと,必ずしも同社がアメリカ的とはいえない部分も散見される。

例えば,2005年の出井氏退陣は,その前年にアメリカの格付け会社S&Pからエレクトロニクス部門での市場競争力の低下懸念を指摘され,その後決算報告の中でこれが事実として明らかになったことについて,OBや幹部といった社内有力者が強く批判したことが発端となったとの憶測が広がった。これに対して,出井氏自身は「退陣はあくまで自分の判断によるものだ」という論調を最後まで崩さなかった。どちらの主張が正しいにせよ,社外からのガバナンスではなく,外部からはみえにくい社内での動きが発端となったという意味では,きわめて日本的なトップ交代劇といえる。また,このことに限らず,本来取締

役会で緻密な議論が行われるべき事項で，ほとんどがトップ数名による会議で事実上事前に決定されており，取締役会は十分に機能を果たすことができていないのではないか，という批判，疑念は後を絶たない。つまり，意思決定機構の実質ブラックボックス化という日本企業の悪しき伝統を完全に払拭することはできていないのである。

　また，配当の推移をみると，1995年当時50円であったのが2001年に25円に切り下げられ，その後しばらくは据え置かれた。そして，業績悪化が明確になった2009年には逆に40円に増額している。つまり，当期純利益などの企業業績の変動とは関係なく，配当額が決定されているのである。この点については，各年度の有価証券報告書に「株主の皆様への利益還元は継続的な企業価値の増大及び配当を通じて実施していくことを基本と考えております。」(傍点筆者) と記されていることからも明らかなように，その根本に長期安定配当の理念が根強く残っていることが反映しているものと思われる。もちろん，設備投資や研究開発投資のための内部留保を戦略上増額する必要が生じることもあるため，単純に論じることはできないが，それにしても業績連動よりも長期安定化を重視していることは間違いなく，決して「アメリカ型」のように株主への還元姿勢が強いわけではない。なお，同社の配当額決定は，定款変更によって，現在では株主総会議決事項ではなくなっている。このため株主側がこの件について直接意思表明する機会は事実上奪われてしまっている。

　また，もう一点注目しておくべき事項として役員報酬額の個別開示をめぐる株主側との対立を挙げておかねばならない。NPO法人である株主オンブズマン (1996年大阪市で設立) は2002年から2008年まで毎年，ソニーの株主総会において，取締役報酬の個別開示を求める株主提案を行った。同社は取締役および執行役の報酬，退職金について総額のみを公表している。これに対して，オンブズマン側の株主提案には，個別開示そのものがすでにアメリカをはじめイギリス，フランス，ドイツなどにおいて制度化され，世界的な流れとなりつつある中で，日本で最も先進的ガバナンス実践企業といわれるソニーに先鞭をつけさせることにより，日本企業全体の閉鎖的体質を打破しようとするねらいがあった。そして，株主提案に対する理解は，賛成率が当初27.2%であった

▶▶ Column ◀◀

イノベーションのジレンマ

　ソニーは長らく，エレクトロニクス，なかでもテレビ分野において日本のトップメーカーとして君臨していました。特に1997年に発売を開始した平面ブラウン管搭載トリニトロンカラーテレビWEGA（ベガ）は，「テレビの歴史を変えた」とまでいわれるほど美しい画面で，大きな注目を浴びました。

　ところが，平面ブラウン管の時代は長く続きませんでした。2000年代に入って間もなく，液晶やプラズマといった薄型ディスプレイを搭載したテレビが主流になったからです。こうした新技術は，当初，色ムラや残像といった問題を残していたため，ソニー側は大きな脅威とは考えていませんでした。それだけ，平面ブラウン管はソニーにとって「自信作」だったわけです。しかし市場の反応は違いました。薄型ディスプレイのもつ省スペース，軽量化という特性は予想以上に大きな支持を集め，技術的問題の解消や低価格化によってその優劣ははっきりしたものになってしまったのです。結局，ソニーがテレビの世界で復権を果たすのは，「ソニー・ショック」の後，韓国のサムソン電子との共同開発による液晶ディスプレイを搭載した新機種"BRAVIA"を発表して以降になります。

　このように，自社の優れた技術開発力にこだわり，その改良にばかり力を注いだため，他社がそれとはまったく異なる視点から開発した技術にやがて顧客を奪われてしまうことを，ハーヴァード・ビジネス・スクールのクリステンセン（C.M.Christensen）はイノベーションのジレンマと呼んでいます。そして，安定した技術力を誇り，持続的計画的に新製品を投入する優良大企業ほど，このようなジレンマに陥りやすいようです。

が2007年には44.3％に上昇するなど，確実に広まる兆しをみせていた。しかし，ソニー側はこの株主提案の受け入れを一貫して拒み続けているのである。これについてストリンガー氏は，「日本の文化，伝統を大事にしたい」と説明しているが，「コーポレート・ガバナンスを経営上の最重要課題とする」姿勢からすると，やや奇異な印象を受ける。ちなみに，アメリカの場合，株主提案の賛成が10％を超えると，企業側は通常それを無視することができなくなるといわれている。

　ここに挙げた例は，ソニーが日本型からアメリカ型へとモデルそのものを変

革させていく中での激変緩和措置的なものなのか，それとも「アメリカ型」「日本型」といった枠では括ることのできないソニー型の企業活性化策なのか，現段階でははっきりとしていない。ただ，執行役員制を導入したとき，大賀社長（当時）は，取締役数削減措置によって執行役になった者の家族に，これが左遷ではない旨の手紙を直接したためたと伝えられているが，内部へのそうした配慮が，株主に対してどのようなメッセージを発しようとしているのか，そして，会社と株主との関係をどのように考えているのか，という点を不明確にしてしまっているとの印象を免れ得ないこともまた事実である。日本経済新聞社が2003年に行った「ベストボード・ワーストボードランキング調査」では，ソニーはベスト，ワーストともに6位にランキングされているが，それだけ，株主からみても評価の分かれる企業ということであろう。

6　ソニー型コーポレート・ガバナンスのこれから

　これまでみてきたように，ソニー型のコーポレート・ガバナンス改革が必ずしも利益拡大と企業の成長に結びつくわけではないことが明白になった現在，従来の日本型株式会社形態である監査役設置会社を維持するのか，それともアメリカモデルの具現化である委員会設置会社を選択するのか，といった形式先行の議論は影をひそめた感がある。そして，会社法施行によって，これまで株主総会の専決事項であった利益処分を取締役会で最終決定できるようになるなど，その役割が重みを増す中で，コーポレート・ガバナンスの関心は，取締役（社外取締役を含む）をいかにして実質的に機能させるのか，という点に移りつつある。それは，社外取締役の積極登用と「もの言う株主」への対応を中核に据えてきたアメリカにおいても，バブル経済崩壊以降，それまでの「日本的経営」に対するあらゆる面からの否定的評価を契機としてアメリカモデルの移入を模索してきた日本においても，さほど事情が変わるわけではない。こうしたことを踏まえると，ソニーが構築してきたガバナンス体制を，今後どのように同社の再浮上と組織活性化に活かしていくのかが注目されるところである。

第3章 ソニーの組織改革とコーポレート・ガバナンス

【推薦図書】

立石泰則（2006）『ソニー インサイド ストーリー』講談社
　緻密な取材に基づいて出井体制時代のソニーがどのように変わっていったのか，社内外にはどのような思惑が渦巻いていたのかを明らかにした書。客観的な分析を行った学術研究書ではなく，あくまでジャーナリスティックな立場からの書であるが，1990年代後半以降のソニーで何が起きていたのかを知るには最良の一冊である。

ロナルド・ドーア（2006）『誰のための会社にするか』岩波新書
　筆者は日本企業を長年にわたって観察し続けてきたイギリス人。事例としてソニーを取り上げているわけではないが，「アメリカ型ガバナンスは日本になじむのか」をテーマに，日本のコーポレート・ガバナンス改革と組織改革の実態を分析した視点は非常に鋭い。

川上　允（2005）『もう一つのソニー自叙伝 ——ソニーにおける労働者のたたかいと記録』本の泉社
　筆者は長らくソニーの労働組合で役員を務めた人物。本章では取り上げなかった，ソニーの労務管理の実態を労働者の立場から鋭く批判している。同社が標榜する「人を活かす経営」「学歴無用論」などは比較的好意的に受け止められることが多いが，現場での管理は決してスマートなものではなく，熾烈な労使対立もあったことが明らかにされている。

【設　問】

1．企業がカンパニー制組織を導入することのメリットとデメリットとは何だろうか。整理してみよう。
2．ソニー以外の委員会設置会社を一社取り上げ，そのコーポレート・ガバナンスの実態と業績の推移について調べてみよう。

（澤田　幹）

第4章

日本IBMの給与制度

　日本とアメリカの企業では，給与制度にどのような違いがあるのでしょうか。一般に日本企業は人に対する給与，アメリカ企業は仕事に対する給与といわれてきました。しかし，近年では，日米において業績（パフォーマンス）重視の傾向が顕著です。いわゆる成果主義時代の到来です。でもその成果主義に基づく給与制度のあり方は，それぞれ異なる歴史や経営環境をもつ日米企業の間ではもちろんのこと，たとえアメリカの親会社と日本におけるその子会社という関係にある場合でも，両社ではやはり異なっているのではないでしょうか。また，理念や制度は日米で同じであっても，その具体化や運用において両国間には違いがあるのではないでしょうか。この章では，給与制度の日米比較という観点から，IBM本社と日本IBMの給与制度をみてみましょう。

1　IBMの伝統的な給与理念とその転換

　日米比較を念頭に置いているので，本題である日本IBMの給与制度を考察する前に，まずIBM本社の給与に関する伝統的な考え方とその劇的な変化をみておきたい。

1　IBMの伝統的な給与理念

　すでに第1章でIBM本社の従来の人事処遇制度の基本が述べられているので，ここでは，それを給与制度に絞って改めて整理しておくことにする。

　IBMの最大の主役部門は，顧客に製品やサービスを売り込む販売部門である。IBMの黄金時代に活躍し，「世界最高のマーケティング組織」という評価をもたらした同社の元副社長によれば，販売部門における給与の考え方は，以下のようであった。

① 「従業員に安心感を与える給与でなければならない」。
② 「給与は，従業員の労働意欲をかきたてる強い刺激と動機づけを帯びるものでなければならない」。
③ 「特に働きのあった従業員には賞金や褒美を出して，人生に楽しみを加えてあげる」。

では，これら3つの方針は，どのように具体化されていたのだろうか。

元副社長によれば，営業職の場合，平均して，その総報酬（給与，諸手当，ボーナス，その他を含む）の約半分は基本給であったという。この基本給は，担当する仕事と結びつけられた固定給である。しかし基本給の決定要因はそれだけではなく，「全般的な仕事の質」（すなわち業績）や経験年数ないし勤続年数，そして「前年の給与」なども考慮されていた。このように，基本給は，職務，経験や能力，そしてその能力発揮の結果としての業績によって，決まるものであった。この基本給に①の方針が具現されているといえよう。

総報酬の残り半分の大半は，②と③の方針にかかわるものであり，いわゆる歩合給ないし**業績給**である。したがって，営業職の場合には業績評価が基本給の昇給と業績給自体に反映されることになる。営業職の業績評価は毎年の目標である「割当額」を基準として行われる。各社員の基準仕事量となる割当額がどのような要素を考慮して決定されるかは，第1章に述べられている。注意すべきは，この割当額は，会社や上司が一方的に押しつけるのではなく，割当額の妥当性を様々な段階で議論して下から上への意見が盛り込まれたり，全般的な景気動向や想定外の出来事などに備えて変更できるようになっていることである。こうした手続きによる妥当な割当額の決定が，毎年 65〜75％ の営業職が自らの割当額を達成することにつながっていたと思われる。割当額の達成度評価，すなわち，業績評価は，上司と当人が議論して決めることになっていた。

業績給（performance-based pay；pay for performance；payment by result）：目標の達成度や実績に対する評価に基づいて支給する給与のこと。歩合給という用語は，売上高や契約高など明確な数量的実績に一定の比率で直接比例させるイメージが強い。これに対して，業績給は実績直接比例の歩合給ばかりではなく，実績に対する何らかの評価を通して業績を給与に間接的に反映させる形態も含めた業績連動型の給与形態の総称と解される。

しかし,それは決して業績評価のみの場ではなく,翌年に向けて仕事のやり方の改善について話し合う場でもあった。

割当額達成者には,達成者のみが入会できる「ハンドレッド・パーセント・クラブ」の会員という名誉賞が与えられた。このクラブの会員であることは,まさに「優等生」として認められたことを意味し,IBM社員にとって最高の名誉とされたのである。さらに割当額達成者の上位10%は,このクラブの上位に位置づけられる「ゴールデン・サークル」の会員として認められ,その業績が全世界のIBMに知らされる。上記の③の方針の具体化として,このような褒賞制度が用意されていたわけである(F. G. Rodgers〔1986〕*The IBM Way*, Harper & Row/青木榮一訳〔1986〕『IBM Way——わが市場創造の哲学』ダイヤモンド社,235-249頁;D. Mercer〔1987〕*IBM*, Kogan Page/青木榮一訳〔1988〕『IBMマネジメント』ダイヤモンド社,298-303頁)。

以上を要約すれば,次のようになろう。IBMの営業職の場合,給与体系としては大きく基本給と業績給から構成されていた。その両者ともに業績評価が反映されていた。基本給は**職務給**ではあるが,従業員が「会社に時間や忠誠心を投資した見返り」であると考えられており,この点から経験や勤続も考慮して決定されていたことは注目すべきところである。また,割当額も納得性の高い方法で決定され,過半数以上の社員が達成できる合理的なものであった。さらに業績評価は,給与決定に使用されるばかりでなく,能力開発や業務遂行方法の改善といった教育的な目的も併せもっていた。最後に金銭的報酬のみならず,非金銭的報酬も効果的に用意されていたのである。

２ 「ガースナー改革」による大変革

さて,以上のようなIBMの給与制度は,瀕死の「巨象」と化したIBMの再建において,つまり1993年以降の「ガースナー改革」という荒療治の中で,同社始まって以来の大きな変化をきたすことになる。この改革の概要も,第1

職務給(job-based pay;pay for job;job wage):職務の難易度や責任の重さなどを評価して職務の価値を決め,その職務価値を等級化した職務等級に応じて支払う給与のこと。いわば,仕事に対して払う給与で,理念的には,同じ価値の職務ならばそれを誰が行おうとも同じ給与となる。

章で触れられているので,本章では報酬制度の改革に関してのみ扱うことにしよう。

　従来のIBMの報酬制度全般に関するガースナー (Louis V. Gerstner, Jr.) の基本的認識や批判は,それがきわめて硬直的,平等主義的,家族主義的なものであったということに集約される。すなわち,①固定給与が報酬の大半を占めていて,会社や部門の業績と連動した報酬がほとんどない。②ほぼ全員に定期的な昇給を行い,昇給額や昇給率もほぼ同じである。また給与水準という点からみても,どの職種でも同じになっている。③従業員の権利として,あるいは会社の義務として手厚い**福利厚生**が全員に提供されている。先にみたようにIBMは,それまでも業績を評価しそれを基本給の昇給や業績給の形で報酬と結びつけていた。しかしそれが事実上形骸化し平等主義的な業績評価となっているとガースナーは判断したのである。

　こうした一律的・画一的な平等が優先される報酬制度に代えて,ガースナーがめざした変革の基本方向は,業績に基づいて報酬を決定する制度の徹底実施ないしそこへの大転換であった。彼は,「報酬制度に関して4つの主要な変更を行った」と記し,旧制度から新制度への転換を次のように要約化している。①均質性→差別化,②固定報酬→変更報酬,③内部**ベンチマーク**→外部ベンチマーク,④社員の権利重視→業績本位。

　「差別化」とは,具体的には,職種別労働市場の需給状況に応じて職種ごとに給与水準で差をつける,個人の市場価値に応じて給与に差をつける,個人業績に応じて昇給に差をつける,会社および個人の業績に応じてボーナスに差をつける,社員一人ひとりの会社にとっての重要性に応じて**ストック・オプション**の付与に差をつける,ということである。福利厚生でも,全額会社負担から一部従業員負担へ切り替えて,コスト意識をもたせるとともに,様々な福利厚

福利厚生(welfare work of service) →第2章33頁を参照。
ベンチマーク(benchmark):水準点という意味。一般的には他社の優れた実践方法を学び,それを自社に適用して改善に結びつける活動のことをベンチマーキングという。本文にある「内部ベンチマーク」とは,IBMが自社内の基準しかみなかったということを示している。
ストック・オプション →第1章24頁を参照。

第4章 日本IBMの給与制度

生給付メニューから従業員が主体的に選択する「**カフェテリアプラン**」（選択型福利厚生制度）を導入して，コスト分担型・選択型へ移行させる。要するに，福利厚生も含めたあらゆる報酬制度において「差をつける」ことで，総額人件費の効率的な活用とその変動費化を狙ったわけである（L. V. Gerstner, Jr.〔2002〕*Who Says Elephants Can't Dance?*, HarperCollins, pp.93-94／山岡洋一・高遠裕子訳〔2002〕『巨象も踊る』日本経済新聞社，133－144頁）。例えば，基本給の昇給において，業績優秀者上位20%とそれ以外の社員の間に，昇給額で4倍の差をつけることが目標とされていた。また，基本給の引き上げを抑制して，個人または会社の業績によって大きく変動する報酬（**変動給**）の比重を増やすことが企図されていた（日本能率協会〔2003〕『2002年度訪米「人事・雇用戦略」研究調査団報告書』日本能率協会，II-9頁）。

このように新制度は，あらゆる面で業績に基づく差別化・変動化という理念が貫かれたものとなっている。それは，伝統的な家父長的・家族主義的な諸制度を基盤とした組織（社員）志向型から，その対極である市場（株主）志向型への大転換であった。

2　日本IBMの給与制度

［1］　日本IBMの沿革

1937年，IBMが全額出資する子会社として日本ワトソン統計会計機械が設立された。これが今日の日本IBMの前身であり，同社はこの年を創立年としている。第二次世界大戦中には，敵国資産とみなされて事業の中断に追い込まれるが，1949年に資産が返還され，翌年，日本インターナショナル・ビジネ

カフェテリアプラン（cafeteria plan；flexible benefits plan）：選択型福利厚生制度ともいう。会社は多様な福利厚生メニューを用意し，勤続年数や業績に応じて従業員に一定の福利厚生利用枠を与える。従業員はそのメニューから自らの意思と責任において選択する。このような仕組みの福利厚生制度のことをいう。

変動給（variable pay）：会社の業績や個人の業績に応じて変動する報酬のこと。ストック・オプションなどもその1つである。その意図は基本給という固定的な人件費を抑制しながら，短期の金銭的刺激によって業績向上をもたらすとともに，業績に応じた人件費管理を行うことにある。

ス・マシンズと社名変更して再出発する。1958年には日本初の電子計算機650を納入し、59年に日本アイ・ビー・エムへと改称した。

アメリカにあるIBMコーポレーション（IBM本社）は、伝統的に「現地法人のトップは現地人」という方針をもっており、日本IBMの歴代社長は全員日本人である。基本的にはIBM全社世界共通の戦略・政策・制度の枠組みの中に置かれているが、日本のビジネス環境に合わせた独自の諸制度も実施してきた。

1960年代には、外貨不足の下、通産省が国産機メーカーの育成方針をとったため、日本IBMは生産機種や台数に厳しい制限をかけられて苦しい営業を強いられたが、売上高は順調に伸びていった。67年には藤沢工場が、71年には一貫製造工場として野洲工場が完成して、全IBMの中でも重要な製造拠点となっていく。しかし、70年代の後半になると、国産機メーカーが実力をつけてきて市場を侵食し始め、売上高の伸び率は一桁台に落ち込んだ。79年には富士通にトップの座を明け渡し、シェアは2割台に低下した。

そこでシェア低下に歯止めをかけるため、1980年代から日本市場に合わせる「日本化路線」をとる。82年には自前主義の直販制度から特約店制度へ転換し、84年にはIBM本社と交渉して日本独自の価格設定を認めさせた。こうして80年代は売上高が順調に伸び、87年に初めて1兆円を超えたのである。1990年代に入ってから一時経営不振に陥るが、**ソリューション・ビジネス**への転換をいち早く図って業績を回復し、今日に至っている。2008年時点で、売上高は約1兆1329億円、経常利益は約1543億円、事業所数は98カ所、従業員数は約1万6000人、平均年齢は40.7歳、平均勤続年数は15.3年である。

日本IBMの社史の中で、本書のテーマと関連した注目すべき点としては、1982年に組織力強化のために**全社的品質管理（TQC）**を導入したことである。

ソリューション・ビジネス（solution business）：問題解決型事業。一般的には、顧客企業が抱える経営課題に対して解決策を提案するビジネスのこと。近年ビジネスの高度化や業務の複雑化が進展し、今までのような単なる情報システムの導入では経営課題が解決できなくなってきている。こうした状況を背景として、顧客企業の問題点や課題を分析し、その具体的な解決策を提案・提供するサービスがビジネスとして成立した。コンピュータ納入時の顧客サービスとしてソリューションという用語を最初に使用したのは、IBMであるといわれている。

この実績が後にIBM本社に認められ，本社でも品質管理運動（アメリカでの名称は，「マーケット・ドリブン・クオリティ〔MDQ〕」）を始めることとなる。注目すべきもう一点は，1991年に業績悪化が明白となるや否や，従来のIBM本社がとってきた大型機や大企業に焦点を当てた「大艦巨砲主義」から，今日の事業の中核となっているソリューション・ビジネスへの転換を本社よりも早く打ち出したことである。当時の社長の椎名武雄氏がこの事業転換を茶の湯に喩えて説明したのは有名である。「IBMはこれまで茶碗職人だった」が，「今後は茶碗を売るだけでなく，お茶の作法を自ら教える師匠にもなる」。見事な喩えである（http://www-06.ibm.com/jp/ibm/index_g.html　2009年11月20日アクセス；椎名武雄〔2001〕『外資と生きる』日経ビジネス人文庫，47-49，74-77，101-104，107-115，137-138，156-157頁）。

2　日本的慣行を考慮した給与制度
①給与原則と人事処遇の根幹としての「職務等級制度」

IBMが創業以来一貫して全世界共通の経営理念として掲げてきたものの一番目は「個人の尊重」である。それは，「個人の権利と尊厳の尊重」であり，給与に関していえば，「発揮された能力，業績などに基づいて，公正な昇給，昇進などの処遇を行う」ことを意味していた。つまり，IBMが考える「個人の尊重」とは，給与面では「公正」性であり，それは「発揮された能力，業績などに基づいて」処遇するということなのである。この大原則をより具体化した日本IBMの給与方針は以下の3つとされていた（坪田國矢〔1997〕「日本アイ・ビー・エムの人事・賃金制度」笹島芳雄監修『成果主義人事・賃金』社会経済生産性本部，63頁）。

全社的品質管理（total quality control：TQC）：総合的品質管理とも呼ばれる。品質管理を製造部門にのみ任せるのではなく，企業の全部門において組織的に，しかも経営トップから一般従業員までが参加して，品質や生産性の向上に取り組む活動を指す。全員参加型が日本的な特徴とされる。これに対し，アメリカの特徴はトップダウン型であること，顧客満足の視点が導入されていることである。それはTQCの発展形態として「全社的品質経営」（total quality management：TQM）と呼ばれ，わが国でも1996年にTQCからTQMへと呼称が変更された。本文にあるIBMのマーケット・ドリブン・クオリティ（MDQ）は，TQMのIBM版ともいうべきものである。

ⓐ職務の重要度・困難度に見合ったものであること。
　　ⓑ個々人の業績と貢献度を公正に反映するものであること。
　　ⓒ一流企業と比較して競争力ある水準であること。
　上記のⓒは，給与水準を設定する目安を示し，ⓐとⓑは給与の個人配分の原則を示すものである。ここでⓐの原則に基づいて策定された制度が，職務分類制度ないし職務等級制度であった。それは給与のみにかかわるものではなく，同社の人事・処遇制度の根幹をなすものとされている。そこで，まず，この制度の概要をみておこう。

　「職務の重要度・困難度」に見合った給与にするためには，まず社内にある1つひとつの仕事についてどの程度重要なのか，どのくらい困難なのかという点から相対的な序列づけをしなければならない。それを職務評価と呼ぶ。職務評価をするためには，その前に，具体的な職務内容を明確にしておく必要がある。そこで，日本IBMでは，まず，すべての仕事を社員1人分に相当する単位である「職位」に整理・分類した上で，その職務内容，すなわち，基本的な役割と責任，その業務を遂行するのに求められる能力や実務経験の範囲と程度を明確化し，それを文書化する。職務内容を文書化したものを職務記述書と呼ぶ。この職務記述書をもとに，「各国IBM共通の評価基準に基づいて」各職位の重要度・困難度を評価し，その職位の職務等級を決定する。職種や仕事内容が異なっていても，評価基準に照らして同じような重要度・困難度と評価されれば，同じ職務等級に格付けされることになる。要するに，職務等級制度とは，職務の価値に応じた格付けのことである。この職務等級の数は，後に触れる職務等級制度の再編前では20を超えていたという（高島創〔1994〕「多角的評価をめざすPPC&Eプログラム」日経連広報部編『目標管理制度事例集』日経連広報部，54-55頁）。

　②基本給（本給）と職務等級制度
　では，この職務等級と給与はどのように関係するのだろうか。
　日本IBMの基本給は，担当する職務が職務等級の中のどの等級に位置づけられているかで決定される。一般には「職務給」という。具体的には，職務等級の各等級に一定の幅（上限と下限の幅）をもつ給与レンジが設定されている。

第4章　日本IBMの給与制度

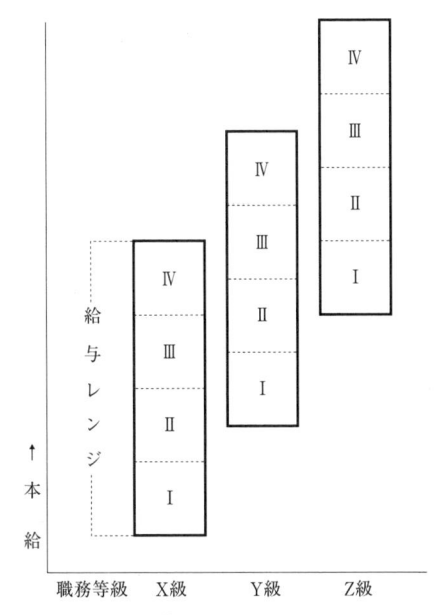

図4-1　職務等級別給与レンジのイメージ
（出所）「業績ウェート高める賃金制度改定事例」『労政時報』第3275号，1996年10月11日，19頁。

　図4-1をみてほしい。こうした給与レンジをもつ職務給を「**範囲職務給**」と呼ぶが，これが仕事（職務）の価値（＝重要度・困難度）に応じた給与の仕組みであり，アメリカの給与制度の典型である。もし，担当する職務が変わって上の等級に移れば，当然そこに設定されている給与レンジの適用を受けるから，通常は昇給することになる。しかし，逆に，この範囲職務給では，より上の職務等級に移らない限り，今の職務等級に設定された給与レンジの上限で昇給はストップするということになる。日本IBMは，この職務等級制度（＝職務分類制度）を1967年に導入して以来，今日まで一貫してこれを中核として，給与制度，評価制度，採用・配置，異動・昇進制度，人材開発制度などを体系化し

範囲職務給（range rate）：職務あるいは職務等級ごとに一定の範囲で給与幅（レンジ）を設けた職務給のこと。この幅を設けないで職務ごとに単一の給与額を設定するのが，単一職務給（single rate）である。わが国では，同じ職務や職務等級内にあっても，能力の伸長を細かく反映できる範囲職務給が好まれている。

てきたのである（同上）。

　ところで，ここで注意しておきたいことがある。日本企業の従来の一般的な給与制度は，いわゆる「**職能資格制度**」に基づく「**職能給**」である。これは「能力主義」という考え方に基づくものであったが，その際の「能力」は，あくまで従業員個々人がそれぞれ保有すると思われる全般的・総合的な潜在能力レベルを捉えるものであり，いわば「人」に対する給与だった。それに対して，日本IBMの給与は，まさにアメリカ型の「職務」（仕事）に対する給与，すなわち「職務給」であり，そこで評価される能力とは，「あくまで職位に要求される標準的な経験や能力と責任や権限の程度」とされ，仕事に直接関係する職務遂行能力である。したがって，先に触れた処遇原則（「発揮された能力，業績などに基づいて，公正な昇給，昇進などの処遇を行う」）を簡略化して同社がよく使用する「能力主義」あるいは「発揮能力主義」とは，あくまで「仕事をベースにした能力・業績主義」であり，日本企業で今まで用いられてきた「能力主義」とは異なることに注意しておこう（宮本眞成〔1998〕「日本IBMの専門職年俸制」日本経団連出版編『新型賃金制度事例集』日本経団連出版，125頁）。

　③基本給の昇給方法

　次に，ここで先のⓑの原則に基づく基本給の昇給の仕方について触れておこう。それは，現在の基本給額が適用される給与レンジ内のどの位置（Ⅰ～Ⅳ）に

職能資格制度（qualification system of knowledge）：従業員の職務遂行能力（職能）の内容や程度を等級化（格付け）する制度である。職能資格等級ごとに期待される職能の内容や程度を明確にした職能資格基準が設定され，この基準を配置・異動，昇進・昇格，能力開発・育成，給与など人事処遇全般において利用する。例えば，職能資格制度を給与決定に利用したのが，職能資格等級ごとに給与額を設定する職能給である。端的にいえば，人の能力の程度に応じて人事処遇を行うのが職能資格制度であり，今まで日本企業の人事労務管理制度の基軸であった。

職能給（pay for skill ; pay for knowledge）：職務給は職務（の価値）に対する給与であった。これに対して，職能給は職務遂行能力（職能）に対する給与である。言い換えれば，従業員個々人の保有能力の内容や程度に応じて支払う給与である。この保有能力の内容や程度を等級化する仕組みが職能資格制度である。職能資格制度に基づく職能給は，1970年代後半以降に日本の大企業の典型的な給与形態となった。

　ここで注意すべきは，①能力とは必ずしも顕在能力ばかりではなく潜在能力も含めた保有能力であったこと，②職能給は人に対する給与であるから職務を変更しても給与を変更する必要がなく，柔軟な配置転換が可能なこと，③同じ職能資格等級にあれば，課長や部長といった役職者であってもなくても同じ給与（＝基本給）となって，役職ポスト不足（＝昇進の頭打ち）によるモラールダウンを防止する効果があること，などである。

あるかということ（前掲図4−1参照），そして，業績評価の総合評価結果（A〜D），この2つの要素で昇給率を決定する仕組みである。ここで**表4−1**をみてほしい。この表は，横軸に業績評価の総合評価結果である4段階（A〜D）を，そして縦軸に在籍職務等級における4つの給与レンジ位置（Ⅰ〜Ⅳ）をとったマトリクス表である。昇給は，この表内の16のセルに設定された昇給率に基づいて行われる。この業績評価による昇給は「職務・業績別メリット昇給」と呼ばれている。もちろん，マトリクス表上の昇給率は毎年**洗い替え**される。そして，昇給率を左右する業績評価は後述の**目標管理**によって行うのである（「業績ウェート高める賃金制度改定事例」『労政時報』第3275号，19頁）。

この昇給方法の特徴は，**図4−2**が端的に示している。すなわち，「(1)同職務・同給与ならば，継続的業績のよい方が昇給は高い，(2)同給与・同程度の業績でも，職務の重要度・困難度の高い方が昇給は高い，(3)同職務・同程度の業績でも，現在の給与が低い方が昇給は高い」という特徴をもっている。これは職務給を採用しているアメリカ企業の昇給方法と同じである。いくら業績が高くても，給与レンジの上限に近づけば昇給は頭打ちとならざるを得ないシステムである。

ところで，後掲の図4−4に示されているように，日本IBMは，社員の階層を一般職層と専門職（管理職）層に大別している。日本IBMでは，管理（マネジメント）機能も1つの専門職能であるとみなして，いわゆるラインの管理職

洗い替え（方式）：一般的には，前年度の実績や評価をいったん基準点や白紙に戻すことをいう。本文では，前年度の昇給率とは無関係に当該年度の状況に応じて昇給率を決定することを指す。

目標管理（management by objectives：MBO）：ドラッカー（P. F. Drucker）が『現代の経営』(1954)の中で展開した考え方。個人目標と組織目標を統合することで，組織目標の達成と個人の仕事の上での欲求充足（自己実現の達成）が結合し，命令や統制によらずに組織と個人の一体化を図ろうとするもの（マグレガー〔D. McGregor〕のY理論に基づく考え方）。具体的には，1年を単位に，期初に従業員がその個人別の具体的目標を上司と相談の上設定し，期末でその達成度合いを評価する。期央で目標を修正する場合もある。従業員は，目標実現への取り組み，成果（業績）の自己評価などを通して動機づけられる。チャレンジ型の目標管理では，具体的な目標を能力よりも若干高めに設定する。業績の評価は，基本的には目標の達成度合いに基づくが，そこに至るプロセスも対象となる。また，上司のみならず，同僚・顧客などから評価を受ける360度評価によって，評価の公平性・客観性・納得性の確保が図られる。その意味では，評価者（考課者）訓練や，評価に対して被評価者が意見をいえる仕組みが重要である。

表4-1　職務・業績別メリット昇給の昇給率表

総合評価

区分	A	B	C	D
Ⅳ	1	0	0	0
Ⅲ	2	1	0	0
Ⅱ	3	2	1	0
Ⅰ	4	3	2	1

（給与の位置）

（注）　表中の数値は昇給率（単位：％）の例示であり，同社内で実際に用いられているものと同一ではない。
（出所）　図4-1に同じ。

(1) 同職務・同給与ならば，<u>継続的業績のよい方が昇給は高い</u>
(2) 同給与・同程度の業績でも，<u>職務の重要度・困難度の高い方が昇給は高い</u>
(3) 同職務・同程度の業績でも，<u>現在の給与が低い方が昇給は高い</u>

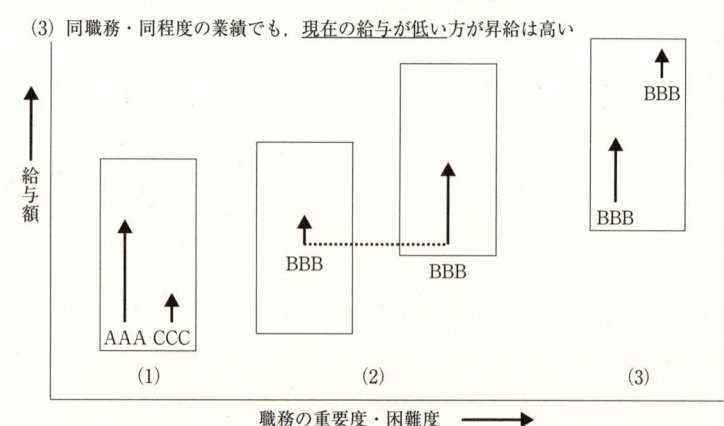

図4-2　職務と業績による昇給の考え方
（出所）　吉田和男（2003）「日本IBMの目標管理・業績評価制度」『日労研資料』第1271号，36頁。

も一種の専門職として位置づけている。したがって，同社の「専門職」とは，管理職と管理職待遇の各種専門職社員を指すことになる。この専門職の昇給方法は，今述べた「職務・業績別メリット昇給」のみである。

　他方，一般職の場合は，この「職務・業績別メリット昇給」とは別に，年齢に基づく年功的な昇給制度も採用されていた。「標準年齢別一律メリット昇給」と呼ばれるもので，「経験年数に応じて能力の向上があるとの考え」に基づいて，1973年から導入されていた。実際の仕組みは，18〜50歳まで1歳ご

とに金額を定めた昇給額テーブルを用いる。昇給の幅は年齢に比例して高く設定され，毎年年齢に応じた昇給額が基本給に加算されることになる。もちろん昇給額は，毎年の昇給原資の決定に従って洗い替えされていた（同上）。

④諸手当と賞与

日本IBMの給与体系には，基本給のほか，諸手当として，職能（格）手当，財形補助，住宅費補助，昼食費補助などがあった。専門職には，また専門職手当，専門職加給があった。日本企業で一般的な家族手当ないし扶養手当が存在しないのは，IBM本社と同じである。職務や仕事とは直接関係しないからである。

ここで注目すべきは，職能（格）手当である。これは，「社員の会社に対する長年の貢献に報いる趣旨」で，1975年に導入された職能格制度に基づく手当である（高島〔1994〕56頁）。基本給は，あくまで職位の格付けである職務等級によって決定される職務給であるが，この職能格制度では，職位や職務等級が長年変わらなくても勤続を重ねれば職能格の等級をほぼ自動的に昇格し，その等級に応じた定額の職能（格）手当が支給されるのである。平均して約5年ごとに自動的に昇格・増額となるきわめて日本的・年功的な性格の強い手当であった。しかし，この職能（格）手当は，その後2004年に全面廃止となる（『日本経済新聞』2003年12月31日付）。

最後に，賞与についてである。日本IBMでは，「職務・業績別メリット昇給」でみたように，基本給の決定においてすでに個人業績を大きく反映させているという理由から，毎年6月と12月にそれぞれ基本給の4カ月分を賞与として支給してきた。この固定された賞与は，1960年以降一貫してとられてきた方針であった（「景気低迷下にみる成果配分制度活用の実際」『労政時報』第3159号，1994年4月22日，10頁）。

3　目標管理による業績評価の実施と改編

給与は「個々人の業績と貢献度を公正に反映するもの」という方針に基づくのであれば，その業績や貢献度をどのような方法で評価するかが重要な問題と

なる。日本IBMでは目標管理制度によってこの業績評価が行われるので，以下，この制度の導入から今日までの変遷をみてみることにする。

1　A&C（Appraisal and Counseling）プログラム

同社の目標管理制度の導入は1962年に遡る。A&Cプログラムと呼ばれたこの目標管理制度は，当初，その名称が暗示するように人材育成を主な目的にしていた。その後1970年に，「業務目標設定と目標達成の評価の手続きを導入し」，79年には専門職に対して人事管理目標の設定と目標達成度の評価手続きを追加するようになる。さらに1980年からは，専門職に対して目標管理による業績評価を処遇と結びつけることとした。これに伴って専門職に対しては**人事考課**が廃止され，個人業績の評価は目標管理で行うこととなった。このように目標管理の使途は次第に業績評価となり，その結果が給与と結びつけられていったのである。

2　PPC&E（Performance Planning, Counseling & Evaluation）プログラム

1994年にA&Cプログラムは，各国IBM共通に使用されているPPC&Eプログラムへと改称された。もちろんそれは単なる名称変更ではなく，一定の改訂を含んでいた。改訂の理由は，後に触れる専門職年俸制などの新しい人事処遇制度に合わせて，今まで以上に「個々人の実績や成果と会社への貢献をより公正，かつ多面的に評価する仕組み」が求められたためであるという。

改訂の主旨は，端的にいえば，目標の達成という結果のみを重視するのではなく，「目標達成に向けたプロセスや会社への貢献度も検証する」ことにしたことである。これにより，「個々人の実績・成果をより多角的に評価する」とともに，「長期的な人材の育成」を図ることが期待された。このことの具体化は以下のような制度改訂にみられる。

人事考課（personnel appraisal；performance appraisal；employee rating；merit rating）：いわゆる査定のこと。日本企業では従業員の能力，業績，やる気などを総合的に評価するのが一般的であった。この評価が配置・異動，能力開発，処遇（昇進・昇格・昇給など）に反映されるので，評価の納得性・透明性・公平性が重要である。

まず，それまでの①「目標（の重要度）と達成度」のほかに，②「業務遂行過程における全社員共通スキルや能力の活用度」，および③「組織や部門目標の達成に向けた『部門目標への貢献度』を評価する仕組み」に変えたことである。ここでいう「全社員共通スキルや能力」を測る項目は，「責任，理解・判断，専門性，変革・挑戦，コミュニケーション，お客様の満足，改善・向上，およびチームワーク」の8つに分けられ，各項目には期待される内容が定めてあり，その活用度を判定することになっている。また，「部門目標への貢献度」を測るためと思われるが，個々人の業績を同一部門の他の社員と比較する「相対評価」も導入された。「スキルや能力の活用度」を検証することは，能力要素（**コンピテンシー**）の重視化であり，結果・業績に至るまでのプロセスを評価することを意味していた。

　PPC&Eプログラムにおける最終的な総合評価は，上記の①「目標（の重要度）と達成度」，②「スキルや能力の活用度」，③「部門目標への貢献度」のそれぞれの評価結果に加えて，それぞれの職務の内容や責任を考慮して総合的に決定される。①と②は4段階による絶対評価，③は相対評価の4段階評価である。総合評価はA〜Dの評語で示される。そして，このPPC&Eプログラムへの改訂に伴って，一般職層への人事考課も廃止され，日本IBMは全社員に対して目標管理で業績評価を行うことに統一したのである（高島〔1994〕60-61頁；「最新導入例から探る年俸制の新潮流」『労政時報』第3226号，1995年9月29日，35頁）。

[3] PBC（Personal Business Commitment）プログラム

　さて，このPPC&Eプログラムは，2年後の1996年に，IBM全体でPBCプログラムと改称される。それは，組織目標に貢献する個人目標の設定，組織目標や業務目標はチームワークで達成するということの明確化・意識化をねらっ

コンピテンシー（competency）：一般的には，高い業績を継続的に生み出す行動特性のことを指す。本来の意味は，知識や技能といった計測可能なものとは異なり，計測困難な理解力，判断力，説得力などの精神的な能力のことであり，仕事上できわめて重要な能力とされている。第6章のColumnも参照。

たものだった。そこでは，目標設定の切り口と「全社員共通のスキルや能力の活用度」を測る視点が，次の3つに改編・集約されている。すなわち，①WIN（市場での勝利），②EXECUTE（実行），③TEAM（チームでの協業）の3つに基づいて目標設定されることとなったのである。WINの目標は「組織目標達成のために分担すべき主要目標は何か」という観点から設定され，売上高や利益率といった数値目標が中心となる。EXECUTEの目標は，WINの目標を「どのような方法で達成するか」という観点から設定され，目標売上高達成のためにいつ，誰にソリューションを提供するか，といった行動目標が中心となる。TEAMの目標は，EXECUTEの目標を「どのような協業体制で達成するか」という観点から設定され，期日までに企画書を提案するために，部門間の**プロジェクト**体制をいつまでに整えるか，といったことが目標となる（坪田〔1997〕60頁）。

　このPBCプログラムが，現在日本IBMで運用されている目標管理制度である。こうした変更の背景は，端的にいって，IBMの事業構造が，ハード中心の事業からソフトやサービス中心の事業へと転換していったことにある。事業の主流となったソリューション・ビジネスでは，社員個々人がそれぞれ高い専門性・スキルをもつこと，社員が互いに協力し合ってそれぞれの役割や専門性を有機的に連動させることが求められる。そして，それらによって顧客の課題を解決することができるかで，ビジネスの成功が左右されることになったのである。

4　「ガースナー改革」に合わせた制度変更

　日本的な人事慣行も取り入れて構築されてきた以上のような日本IBMの伝統的な給与制度は，1990年代に急速に進んだ事業構造の変化と組織変革に伴って，相応の変化を遂げることとなる。

プロジェクト（project）：全社的な課題解決に向けて部門横断的に集められた専門的知識を有する人たちが，共同作業する臨時的な活動のこと。

とりわけ，製品やハードウェア中心のビジネスから，ソフトウェア・サービス中心のビジネスへの移行という事業構造の転換は，顧客ニーズに素早く対応できる組織づくりや業務プロセスの再編成を必要とした。日本IBMでは，こうして1992年以降に事業本部制や**組織のフラット化**・簡素化，第一線の社員への権限委譲などが進められていく。これらが，以下に述べる給与制度変更の背景となっている。

また，コンピュータや情報処理システムをどの分野にどのように使えばより利益が出るのかという顧客が抱える問題に解決策を提供するソリューション・ビジネスが主流になってくると，顧客のニーズを的確に把握し，ソリューションを迅速に提供する能力が社員に求められる重要な能力となってくる。日本IBMでは，「製品だけが売り物ではなくなり，むしろ人の能力（サービス）が重要な売り物」（山崎俊輔〔2007〕「事例3 日本IBM社員の価値を指標として，ソリューションを提供できる優秀な社員を『プロフェッショナル専門職』として認定」『人事実務』No.1012，2007年4月15日，35頁）となった。ビジネス構造の変化は，求められる能力と人材像を変化させたのである。

こうした事業構造の激しい変化という客観的な背景のもと，さらにIBM本社からの圧力が加わり，日本IBMにおける給与制度は，基本的に「ガースナー改革」の方向へと歩み始めることとなる。先に触れた目標管理制度の改編もその一環であったのである。

1　会社業績・個人業績の賞与への反映

まず，1993年の夏季賞与から，一般職，専門職を問わず全社員に対し，賞与の一定部分に会社業績を反映させることになった（ただし，冬季賞与には適用しない）。ソフトウェアやソリューション・サービスが主流となると，専門性の高い社員同士がチームやプロジェクトを形成してビジネスが行われる。そうなると，社員の専門性の発揮度が結果的に会社全体の業績を左右することにな

組織のフラット化：組織内の階層を減らして，迅速な意思決定や情報伝達をもたらそうとする組織改革のこと。通常は，課の廃止によってフラット化を行う。これにより人材の交流やコミュニケーションが促進される利点もある。

る。そこで，「ガースナー改革」で主張されたように「会社業績によってボーナスに差をつける」ことがめざされたわけである。これ以降，日本IBMにおける給与原則に，「会社業績を反映した給与であること」が付け加えられることとなる。

　具体的な反映方法としては，一般職と専門職の一部（労働時間規制の対象となる者＝ノンエグゼンプト）に対しては年間賞与8カ月分の内0.5カ月分を，上位専門職（労働時間規制の適用除外者＝エグゼンプト）に対しては1カ月分を，それぞれ会社業績に応じて変動させる方法であった。つまり，ノンエグゼンプトでは7.5～8.5カ月の幅で，エグゼンプトでは7～9カ月の幅で年間賞与支給月数が会社業績に応じて変動することとなったのである（『労政時報』第3159号，10-11頁）。

　さらに，1995年6月に先に触れた目標管理制度の改編に合わせて，個人業績も賞与に反映させることとなった。業績評価の総合評価に応じて，4カ月という平均支給月数から±0.4カ月の支給差を設けるもので，A評価は＋0.4カ月，C評価は－0.2カ月，D評価は－0.4カ月とされた。こうして，日本IBMでは会社業績と個人業績が賞与にも反映されるようになったのである（『労政時報』第3275号，18頁）。

2　専門職年俸制の導入

　1994年3月に，専門職（課長相当職以上）を対象に年俸制が導入された。日本IBMでは，1992年以降に，顧客ニーズへの迅速な対応のため，組織のフラット化・簡素化による意思決定のスピードアップと専門職への権限委譲を進めた。その中で，専門職の役割はますます重要性を増すこととなり，これが専門職への年俸制導入の基本的な背景となっている。

　また，先にみたように，日本IBMの給与の基本方針は，職務の重要度・困難度を重視した仕事に対する給与，個人業績や貢献度を反映した給与というこ

ノンエグゼンプト（nonexempt）／エグゼンプト（exempt）：エグゼンプトは，日本では労働時間規制の適用除外を意味し，除外される管理監督者のことを指す。ノンエグゼンプトはこの規制の適用を受ける通常の労働者である。アメリカでは，割増賃金の支払義務の適用除外を意味する。

表4-2　年俸調整表（イメージ）

		総合評価			—%—
年俸の位置（年収）		A	B	C	D
	Ⅳ	a	0	0	0
	Ⅲ	b	a	0	0
	Ⅱ	c	b	a	0
	Ⅰ	d	c	b	a

a＜b＜c＜d

（出所）『労政時報』第3226号，31頁．

とであったのだが，次第に住宅補助や職能（格）手当といった仕事や業績とは関係のない諸手当が増えて，給与全体にそうした部分の占める比率が3割にまで高まり，基本方針から乖離してきた現実があった．そこで，発揮能力や業績を反映させるという基本方針を徹底するための給与制度改革の一環としても年俸制が注目された．専門職年俸制は，このような能力主義の徹底，権限を委譲された専門職の業績評価の明確化と経営参画意識の高揚をねらいとして導入されたのである．

　専門職年俸制の導入に当たっては，まず従来の本給，諸手当，賞与の区分を廃止し，前年の年収額をベースにして当初の「年俸基準額」が設定された．「年俸基準額」は「本俸」（月例給相当）と「定期俸基準額」（賞与相当）という2つの部分から構成される．また，各職務に対応して「範囲職務給」と同じく一定の範囲をもつ「年俸レンジ」が用意されている．

　年俸基準額の改定（つまり昇給）は，現在の年俸基準額が，現在の職務に設定されている年俸レンジの中のどの位置にあるか（Ⅰ～Ⅳ）という点と，前年の業績評価の総合評価（A～D）に基づいて行われる．表4-2が昇給率の決定原則を示している．それをみると，年俸レンジの中で現年俸基準額が下位にあればあるほど，また個人業績の総合評価が高いほど，昇給率が高くなることがわかる．これは，先にみた「職務・業績メリット昇給」の方法と基本的に同じである．例えば，現年俸基準額が1000万円，年俸の位置がⅠ，個人業績の総合評価がBという例でみてみよう．この場合，ⅠとBの交点にあるcが今年の昇給率となる．昇給率cを仮に6％とすれば，改定後の年俸基準額は，1000

図4-3 会社業績と個人業績の反映

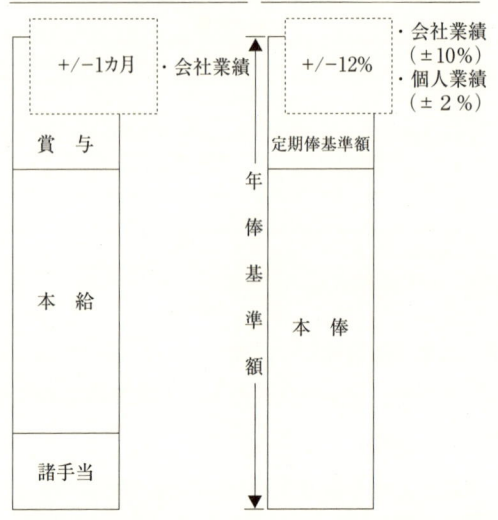

定期俸＝(年俸基準額−本俸)＋年俸基準額×(支給率＋成績率)
　　　　　＝　　　　　　　　　＝
　　　　会社　　　　　　　個人
　　　　業績分　　　　　　業績分

(出所)　表4-2に同じ。30頁。

×1.06で1060万円となる。では「年俸基準額」を「本俸」と「定期俸基準額」にどのように振り分けるのだろうか。それは、まず、現在の年俸基準額1000万円の70％（700万円）を本俸に、残り30％（300万円）を定期俸基準額に割り振ることになっている。そして今年の昇給分60万円を半分に割った30万円を本俸と定期俸基準額にそれぞれ配分する。以上の手続きの結果、今年の本俸は、700＋30＝730万円（毎月支給額は12分の1の約61万円）となり、定期俸基準額は300＋30＝330万円となる。ここで、年俸や定期俸にわざわざ「基準額」という用語が付いているのには理由がある。つまり、それはあくまで実際の年俸総額を算出するときの基準額であり、実際の年俸総額は以下に述べる会社業績や個人業績の評価によって額が変動するからである。

図4-3にあるように、賞与に相当する定期俸の算出には、「（年俸基準額−

本俸)＋年俸基準額×(支給率＋成績率)」という公式を用いる。ここでいう「支給率」は会社業績を反映するもので年俸基準額の±10％の変動幅があり，「成績率」は個人業績を反映するもので，年俸基準額の±2％の変動幅を設けている。先の具体例でいえば，最高額と最低額の範囲は約457〜203万円となる。年俸総額では，730＋約457〜203で約1187〜933万円の幅となる。もちろん，成績率（±2％）を決めるのは目標管理による業績評価である。なお，その後個人業績反映分は±3％へ，会社業績反映分は主管相当以上で±15％へと変動幅が拡大された（『労政時報』第3226号，28-31頁；宮本〔1998〕137-141頁）。

3　年功昇給の廃止と「業績加給」の新設

1996年3月には，一般職のみに適用されてきた「標準年齢別一律メリット昇給」が廃止されることになった。ビジネス構造の転換や情報システム化の進展など仕事を取り巻く状況の変化から，「時間の経過とともに能力が伸びていくという考え方」が疑問視されたためである。こうして，日本IBMの給与制度から年功的な性格が薄められていくとともに，昇給は業績を反映した方法に傾斜していく。廃止された「標準年齢別一律メリット昇給」の原資は，「職務・業績メリット昇給」に繰り入れられたのである。

しかし，反面で，若年層に対しては生活に配慮して給与の安定的な上昇を保障するために，新たに「業績加給」制度が設けられることとなった。ただし，業績加給の導入で，昼食費補助と財形補助が廃止され，その合計額が業績加給の原資となった。この制度の特徴は，前年度における業績評価の総合評価（A〜D）別に一定の加給額が設定され，給与レンジの位置や現在の給与額に関係なく，総合評価ランクの高い社員ほど高い加給となることである。こうして，範囲職務給における昇給制度の弱点とされた，高業績者の昇給が給与レンジの存在で次第に頭打ちになるという弊害を回避するとともに，総合評価が最低ランクのDでなければ，毎年必ず昇給するという配慮もしたのである。ただし，業績加給はあくまで加給ないし手当であり，職務の重要度・困難度に応じて設定される本給（＝職務給）の昇給ではない。以上の結果，日本IBMの昇給は，

職務・業績メリット昇給（昇給総原資の7割を配分）と業績加給昇給（同3割を配分）の2本立てとなった。そして，上にみたように，仕事に関係のない諸手当は，住宅補助費を除いてほとんど廃止されたのである。(『労政時報』第3275号，20頁；宮本〔1998〕134-135頁）。

4 「新職務等級制度」の導入

①導入の背景

日本IBMのような，職務や仕事に基づく給与という「職務給」制度をとっていると，技術革新や事業構造の変化から今までの職務の内容・種類・遂行方法などが変わったり，新しい職務ができたりするから，それに合わせて常に職務等級制度をアップデートしていかねばならないという宿命をもつことになる。技術革新が急ピッチで進展する情報産業界においては，とりわけこの必要性が高い。また，あらゆる産業でビジネスのグローバル化が進む中，日本IBMが顧客企業のそうしたビジネスの展開を支援する情報システムの構築サービスを提供するためには，社内横断的なプロジェクト編成による仕事の遂行はもちろんのこと，各国のIBMとの協業，すなわち国際的なチームワークによる業務遂行が求められるようになった。

こうしたことを背景として，IBMは，国際共同プロジェクトを立ち上げて新しい職務等級制度を策定し，日本IBMには1997年3月に導入されたのである（坪田國矢〔1996〕「日本アイ・ビー・エムの能力主義人事制度」『事例研究』第404号，10頁；坪田〔1997〕71頁）。

②改編の概要

新職務等級制度は，いわゆる**ブロード・バンディング**の考え方に基づいており，職務等級数が世界共通の10段階（バンド）に再編・簡素化され，組織のフラット化，仕事の変化や人材の市場価値に対応できるように設計されている。図4-4のように，一般職の職務はバンド2から6までの5段階，専門職はバ

ブロード・バンディング（broardbanding）：広域職務等級。よく似た職務等級を1つにまとめるなどして，等級数を削減したり，大括りしたりすることをいう。大括り化することで，処遇の柔軟性を高めることができる。

第4章 日本IBMの給与制度

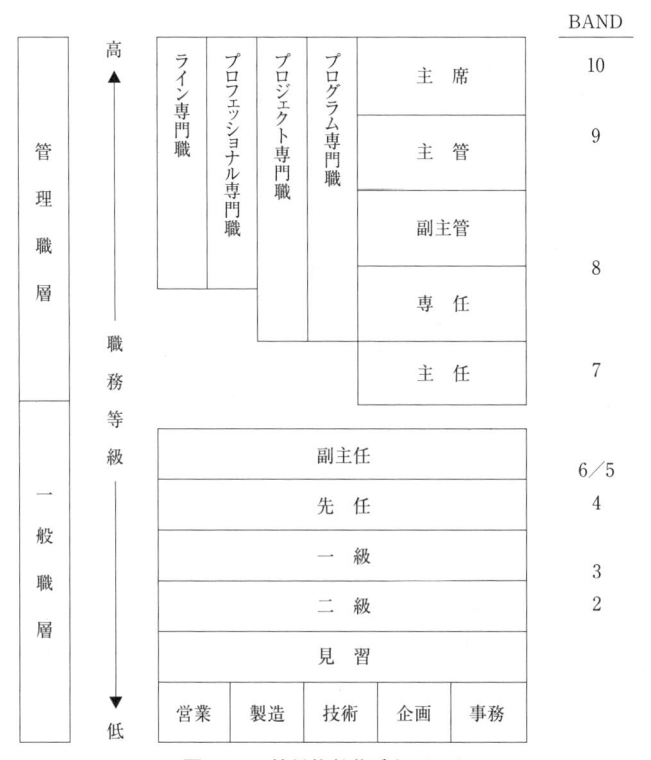

管理職層	職務等級 高→低	ライン専門職	プロフェッショナル専門職	プロジェクト専門職	プログラム専門職	主席	BAND 10
						主管	9
						副主管	
						専任	8
						主任	7
一般職層					副主任		6/5
					先任		4
					一級		3
					二級		2
					見習		
				営業	製造	技術	企画	事務

図 4-3 社員格付体系とバンド

(出所) 日経連職務分析センター編 (1999)『これからの一般職賃金』日経連出版部, 192頁。

ンド7から上の4段階となっている（バンド1は，「定められたルールをただ繰り返すだけの仕事」という定義のため，日本IBMの正社員には妥当しないということで使用していない。なお，**表4-3**は各バンドに求められる役割を簡略に示したものである）。

職務の重要度・困難度を測る要素は，職務遂行に求められるスキル（実務経験や問題解決力），管理責任（貢献やリーダーシップ），利益責任ないしその職務・役割が与える影響の範囲と大きさ（ビジネス・インパクト）などである。もちろん，従来の職務等級制度と同じように，今回もバンドごとに範囲職務給のレンジが設定されている。従来制度と比較したときの新職務等級制度の重要

表 4-3 バンドと役割

バンド	期待される役割
10	部門/ビジネス・ユニットの戦略を策定・指揮する
9	部門戦略の実行を指揮する
8	部門目標達成を指導する
7	チーム・部署の目標達成に向けて高度の専門業務を遂行する
6	チームの目標達成に向けて専門業務を遂行する
5	同上（現業技能職等にのみ使用）
4	優先順位や作業方法を選択し，業務を遂行する
3	判断を伴う定型業務を実行する
2	複数の定型業務を実行する
1	定型業務を実行する

（出所）図 4-2 に同じ。27 頁。

な変更点は，「スキルや専門性の程度」を従来以上に重視したこと，その反面で，従来の職務評価で比重の高かった「役割の重要度」や「結果に対する責任」については相対的に比重を下げたこと，であった。こうした変更もビジネスの中心がソリューション・サービスに移行したことに対応するものであろう（日経連職務分析センター編〔1999〕190-191 頁；宮本〔1998〕129 頁；堤敏弘〔2001〕「日本 IBM の人事施策と多面評価制度」『日労研資料』1254 号，45-46 頁）。

5　職務と人の両方を評価する日本 IBM

さて，以上のように日本 IBM の給与制度や評価制度を概観すると，そこには一貫して重視されてきた要素があるのに気づく。それは職務（という客観的な器）と能力・スキル（という属人的要素）の 2 つである。日本 IBM では，日本企業の人事労務管理制度の根幹であった職能資格制度下の職能給のように，潜在的に保有する能力それ自体で給与が決まるわけでない。しかし，基本的には保有能力の種類とそのレベルで職務が決まり，その職務を通じて基本給が決定されると解することができる。また，能力発揮が成果として結実したその程度で，つまり成果・業績の程度が，業績評価を通じて昇給や賞与を左右する。

そうした意味で，能力は給与決定において最も重大な要素であるといっていい。

そこで最後に，日本IBMにおける昇進（つまり同社ではバンドが上がること，すなわち基本給が上がることを意味する）のさせ方とその際に利用する「能力評価制度」をみておこう。

昇進や登用の原則は，次の3つとされてきた。「①現在の『職位』の役割を十分満足していること，②現在の『職位』での経験年数が所定の年数以上あること，③変更を予定している『職位』に求められているスキルや専門性等の資格要件を満たしていること」（宮本眞成〔1997〕「プロ人材を育成する『能力業績主義・プロフェッショナル制度』」『企業と人材』Vol.30, No.678, 15頁）。つまり「現在の仕事を通して発揮している能力」は最低必要条件であり，その上に，新しい職位の仕事を十分にこなせるスキル・能力を備えていることが十分条件として設定されているのである。このような昇進の諸要件を満たしているかどうかを審査する手続きは，かつて，「CPI（Career Path Implementation）プログラム」と呼ばれたが，その後2000年に上記の②の要件，すなわち昇進のための最短経験年数が廃止され，さらに，2005年頃に日本IBM独自の「能力評価制度」として整備された。

審査される能力は，図4-5にあるように，「コア能力」（全社員に共通して求められる基本的能力）と，「マーケット能力」（顧客の成功を支援するための専門能力）である。審査手続きとしては，まず社員が能力を自己評価し，それを基に所属長が一次評価する。そこでは，主にコア能力が審査される。次に職種グループごとに組織される「能力審査パネル」で二次評価が行われ，最終的に部門長の承認を受けることになっている（堤敏弘〔2006〕「考課能力を高める施策――日本アイ・ビー・エム」『職務研究』第249号, 51頁；山崎〔2007〕31頁）。

昇進に当たってのこの「能力評価制度」は，日本IBMに独自なものである（なお，日本IBMが，専門能力育成を重視し，そうした人材をどのように育成しているのかは，第7章を参照されたい）。その運用には，保有能力が業績・成果として結びついた場合のみ評価しようというわけではなく，昇進先の職務に求められる能力を現在十分に保有しているか，つまり保有能力それ自体を客観的に把握・評価しようとする姿勢がある。言い換えれば，職務の重要性や結果として

昇進（BANDが上がること）に先立ち，社員が能力を自己評価し，所属長および"審査パネル"の承認を受ける

```
┌─────────────────┐        ┌─────────────────┐
│   コア能力       │        │  マーケット能力   │
└─────────────────┘        └─────────────────┘
IBMers Value を実現するために,    お客様の成功を支援するために
IBMer 全員に共通で求められる      必要となる専門能力
基本的能力

       ▼                          ▼

IBMファンデーショナル・コンピテンシー,   プロフェッショナルごとにマーケット能力要件
IBMリーダーシップ・コンピテンシーを基準    を策定し，5段階で評価
に3段階で評価

IBM FOUNDATIONAL
COMPETENCIES
IBM LEADERSHIP
COMPETENCIES
```

図4-5　能力評価制度
(注)　IBMer(s)とは，IBMの社員のことである。
(出所)　堤敏弘（2006）51頁。

の業績・成果という観点だけでなく，その基本にある保有能力レベルもみながら評価・処遇していくということである。こうした姿勢や運用に，日本IBMの独自性が表れているとみることができよう。同社によれば，それは，「仕事と人の両方を評価する仕組み」ということになる（日本経団連編〔2008〕『仕事・役割・貢献度を基軸とした賃金制度の構築・運用に向けて』日本経団連事業サービス，87頁）。

　以上みてきたように，日本IBMは，1990年代から，事業構造の変化と事業の一層のグローバル化やプロジェクト化，組織のフラット化といったビジネスや組織の変化に対応して，また，それをめざしたガースナー改革による影響を強く受けて，従来あった様々な独自の日本的な給与制度を，IBM本社や世界共通の制度に変革していく経過をたどってきた。その中で，年功的な性格の強い制度は，次々と廃止されていった。それは，急速に進む技術革新や事業構造の変化の中で仕事の内容や方法が変わり，長年の経験・年功が能力レベルを的確に反映する指標ではなくなってきたことを示している。しかし，日本IBMは年功に代えて業績のみで能力を測ることをしない。本章で明らかにしてきた

▶▶ Column ◀◀

専門職制度と転職可能性

　従来，日本の会社の多くは，まったく職業経験のない新規学卒者を入社させ，人材として育てるに当たって，会社の様々な業務全般にわたる広範な知識と経験，およびマネジメント能力も身につけた人材，いわゆる「ジェネラリスト」の養成を重視しました。

　しかし，近年，情報技術の進展，企業経営における株主志向といった経営環境の変化や，それに対応するビジネスモデルの変化，さらにはプロジェクト方式という新しい仕事のやり方の出現といった状況の中で，専門職の必要性が高まってきています。代表的な例は，ソフトウェア技術者や，法務職，経理・財務職といった専門職です。例えば，本章で取り上げた日本IBMは，管理職も含めて全社員が専門職であるという考え方に基づいて，すでに1985年から専門職制度を採用していました。そして近年の事業構造の変化を踏まえて，従業員の専門スキルがビジネスにおいてきわめて重要であるという認識から，1992年に専門職制度を改編して，「認定プロフェッショナル制度」を設置し，プロフェッショナルとなることを奨励するとともに，その処遇を整備しました。また，2004年には，コンサルタント業務を担う人材を対象として「新プロフェッショナル人事制度」を設け，この種のプロフェッショナルの給与については，労働市場における市場価値で決める市場準拠型を導入しました。ビジネスにおいて管理職のみならず，専門職とそのスキルがいかに重要であるかを示したのです（このIBMの専門職制度については，第7章を参照してください）。

　昔も今も，働く者にとって何より重要なのは，この仕事なら一人前にできるという知識・技能・専門能力です。それを企業は改めて再評価する姿勢を示し始めています。会社で必要とされる専門能力を磨いておけば，リストラなど恐れることはありません。また，「転職」（職業を変えるのではなく会社を変えるという意味で使用しています）のときに最大の武器になります。だた，円滑な転職には，会社における様々な仕事を1つひとつ括って，医者や弁護士のような社会的・制度的に認知される「職業（profession）」として成立させていく政策も必要と思われます。

ように，目標管理においても業績に至るまでのプロセスを評価する制度となっている。また，職務等級制度に基づく給与制度や業績を重視した昇給制度を採用してはいるけれども，職務の遂行や業績を根本から支える従業員個々人の保

有能力の種類とレベルを能力評価制度などによって総合的かつ多角的に捉えて評価し処遇に結びつけていく姿勢をとっている。日本IBMは，職務や業績にばかり目を向けるわけではない。目にみえにくく，また的確に測ることは難しいけれども，仕事の質を根本から規定する人的要因としての能力そのものを注視する。このことは，日本モデルの実在を示しているといえるだろう。

[推薦図書]
ルイス・ガースナー／山岡洋一・高遠裕子訳（2002）『巨象も踊る』日本経済新聞社
　　IBMの経営危機から再建に至る過程をその立役者自身が語っている。アメリカの巨大企業の経営者像と経営スタイルを実感できる。
笹島芳雄（2008）『最新アメリカの賃金・評価制度』日本経団連出版
　　アメリカ企業の給与制度がどのようなものか，それは日本のそれとどのように違うのかというテーマを追究している。統計や文献だけではわかりにくい給与の実態を，企業への聞き取り調査によって明らかにしている。
サンフォード・M・ジャコービィ／鈴木良始・伊藤健市・堀　龍二訳（2005）『日本の人事部・アメリカの人事部』東洋経済新報社
　　日米において，雇用制度や人事部の役割などがいかなる方向に進んでいるのかを示そうとする。日本もアメリカもともに市場志向に進んではいるが，両者の格差はむしろ開きつつあるという。

[設　問]
1. 日本で事業展開する外資系企業の経営スタイルは，日本企業のそれと違うのでしょうか（それとも日本社会に適応するスタイルをとっているのでしょうか）。本書で取り上げた企業を手がかりにもう少し調べてみましょう。
2. 日本企業の経営は人を大切にするといわれ，その給与も「人に対する給与」であるといわれてきました。「仕事や職務に対する給与」と比べてどちらが「公正な」給与といえるのでしょうか。また「業績に対する給与」はどうでしょうか。考えてみましょう。

　　　　　　　　　　　　　　　　　　　　　　　　　　　（堀　龍二）

第5章

ファイザーの人事考課

　人事考課とは，社員の人事情報を収集・整理し，それを会社が必要とする人材像を反映した基準に基づいて評価するものです。その目的は，①社員の能力・適性の評価，②それに基づく教育訓練・能力開発，③処遇（給与，賞与，昇進・昇格・昇級・昇給など）を決定するための判断材料の提供，にあります。人は自分の仕事を認めてもらいたいために一生懸命働きます。そのため，働きぶりを透明性のある基準で公平・公正に評価し，処遇に反映させ納得を得ることは，組織の活性化を図るために必要不可欠です。これまでの人事考課は査定型で，その結果は極秘情報でしたが，最近は育成型へと変化し，評価の結果を本人にフィードバックする企業が増えています。

1　ファイザーの沿革

　ペニシリンの工業化で名を馳せたPfizerが海外への事業拡張の一環として日本に進出したのは，田辺製薬との合弁会社（ファイザー田辺，資本金1億円）が設立された1953年8月のことであった。だが，当時の田辺製薬はテラマイシン（抗生物質製剤）の国産化に向けた増資ができず，1955年にファイザー田辺の田辺製薬持ち株分を台湾製糖（台糖）に譲渡し，Pfizerと台糖が50％ずつ株式を持ち合う合弁会社（台糖ファイザー，資本金1億円）として再出発した。台糖は砂糖の製造・販売を主たる業務としていたが，その発酵技術を活用してペニシリンの生産に成功していた。名古屋新工場が完成した1967年，台糖ファイザーの売上高は100億円を突破した。その後，医薬品業界の国際化の中で，「ファイザー」ブランドを世界共通のブランドとするために，そして何よりも1983年より100％ Pfizer出資となっていた実態を踏まえて，1989年6月に台糖ファイザーからファイザー製薬へと社名変更した。さらに，2000年6月に

ワーナー・ランバートと，2003年4月にはファルマシアとそれぞれ経営統合し，ファイザー株式会社（以下，ファイザー）となり現在に至っている。

　ファイザー田辺・台糖ファイザー時代の管理・運営は，田辺製薬・台糖主導のもと，日本流の経営スタイルで行われていた。この経営スタイルが変化し始めるのは1994年以降のことである。この年，ファイザー製薬の「ビジョン＆ミッション」が発表され，その中で「21世紀において日本でトップクラスに入る研究開発志向の保健医療企業となる」というビジョンが提示されるとともに，種々の変革プロジェクトが実行に移された。それは，感染症領域から循環器領域への事業転換を踏まえたものでもあった。その後，1997年に世界中のPfizer関連会社で働く全社員が共有・実践するべき「価値基準（Core Value）」も導入された。何よりも，台糖ファイザー時代の増田克信氏，ファイザー製薬時代の紫野巌氏と谷口準氏と続いた日本人トップに代わり，1997年にはレスリー・R・パターソン（Leslie R. Patterson）氏が，1999年にはアラン・B・ブーツ（Alan B. Bootes）氏がそれぞれ代表取締役社長に就任した。この時期以降，アメリカ流の経営スタイルに大きく舵を切ったのである。アメリカ人トップは2005年就任のソーレン・セリンダー（Soren Celinder）氏まで続き，現在は2006年に就任された岩崎博充氏が社長である。2006年に新ビジョン「日本で最も信頼され，最も価値あるヘルスケア企業になる」が，2007年には新ミッション「①顧客からの評価No.1を獲得する，②参入するすべての領域においてリーダーとなる」がそれぞれ採択された。こうした「ビジョン＆ミッション」のもとで遂行されるファイザーの人事労務管理の内実を，人事考課の変遷に焦点を絞って解明するのが本章の課題である。

2　能力主義の導入と人事考課

[1]　1968年給与制度改正

　台糖ファイザーでは，1968年12月に抜本的改正が行われるまで，管理職と一般職の給与はともに年功序列的な**総合決定給**であった。その基準給与は，基本給と手当（職務，資格，家族，住宅，特勤）で構成されていた（「能力主義に基

づく管理職の賃金制度例——年令・資格・職位給の3本立てによる台糖ファイザー」『労政時報』第2004号，1969年9月26日，24頁）。そこでは，**職務の重要性**よりも，学歴や年次といった年功的な要素が給与の決定要因となっていた。

　この総合決定給とその年功的運用は，従業員の急速な増加（会社設立当初の300名足らずから，1968年頃の約1500名へ）のもとで変革を余儀なくされた。従業員数の拡大は，新規採用だけでなく，かなりの数の中途採用によっても充足されたからである。つまり，学歴・勤続年数中心の管理が行き詰まりをみせ始めたのである。何よりも，企業間競争の熾烈な医薬品業界では，「能力主義・成果主義」（『労政時報』第2004号，24頁）への転換・強化が迫られた。また，世間の風潮もそれを後押しするものへと変わりつつあった。

　1968年12月の抜本的改正の内容は，基本給を，①年齢給，②資格給，③**職位給**（後に職務担当給に変更）で構成されるものとし，それに住宅手当を加味して基準給与とした。旧来の基本給は総合決定給と位置づけられていたものの，その決定基準が明確ではなく，従業員の不満を助長するものであったため，新体系では①〜③の決定基準とそれぞれの給与表を開示するものとなった。

　年齢給は，年齢とともに増加する生計費をカバーする目的で導入され，資格や職位と関係なく年齢（最終学歴と卒業年次に基づく"標準年齢"，自然年齢が40歳を超えると自然年齢を適用）をもとに全員一律に適用された。

　資格給は，「能力」（潜在能力）に応じて決定される資格に対して支給された。管理職層の資格は，能力段階に応じて上位資格から順に「主席」，「主管」，「主査」の3つのグレードに分けられていた。主席社員は，「経営中枢への参画者として人格・識見とみに優れ，最高経営方針の実行に責任を分担し，かつ十分遂行しうることが要求される。あるいは，高度のスペシャリティを経営の最高戦略として応用できる能力をもっていることが必要」であった（『労政時報』第2004号，26頁）。主席社員は，職位でいえば部門の長との位置づけである。主

総合決定給：日本の伝統的な給与決定方式。年齢，勤続年数，学歴，職務，能力，仕事，人柄といった複数の要因を総合的に勘案して給与を決定する方法。各要因の曖昧さから従業員の納得性が得難く，職能給から最近は職務給へと移行している。

職位（position）：従業員一人が担う1つまたは複数の仕事（課業）のまとまりのこと。

管社員は,「上級管理者として管理統率力に優れ,経営応用性・判断力・意思決定能力をもっているか,または,高度のスペシャリティが社会的に評価されるとともに,それを経営向上に資する能力が優れていることが条件」とされていた(『労政時報』第2004号,26-27頁)。主査社員は,「実務知識や社内諸制度に明るく,部下を統率して(あるいは行動の専門性を駆使して単独に)日常業務を企画,推進する能力をもっていることが必要である。さらに,経営理念や経営実態を把握し,管理者・リーダーとしての人格を兼ね備えていることが必要」(『労政時報』第2004号,27頁)とされた。

それぞれの資格は,複数の「**等級**」に区分され,さらに各等級には複数の「**号**」が設けられていた。主席と主管はそれぞれ1級と2級の2ランク,主査には1級から5級までの5ランクの等級が設けられていた。**昇格・昇級**による昇給がなくとも昇号で昇給することは可能だが,それは相応の努力が認められた場合のみである。資格給は,各資格・等級ごとに**レンジレート**で決まる仕組みであった。その後,主席の上に位置づけられる2ランクからなる「参事」が追加された。

2 1968年給与制度改正と人事考課

人事考課は,この資格給のもとでの昇格・昇級にかかわる。昇格・昇級は,毎年1回,上記の格付基準と「能力考課」に基づきつつ,全社的なバランスを考慮して8人の取締役で構成される「経営委員会」で決定されていた。

能力考課は,「資格評定要素表」(**表5-1**)に基づいて行われていた。能力考

等級(grade ; band):職能資格制度や職務等級制度などの資格制度に複数ある階梯のこと。職能資格制度では職務遂行能力,職務等級制度では職務の重要度や責任度によって,例えば1級とか2級といったように序列づけられている。

号:職能給の等級において,等級ごとに複数設定された号俸のこと。職能給の場合,同一等級に留まっていたとしても,年功的に号俸が上がっていく(昇号)のが一般的であった。

昇格・昇級(promotion):両者とも資格制度で上位の資格に上がることを指す。職能資格制度の場合には昇格,職務等級制度の場合には昇級となるが,昇格で両方の意味に使える。一般に昇格・昇級すると昇給する。

レンジレート(range rate):範囲職務給。職務に一定の幅をもつ賃率を設定することで,職務の習熟度や仕事ぶりに応じて職務給を上下できるようにしたもの。

第5章　ファイザーの人事考課

表5-1　資格評定要素表

資格 要件		主　席	主　管	主　査
保有能力	知　識	全般的・高度の経営知識・素養	一般的経営知識 経営諸科学	実務知識 経営常識の理解
	技　能	語学力・専門技術・知識	語学力・専門性	
	健　康	健康	健康	健康
活用能力	判断力 理解力	経営上の高度の意思決定	経営方針の理解とその部門レベルの運営力	担当業務の把握，自主的決定力
	企画力	経営方針策定	経営方針の具体化・高度の専門的業務の推進	業務の編成力・専門性
	創造力	新分野開発	社内の進歩・部門の現状改善	担当業務の改善
	分析力	全般的諸関係の洞察力・問題発見力・解決力	社内諸関係の的確な認識と問題発見力・解決力	担当分野の認識と問題発見力・解決力
	推進 管理力	諸システムの掌握・経営方針の体現・推進	部門統率力	人間関係の掌握と円滑なチームワークの推進
	指導 育成力	中堅管理者育成	初級管理者育成	社員の適確な把握・活用
	応用性	経営環境適用力	業務環境への弾力性，業務意見提案等の採択	異常の的確な処置・最新実務の吸収・的確な実務応用性
	折衝力	長期的・高度の視野からの内外重要折衝	部門単位の円滑な業務運営	業務推進にあたり他の協調を得る力
執務態度	責任感	高位かつ社会的認識	業務運営の完全な処理（広範囲）	業務の的確な推進とフォロウ・アップ
	積極性	経営目標の追求	部門目標の達成	担当業務の目標達成
	協調性	全社的リーダーシップ	良好な内外諸関係	大局的理解のための努力
業績	貢献度			

(出所)　『労政時報』第2004号，27頁。

課は，5段階による尺度法を採用しており，評価の目安とするべく1・3・5段階の判定基準が示される。第3段階がその資格に必要な能力の基準を示している。**表5-2**は，能力考課を構成する「判断力・理解力」の判定基準を例示したものである。もちろん，考課基準は社内で公開されていた。能力考課は，当該従業員が所属する部署の上司が行い，それに基づき昇格の可否を決定する。

表5-2 判断力・理解力についての評価基準例

区分	主席社員	主管社員	主査社員
5	社内外の経営環境を的確に把握し、部内または専門分野の範囲での経営上の意思決定ができる。	経営方針を理解し、それをそれぞれの部門レベルの運営に結びつける判断力がある。	担当業務の機能を把握しており、それにもとづいた自発的判断力がある。
3	経営方針を充分理解し、それをそれぞれの部門レベルの運営に結びつける判断力がある。	担当業務の機能を把握しており、その範囲内での自主的決定力がある。	上司をわずらわせずに、自主的に判断するよう努めている。
1	経営方針を充分理解し、それをそれぞれの、部門レベルの運営に結びつける判断力があるが、それを実際に結びつける割合が少ない。	担当業務の機能を把握しているが、自主的判断力が充分でない。	上からの指示に頼りがちで、自主的な判断、決定に欠けるところがある。

（注） 若干文言を変えている。
（出所） 表5-1と同じ、28頁。

この昇格で特筆すべき点は、最終的に経営委員会が決定するにしても、「各資格を通じていえることは、勤続や学歴、資格ごとの滞留年数など年功序列的な制限を設けていない」（『労政時報』第2004号、28頁）ことであった。つまり、年功序列的な運用をしないことが前提とされていた。だが、実際の運用は、後にみるようにそうではなかったのである。

　職位給は、資格給が人の「能力」を評価の対象としていたのに対し、「仕事」そのものの質・量を対象とするものであった。それは、管理職位（課長や部長など）と、営業やスタッフ部門の専門職位に大別されていた。職位は、仕事そのものにかかる負担や、その仕事にかかわる経営戦略上の重要性などを評価して、1等級から11等級までの「職位等級」に区分され、各等級に「号」が設けられていた。職位給も職位等級ごとの**シングルレート**ではなく、レンジレートを採用していた。

　職位等級は、「職位等級評価要素」（表5-3）に基づき毎年1回評価され、経

シングルレート（single rate）：単一職務給。従事する職務の相対的価値によって賃金が決まるのが職務給であるが、この職務に対して1つの賃率を設定するもの。

表 5-3 職位等級評価要素

要　　素		細　　　　目
前提要件	知　的　要　件 / 肉　体　的　要　件	要求される知識・精神的要件の高度さ・複雑さ・広さならびに業務面でそれらの発揮を必要とする頻度緊張の度合い・負荷の大きさ（恒常的要件）
職位のしめる戦略的位置		社内諸関係における，全社的業務推進上の役割の大きさ。（その職位のしめる，枢要性・チームワーク上の使命の大きさ） 職位に課せられた目標・プロジェクト達成の度合いの，経営に及ぼす影響の大きさ。 政策・経営戦略決定にあずかる重要性。 （政策への影響力と，政策をあやまらしめた時のリスク）
直　接　的　責　任		業務を完全に遂行できなかった場合に及ぼす直接的支障・損害・危害等の程度の大きさ。 関係する金額の大きさ。 部下を統率する上での責任の大きさ。 自由裁量・臨機応変の処置をとる上でのぞまれる的確性。
間　接　的　責　任		業務に異常あった場合に招く信用失墜その他対外的・間接的影響の大きさ。 社内外における良好な諸関係の維持について期待される度合い。
負　　　　荷		職位の特質上，かなり長期にわたって負荷せねばならない仕事の量的な大きさ，多さ，複雑さ，困難さの度合い。

（出所）表 5-1 と同じ，29 頁。

営委員会で決定された。昇号は，過去 1 年間の業績を勘案し，期待成果をあげたと認められた場合に行われるが，業績が劣ると判断されれば降号もありうるものとされていた。つまり，職位給は**業績給**的な意味合いももっており，2 回続けて昇号しない場合は他の職位に配転させられることになっていた。ただし，こうした「業績」の考課法は，先の「資格評定要素表」も含めて，残念ながら依拠している資料には記載がなかった。

なお，1980 年 2 月現在における管理職の給与構成比率は，年齢給 25.6%，資格給 32.8%，職位給 35.7%，住宅手当 5.9% であった（「台糖ファイザーの定年延長と新退職金制度」『労政時報』第 2512 号，1980 年 7 月 18 日，4 頁）。

業績給　→第 4 章 70 頁を参照。

3　職群別職能資格制度による能力主義の強化と人事考課

⬜1　職群別職能資格制度導入の背景

　台糖ファイザーは1984年2月に給与制度を大幅に改正した（社名は台糖ファイザーだが，1983年にPfizer 100%出資となっていた）。給与制度改正の目的は，①不明確であった給与の決定要素を明確化する，②考課と昇給の関係を明確化する，③資格ごとの目標能力レベルを明確化する，④**賃金テーブル**を明示し，社員の将来の給与予測を可能にする，ことにあった（土屋進〔1996〕「ファイザー製薬」『職務研究』第187号，46頁；「改訂されたファイザー製薬の新人事・賃金制度」『労政時報』第3227号，1995年10月6日，51頁）。しかし，6〜7年が経過した段階で不都合が指摘されるようになった。それをもたらしたのは外部環境の変化であった。1つは，バブル景気から平成不況に突入する中で，能力主義の強化とフレキシブルな組織体制が求められたこと。もう1つは，働く側の多様化，つまりライフスタイルと仕事に対する価値観の多様化，それに女性の職業意識の変化や集団から個を重視する時代への移行，といったことであった。もちろん，そこでは年功的運用の打破が意図されていた。

　そこで，ファイザー製薬では，1991年夏に「賃金体系専門委員会」（組合からは書記長クラスと各セクションの代表，経営側からは人事スタッフと関連部門の代表で構成）が結成された。同委員会は，一般職・総合職という**コース制**（1988年に導入，転勤の可否で区別）を廃止し，一般職・総合職を一本化した。その背景には，こうしたコース制と職種別の給与制度が両立し得ないことも含め，男女の給与格差など種々の問題が指摘されていたことがあった。一般職・総合職

賃金テーブル：等級と号俸によって給与（賃金）が決定される表（テーブル）のこと。この等級と号俸は人事考課と関連づけられている。年功給が成果・業績級へと移行するのに伴い，標準年齢と給与額との対応が示される賃金テーブルのもつ意味は小さくなっている。

コース制：総合職（企画管理的業務）と一般職（定型的補助業務）といった業務内容や，転居を伴う転勤の有無などにより，従業員に複数のコースを提供しようとするもの。1986年の男女雇用機会均等法導入と同時に，大企業を中心に導入された。当初，総合職＝男性，一般職＝女性といった性別業務分担のために導入された経緯もあり，批判の対象となった。

別の資格等級を，新たに設定した6つの職群（技能・技術・事務・開発・研究・営業という職種）ごとに5段階（初級・中級・上級・判断・指導）に変更した。そして，能力の差と仕事の違いによる処遇上の格差以外はないことを謳いつつ，1993年8月に職種別の給与制度を提示し，1994年1月に組合と合意に至り（上屋〔1996〕47頁；『労政時報』第3227号，51頁），同年2月から施行した（種村靖彦〔1994〕「ファイザー製薬」『職務研究』第180号，21頁）。

新制度は，「能力主義の強化を軸に，職種の専門化に柔軟に対応しうる制度」であり，制度の理念として，「社業の実と質において常に上昇志向をもつ人間の集団を形成」することを掲げた職群別職能資格制度であった（種村〔1994〕21頁）。なお，次項でみるように，管理職（ファイザー製薬での正式名称は専門管理職）は1995年に**職務給**体系へ移行していた。

2　職群別職能資格制度と人事考課

新制度における基本給は，年齢給，**職能給**，職種手当で構成されるものとなり，旧制度にあった資格給，職務担当給（職位給）は廃止された。この内職種手当は，調整給的な役割をもっていた旧来の職務担当給（職位給）に代わって，入社年次，学歴，過去の功績を総合的に判断した上で，職種に応じた手当に再設計された。昇給額は職種ごとの職能に応じて決定されていた。

年齢給は，48歳をピークとして漸減するカーブに再設計された。具体的には，生計費のかかる30〜40歳前後の昇給幅を引き上げ，55歳以降の昇給幅をマイナスとした。昇給は，人事考課の結果を反映させるものではなく，毎年4月の昇級時に実年齢に応じて決定される。もちろん全職種に共通である。

職能給には，これまでの資格給以上に人事考課が大きく関与することとなった。旧来の人事考課は，給与・賞与の決定や昇格の決定を強く意識する，つまり査定型のものであったため，社員の能力開発への意識づけ，つまり育成面が弱いというデメリットをもっていた。そこで，新制度では，公平・公正な処遇

職務給　→第4章71頁を参照。
職能給　→第4章78頁を参照。

表5-4 人事考課の項目・職能等級別ウェイト

(単位:%)

職能等級	業績考課			能力考課		
	目標考課	成果考課	情意考課	基礎能力	ヒューマンスキル	コンセプチュアルスキル
指導職（課長補佐）	40	40	20	40	20	40
指導職（係長）						
判断職（主任）	30	50	20	50	20	30
上級職	20	50	30	60	20	20
中級職	0	50	50	70	15	15
初級職	0	40	60	75	15	10
導入職	0	40	60	75	15	10

(出所) 種村（1994）27頁。

への反映と，能力開発に対する考課の有効活用をめざし，「具体的で，納得性があり，オープンで，育成型，挑戦型，本人参画型」の制度構築が図られた（『労政時報』第3227号，54頁；種村〔1994〕24頁）。もちろん，考課表は各人に公開されたのに加えて，考課結果が本人にフィードバックされるものとなった。人事考課は「能力考課」と「業績考課」からなり，一次考課は所属長，二次考課は所属長の上司がそれぞれ考課者である。

能力考課は，昇進・昇格・昇給に反映されるもので，「基礎能力（基礎知識，職務知識，技能の3要素）」，「ヒューマンスキル（表現力と折衝力，指導力と管理力の2要素）」，「コンセプチュアルスキル（理解力・判断力と決断力，工夫力と改善力，計画力と企画力の3要素）」の3項目8要素で考課され，上位職能ほどコンセプチュアルスキルが，下位職能ほど基礎能力のウェイトが高く設定されていた（表5-4）。考課は，3項目8要素をS（140）・A（120）・B（100）・C（80）・D（60）の5段階で行い，各項目ごとに平均値を出し，予め職能等級ごとに設定されたウェイト（表5-4）を乗じてポイントを計算し，その合計が総合ポイントとなる。それを対照表（表5-5）にある8つの評語（S～D）と照ら

第5章 ファイザーの人事考課

表5-5 総合ポイントと評語の対照表

区分	S	A	BA	BB	B	BC	C	D
判断職以上	130~	120~129	110~119	91~109		81~90	71~80	~70
中~上級職		120~	110~119	91~109		81~90	~80	
初級職		120~			81~119		~80	

(出所) 『労政時報』第3227号, 56頁。

し合わせて最終考課とするのである (『労政時報』第3227号, 54頁)。

　業績考課は, 賞与と職種手当に反映されるもので, **目標管理**と連動していた。それまで半期ごとに行っていた考課が, 目標達成度合いを効率的に把握するため, 年1回に変更された。ただし, 育成の観点から面接は年2回実施されていた。内容的には, 新たに導入された「目標考課」, 業績考課である「成果考課」, そして「情意考課」の3つの考課で構成されていた。目標考課は, 業務目標の遂行度合いを所属長と被考課者の合意で設定した達成基準に基づき, 成果・プロセスの両面で考課するものであった。成果考課は, 目標以外の**ルーチンワーク**の遂行状況を, 仕事の量, 質Ⅰ (正確さ, 計画性), 質Ⅱ (業務改善, コストダウン) の3つの側面から考課していた。情意考課は, 仕事の取り組み姿勢をコミュニケーション, 規律性, 責任性, 協調性, 積極性の5つの要素で考課していた。

　各考課は, 上位職能ほど目標考課が, 下位職能ほど情意考課のウェイトがそれぞれ高くなるよう設定されていた (表5-4)。考課は, 項目ごとに設定された要素について, 能力考課と同様S~Dの5段階で行う。上級職以上の目標は, 基準1.0に対しチャレンジ度が高い場合は1.2を, 低い場合は0.8を目標ごとのポイント数算出の際に乗じる。そして, これも能力考課と同じように, 職能等級ごとに設定されたウェイト (表5-4) に応じて各項目ごとに算出されたポイントの合計を総合ポイントとし, 8つの評語と照らし合わせて最終考課としていた (『労政時報』第3227号, 54-56頁;種村〔1994〕25-26頁)。

目標管理 →第4章79頁を参照。
ルーチンワーク (routine work):ルーチンとは, コンピュータに作業させるように, 正しい順序に並んだ命令のこと。本文では「日常業務」を指す。

表5-6 職能給

〔職能給テーブル〕 (単位:円)

職能等級	導入	初級	中級	上級	判断	指導	
呼　　称					主任	係長	課長補佐
昇格昇給額			1,000	3,000	4,000	6,000	
1ポイント当たりの昇給額	(1,000)	1,000	1,100	1,300	1,500	1,800	1,800
基礎金額	30,000 ↓	40,000 ↓	50,000 ↓	70,000 ↓	95,000 ↓	120,000 ↓	130,000 ↓

(出所) 土屋(1996)53頁。

表5-7 職能別の考課とポイント

職能区分(呼称)	導入	初級	中級	上級	判断主任	指導係長	指導	考課ポイント	クライムアップポイント	スローダウンポイント
考課レンジ	標準考課	A B C	A BA BB BC C	A BA BB BC C	S A BA BB BC C	S A BA BB BC C D	S A BA BB BC C D	9 8 6 5 4 2 1	9 8 6 5 4 2 1	1 2 4 5 6 8 9

(出所) 表5-6と同じ,50頁。

　職能給は全職種に共通で,号俸間の昇給幅は上位等級に昇級するほど大きくなるよう設計されている。また,上位職能に昇格すればこれまでよりも大きな昇給が得られるようになった(表5-6)。昇給・昇格が年1回の能力考課で決定されるのはこれまで通りであるが,その仕組みがより精緻化されている。これまでは,昇格の速度に違いこそあれ,課長クラスまでは自動昇格していたが,新体系では,①職能ごとに昇格に必要なポイントをクリアし,②昇格試験に合格し,③昇格試験合格後の能力考課がBB以上,という3つの条件を満たさねばならなくなった。さらに,④同一職能資格での滞留年数が長くなるほど昇給額が減少する仕組みとなったのである(土屋〔1996〕49頁)。
　①に関しては,能力考課の考課結果に対し考課ポイント,クライムアップポイント,スローダウンポイントの3つのポイントが新たに設定され(表5-7),

表5-8 職能昇格基準と滞留基準

区　　　　分		初級	中級	上級	判断 主任	指　　導	
						係長	課長補佐
職能昇格基準ポイント	クライムアップポイント数	5	14	14	24	14	
	標準年数	2	4	4	6	4	
滞留基準ポイントと昇給指数	1次滞留	スローダウンポイント数	20	30	40	40	40	40
		標準年数	4	6	8	8	8	8
		指数	0.8	0.8	0.8	0.8	0.8	0.8
	2次滞留	スローダウンポイント数	30	40	50	60	60	60
		標準年数	6	8	10	12	12	12
		指数	0.5	0.5	0.5	0.0	0.0	0.0

(出所) 表5-6と同じ, 50頁。

考課ポイントは昇給額の算定，クライムアップポイントは昇格，スローダウンポイントは資格滞留時の昇給額の減額にそれぞれ利用されることとなった。昇格は，このクライムアップポイントが昇格に必要な基準ポイントに達しなければならなくなった（**表5-8**）。一方，昇給は，各職能資格ごとに1ポイント当たりの昇給額が設定してあり，それに考課ポイントを乗じて算出される。最後に④の昇給額の減額方法である。これは，スローダウンポイントが40ポイントに達すると滞留（1次滞留）とみなし，一律20％昇給額が減額される（表5-8）。さらに，1次滞留で減額された後にスローダウンポイントが加算されて60ポイントに達すると2次滞留となり，これも50～100％の減額となる（表5-8）。60ポイントに達するには標準で12年を要することで昇給ゼロになる者は非常に少ないが，1次滞留者は相当数出ていた（廣瀬雅彦〔1999〕「目標管理型業績考課制度」日経連出版部編『外資系企業の評価システム事例集』57頁）。

4　職種別職務等級制度への移行と人事考課

［1］ 職種別職務等級制度への移行の背景

2000年10月，ファイザー製薬は新給与制度を導入した。すでにみたように，同社では1994年2月に職群別職能資格制度に移行していたが，約5年を経過した時点でその限界が露呈するようになった。その最大の要因は，職群別職能

資格制度とはいえ根底にあるのが旧来型の職能資格制度だった点にある。そこでは，全職種に共通する基準として一般的な職能資格等級が用いられていた。しかし，職務の専門化やPfizerグループ内の業務遂行体制のグローバル化が進む中，「部門・職種ごとの職務内容の差異が拡大し，全職種に一律の基準」(「ファイザー製薬の『公正』と『競争力』を軸とした一般社員の職種別職務等級制度」『賃金実務』No.886, 2001年8月1・15日, 58頁)では機能しなくなるという事態に直面した。また，社員の間からは，能力考課は抽象的で，客観性・納得性に欠けることから，アウトプット(業績・成果)で評価してほしいとの声も上がっていた(「見直し進むコース別管理——ファイザー製薬」『労政時報』第3376号, 1998年11月27日, 38頁)。さらに，医療制度改革，医薬品業界の規制緩和，そしてグローバル競争下で，優秀な社員の採用・確保と社員自身の能力開発には社員自身が満足する処遇制度の構築が避けられない。職群別職能資格制度は，こうした事態に有効に対処し得ず，職種によっては給与水準に市場競争力がないという事態まで生まれた(『賃金実務』No.886, 59頁)。そこで求められたのは，仕事の役割と業績に見合った公正で競争力のある給与制度であった。

　こうした一連の「改革」の背後には，1997年就任のパターソン社長と1999年就任のブーツ社長の影響があったことも指摘しておかねばならない。台糖ファイザーの時代を通して日本型の人事労務管理が行われてきたが，この時期より大きくアメリカ型に舵を切ることになる。だが，それは全面的にアメリカ型といえるのかどうか。そこには日本型も残っていたのかどうか。これを検討するのが本章の課題である。

２　職種別職務等級制度の特徴

　まず，新しい人事労務管理制度の基本コンセプトをみておきたい。それは，①役割と業績に応じた公正な処遇(職能等級〔職能給〕から職務等級〔職務給〕へ)，②年功的・属人的処遇からの脱却(年齢給と家族手当の廃止)，③対外的な競争力の強化(マーケットプライスの導入)，④自発的キャリア形成の促進(明確な職務記述書，自己啓発の促進)，⑤より公正な評価が可能となる制度(行動能力考課〔コンピテンシー〕の導入)，を柱としていた(『賃金実務』No.886, 59頁)。

一般社員の職種は，営業職（MR），研究職，臨床開発職など13の職種グループに分類された。各職種グループ別に，4〜6（大部分は5）ランクの等級が設定されている。ランク1は，入社1〜2年目程度の新人が該当する導入的な職務。ランク2は，一人前ではあるが，必要に応じて上司がサポートするレベル。ランク3は，直属上司のサポートがなくとも，自身の知識・経験を活かして1人で業務を完結できるレベル。ランク4は，ランク3に加えて，仕事の範囲が自身が属する組織の上の組織に影響を及ぼしたり，他の部門を巻き込んで仕事をするレベル。ランク5以上は，原則として管理職のやるべき仕事の内容で，いろいろな事情があって一般社員が担当している職務のレベル，であった（『賃金実務』No.886, 59頁）。なお，管理職には当初10等級あったが，その後10級から22級までの13等級に変更され，課長職は10〜15級，部長職は16級に位置づけられている（菅原博〔2005〕「ファイザーにおける人事成果主義の考え方」『Business Research』22-23頁）。

　職務は，以下の要因によってその難易度・重要度が測られた。

(1) 必要知識・技能（その職務を満足に遂行していく上で要求される専門的な知識・技能のレベル）

(2) 社内外のコンタクト（その職務を満足に遂行していく上で，社内外のどのような人とどのようなコンタクトがどの程度要求されるのかのレベル）

(3) 問題解決・意思決定（職務上の問題を解決していく際の，解決すべき問題の難しさの程度，また問題解決の方法を考えていく上での制約条件や他者からのサポートのレベル。さらに，問題解決のための創造性や独創性がどの程度要求されるか）

(4) 責任範囲（その職務を遂行していく上で，どの程度上司の監督や指示に従わなければならないか，あるいはどの程度自己の考えに基づいて職務を遂行できるか，また管理・運営する範囲がどの程度に及ぶのか）

(5) インパクト・アカウンタビリティ（その職務を満足に遂行していく上で，どの程度のアカウンタビリティ〔その職務に期待されている成果に対する責任〕を有

コンピテンシー　→第4章83頁と第6章のColumnを参照。
MR（Medical Representative）：医薬情報担当者。医師に自社製品の有効性・安全性・医薬品の適正な使用法などの情報を提供する社員のこと。

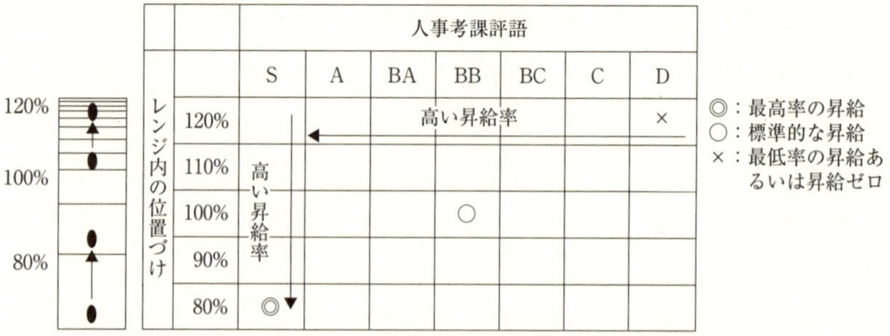

レンジ内の位置づけ		人事考課評語						
		S	A	BA	BB	BC	C	D
	120%	高い昇給率						×
	110%							
	100%				○			
	90%							
	80%	◎						

◎：最高率の昇給
○：標準的な昇給
×：最低率の昇給あるいは昇給ゼロ

図 5-1　メリット・マトリクス

（出所）『賃金実務』No.886, 62 頁。

しているか，その遂行結果が会社業績にどの程度のインパクト〔影響度〕を有しているのか）

　職種別職務等級制度のもとで，基本給は職務給に一本化された（ただし，住宅手当は残された）。職務給は，職務等級ごとに設定され，競争力のある給与水準を実現するために，マーケットプライスを反映したミッドポイント（＝標準値）が設けられている。同一職務ならば，このミッドポイント（100%）を中心に±20%，つまり下限 80% から上限 120% の給与レンジ内に各人の給与が位置づけられるとする**範囲職務給**である。このミッドポイントは 3 年に一度を目途に全面的に見直す。この±20% の幅は Pfizer でも同じで，Pfizer グループは，多くのグローバル企業同様，シングルレートではなくレンジレートを採用している。それは，毎年業績評価を行い，昇給させることが社員のモチベーション向上につながる効果を期待してのことである。日本企業の制度では，能力の向上の期待を込めてレンジレートとする制度もあるが，そうではない。範囲職務給であるから，等級内では昇給するものの，等級の上限に達すると上位等級に昇格しない限り昇給はない。

　職務給のもとでの昇給は，人事考課と給与レベルの等級内での位置づけで決定される。考課の評語が同一の場合，メリット・マトリクス（**図 5-1**）に従って，レンジ内の 100% を除く 4 つのゾーンにおける位置づけが低いほど高い昇

範囲職務給　→第 4 章 77 頁を参照。

給率が，位置づけが高いほど低い昇給率が適用される。ゾーンには号俸が設定されていないため，多くの企業の職能資格制度で問題になった等級の「肥大化」は，管理職に職務給を導入して約15年が経過するが生じていない。

3 職種別職務等級制度と人事考課

職種別職務等級制度の導入とともに，人事考課も大幅に見直された。目標管理に基づく「業績考課」は継続されたものの，「能力考課」は廃止され，より公正な評価が可能なものとして「行動能力考課（コンピテンシー等級）」が導入された。そして，賞与には業績考課を反映させ，昇給は業績考課と行動能力考課を50％ずつの割合で活用するように再編されたのである（『賃金実務』No.886，61頁）。この行動能力考課は一般社員のみを対象としている。一方，管理職の賞与と昇給は業績考課100％で決定される。なお，2004年に行動能力考課の改訂が行われ，一般社員についても賞与と昇給は業績考課100％で決定されることとなった。それにより，行動能力考課は昇格のみに使用されるものとなったが，人材育成・能力開発の際の重要な判断材料の提供という位置づけは変化することはなかった。業績だけでの考課ではなく，能力の伸張をも考課の対象とする日本型の特徴がここに反映されている。

業績考課は，Pfizerがグローバルで実施しているAnnual Incentive Plan（AIP）という報酬プログラムがベースとなっている。これは，数的目標（Financial Objectives）の達成度合いと質的目標（Strategic Objectives：一般にいう目標管理）の2つで構成されている。営業では数的目標70％，質的目標30％で，数的目標の7割（全体の49％）は個人の目標，残り3割（全体の21％）は1つ上の組織の目標達成度合いが反映される。これによって，業績考課は全国業績や支店業績と関係なく個人業績を反映するものとなった。

ファイザーの営業職の場合，数的目標60％，質的目標40％であり，個人ごとの数値が把握できない内勤者などは等級が高いほど数的目標のウェイトは上がるが，それでも数的目標40％，質的目標60％が上限である。個々人の賞与額は，AIP評価基準（表5-9）に従い，評価点を0から6までの数字で示し，その数字を3で除したものを基本賞与の倍数に使う（3なら基本賞与の1倍，6

表5-9 AIP評価基準

	目標を達成する際の障害の状態		
	通常の状況	困難な障害あり	非常に困難な障害あり
特に優れた達成度合い	5	6	6
期待以上の達成度合い	4	5	6
達成した	3	4	5
ほぼ達成した	2	3	4
部分的に達成した	1	2	3
少し達成した	0	1	2
達成できなかった	0	0	1

(出所) 菅原 (2004) 72頁；菅原 (2005) 27頁。

なら2倍)。基本賞与額は，一般社員で年収の1割程度である。管理職ではもう少し高く2割から3割である（野口正明〔2001〕「ファイザー製薬」『経営者』第656号，71頁；菅原博〔2004〕「ファイザー株式会社の人事制度の取り組み」『PHARM STAGE』Vol.3, No.12, 71頁；菅原〔2005〕29頁)。

　行動能力考課では，目標達成に向けた具体的行動（自立性やスピードを促す行動）に着目し，保有能力をいかに成果に結びつけたかが考課される。業績考課が過去の実績の精算であるのに対し，行動能力考課は将来生み出す価値への投資と位置づけられている（野口〔2001〕71頁)。

　行動能力考課には，当初，7項目のコアコンピテンシーが設定されていた。その7項目とは，1997年に制定された価値基準（Core Value）の内，「善き市民」を除いたもので，①コミュニケーション・人付き合いの技術／対人関係，②変革の主役となる力，先端技術の入手，③誠実さ・高潔さ，④業務管理／プロジェクト管理，影響力・説得力，⑤チーム構築と関係構築，⑥顧客重視／品質重視，⑦問題点の識別と解決／成果の追求，であった。その後，「持続的な業績重視」「全員参加を促す環境づくり」「オープンな議論・討論の奨励」「変化への対応」「人材の育成」「全社的な協力体制」という6つのリーダービヘイビアが作成されたのに合わせ，コアコンピテンシーは，2004年にリーダービヘイビアの内「人材の育成」を除いた5つに変更されている。

コンピテンシー →第4章83頁と第6章のColumnを参照。

> > Column < <

人事考課の要諦

　人事考課は，社員の「生殺与奪の権」を握っているといっても過言ではありません。人事考課の結果によって，昇進・昇格・昇給のみならず，降格・降給，悪くすると解雇も起こりかねないからです。その意味で，人事考課の公平性・透明性・納得性を担保することが非常に重要です。

　そのためには，考課基準の開示，考課結果のフィードバック，被考課者との面談，考課者訓練といったことが必要となります。能力考課基準は単に考課の基準であるだけでなく，能力の育成・開発の基準でもあります。査定型から育成型に移行する中で，この基準の開示は何よりも重要な点だといえます。従来，考課の結果は極秘情報でした。極秘情報のままでは被考課者が自分に何が足りないのかを自覚することができません。さらには，被考課者が考課者と面談し，考課結果を納得することも必要となってきますし，そこでは考課結果に対する異議申し立てが保証されていなければなりません。そうしたことを踏まえて，納得した際にサインすることを求める事例も増えています。最後に，同じ人物の考課結果が考課者によって異なるようでは被考課者の納得性を得ることはできません。この点では，考課者の訓練が非常に大きな意味をもっています。さらに，最近では被考課者自身も訓練を受ける事例も出てきています。

　人事考課では，直属上司による1次考課であれ，上級管理者による2次考課であれ，被考課者は一人で対応しなければなりません。この点で，労働組合など第三者が被考課者をサポートする仕組みがあってしかるべきだと考えます。残念ながらこうした事例はみられないのですが，人事考課が「生殺与奪の権」を握っている以上，上司と対等に話し合うためにも必要な措置でしょう。

　この5項目のコアコンピテンシーごとに，一般社員の等級に対して求められるレベルが複数の行動例を用いて提示されている。人事考課は，そうした行動例を発揮しているかどうかを3段階（「行動が発揮されており，頻度・質ともに十分である」「行動は発揮されているが頻度にムラがある，または質的に足りない部分がある」「行動の頻度・質が未だ十分でなく指導を必要とする」）で評価するものとなっている。そこでは，例えばランクBの社員の場合，ランクBの行動例を発揮しているかをコアコンピテンシーの5項目でまず考課し，次に1つ上の等級であるランクCの行動例を発揮しているのかも5項目で考課する形になっ

た。この場合，まずランクBに位置づけられるかが考課され，位置づけ困難であればランクAに降格となる。ランクBに位置づけられるという考課を得た者は，次にランクCに位置づけられるかどうか考課し，その結果によりランクBのまま，ランクCに昇格と振り分けられるのである。各ランクに位置づけられるかどうかは，5項目の行動例を先の3段階で評価し，上司の総合的な判断に基づきつつ，「上位等級にふさわしいレベル」「現等級が妥当」「現等級に満たないレベル」の3段階で最終的に考課される。

職種別職務等級制度のもとでは，制度上2ランク以上の飛び級もできるようになり，将来的には若年層の優秀な社員をドラスティックに活用することも可能である。それは，何よりも発揮される能力で判断される。その意味で，行動レベルの低い者に関しては，しっかりとした育成が上司に求められることになる。

5 ファイザーからのインプリケーション

Pfizerは，いうまでもなく世界150カ国以上で事業展開するグローバル企業である。だが，ファイザーは台糖ファイザーの時代から国内企業と同様の人事労務管理を活用してきた。年功制しかり，能力主義に基づく職能資格制度しかり，さらには人事考課しかり，その意味では日本国内にある外資系企業であって，アメリカ企業ではなかったといっても過言ではない。だが，このスタイルは，Pfizerから送り込まれたアメリカ人トップのもとで大きく揺らぐことになる。それは，職種別職務等級制度（職能給から職務給へ）と，業績を大きく反映させた賞与制度への移行，という2つの形をとって具体化した。

問題は，この新たな給与制度を支える人事考課がどこまでアメリカ型なのかという点にある。ファイザーの人事考課はどう評価できるのか。まず，年功的処遇である。職群別職能資格制度に残っていた年齢給が廃止されるとともに，制度化された「狭義の定期昇給」が一掃され，年功的処遇は一切なくなった。つまり，人事考課に年功的要素は反映されなくなったのである。

では，人事考課の要因として職務と業績のみに着目するものとなり，旧来の「能力」が姿を消しているのかどうか。ファイザーでは，短期的な処遇は「業

績」で決定される，つまりアメリカ型である。ところが，長期的な処遇である「等級」については，一般社員レベルでは職務等級ではなく行動能力考課（＝コンピテンシー等級）なのである。旧来の能力考課ほどではないが，行動能力の考課という点で職務・業績以外の要素が設定されている。コンピテンシーは社員の育成に主として活用され，配置の際にも参考にされることに加えて，処遇面では等級昇格の決定にも用いられている。Pfizerにはないファイザー独自の制度である行動能力考課は，職務・業績だけでなく，社員の能力開発・育成にも十二分に配慮するという点で，まさに「日本型」人事考課を体現したものである。

［付記］ 本章執筆に当たり，プライマリー・ケア事業部門人事部長の廣瀬雅彦氏から貴重なご教示・ご意見を多数賜った。この場をお借りして感謝の意を表させていただきたい。

[推薦図書]

金津健治（2005）『人事考課の実際』日経文庫
　　人事考課を行う管理者を対象にした入門書。部下の心をつかむノウハウから，人事考課の役割や基本的実務などを解説している。

遠藤公嗣（1999）『日本の人事査定』ミネルヴァ書房
　　人事査定制度を中核的な人事管理制度の1つと位置づけ，その日本的特徴を日米比較を通して解明している。

日経連能力主義管理研究会報告（2001）『能力主義管理：その理論と実践』日経連出版部
　　1964年に刊行された原著の新装版。日本企業の人事考課をはじめとした人事労務管理制度・施策の考え方を知るには絶好の書。

[設問]

1．人事考課はなぜ人事労務管理の中核を担う制度なのでしょうか。
2．ファイザーでは，能力主義から成果・業績主義への移行に伴い，人事考課はその内容をどのように変化させたのでしょうか。

（伊藤健市）

第6章
ジョンソン・エンド・ジョンソンのコンピテンシー

　コンピテンシーは，1970年代にアメリカで提唱された概念ですが，2000年前後から日本の企業でも導入されるようになりました。しかし最近の調査では，日本企業におけるコンピテンシーの活用が消極的になっていることが明らかにされています。その一方で，ジョンソン・エンド・ジョンソンに代表されるアメリカ企業では，むしろコンピテンシーが積極的に活用されています。それではなぜこのような違いが生じているのでしょうか。

1　日本企業におけるコンピテンシーの展開と活用状況

　コンピテンシーは，組織において高業績をあげる構成員に共通してみられる行動特性のことである。このような行動特性をモデル化して，配置，能力開発，そして評価といった人事労務管理の基準の1つとして，成果主義概念の一環として活用されている。コンピテンシーの評価基準や定義は，従来の日本の**職能資格制度**における資格要件に示されている能力，知識，経験，そして判断力といった基準が比較的抽象的で，必ずしも成果につながることを意識して設定されていなかった従来型の能力評価に比べて具体的である。そのためコンピテンシーは，職能資格制度における資格要件に示されている基準が抽象的であるために引き起こされる恣意性や先入観を排除できるものとして，2000年前後から日本の企業に普及していった。しかしこの時期，コンピテンシーは従来の職能資格制度を維持しながら応用・導入が可能な仕組みであるという認識が一般的であった（日経連経済調査部編〔2000〕『2000年版　春季労使交渉の手引き』

職能資格制度　→第4章78頁を参照。

日経連出版部, 81, 85頁；日経連経済調査部編〔2001〕『2001年版 春季労使交渉の手引き』日経連出版部, 95頁；鈴木康司〔2006〕「コンピテンシーを再考する」『労政時報』第3692号, 2006年12月22日, 42頁）。

　コンピテンシーに期待されていたこのような役割に変化が生じたのは, 職能資格制度に基づく「**職能給**を中核に据えたわが国の賃金制度が, **業績給**・成果給・役割給といった仕事を基準にしたものへと軸足を移して以降のことである」（伊藤健市〔2006〕『よくわかる現代の労務管理』ミネルヴァ書房, 88-89頁）という指摘にもあるように, **成果主義**に基づく諸制度が多くの企業で導入されるようになってからのことであった。その際に**目標管理**を軸として, 成果や貢献に見合った処遇を行うように制度の改定が行われることになったのに伴って, 社員の評価が目標達成の度合いと目標達成に至る行動（プロセス）を評価するコンピテンシーの考え方に基づいて行われるようになったのである（鈴木〔2006〕43頁）。

　社会経済生産性本部（現在の名称は日本生産性本部）の調査は, 日本企業におけるコンピテンシーの人事労務管理制度への導入率の推移を示したものである（図6-1）。これによれば, 従業員が1000人以上規模の企業では2000年以降コンピテンシーの導入が急速に進んだものの, 2005年を境に減退傾向にあることが読み取れる。

　また, コンピテンシーをどのような領域に活用しているかということについては, 社会経済生産性本部が実施した調査（実施時期：2006年11月上旬～2007年1月下旬）が参考になる。それによれば, すでにコンピテンシーを導入している57社で活用が多い領域から順にみると, 「評価要素（能力・行動〔プロセス〕）」(66.1%), 「人材育成・能力開発」(47.5%), 「昇格の判定基準」(35.6%), 「採用における適性診断」(25.4%), 「管理職への登用基準」(20.3%), そして

職能給　→第4章78頁を参照。
業績給　→第4章70頁を参照。
成果主義：仕事の成果に基づいて賃金, 昇進, そして昇格といった処遇を決定する考え方。日本の企業においてはこれまで導入されていた年功制が人件費の負担を増大させていたことから, 近年, 成果主義の考え方に基づく諸制度の導入が進んでいる。
目標管理　→第4章79頁を参照。

第6章 ジョンソン・エンド・ジョンソンのコンピテンシー

(単位:%)

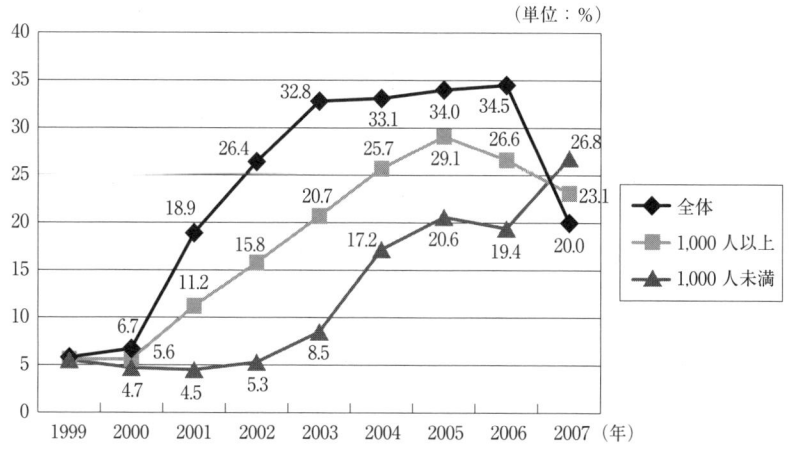

図6-1 コンピテンシーの人事労務管理制度への導入率推移

(出所) 社会経済生産性本部・雇用システム研究センター編(2008)『2008年度版 日本的人事制度の現状と課題～第11回 日本的人事制度の変容に関する調査結果～』社会経済生産性本部・生産性労働情報センター,75頁より作成。

「配置(ローテーション)の判断基準」(8.5%)となっている(社会経済生産性本部・雇用システム研究センター編〔2007〕『2007年度版 日本的人事制度の現状と課題～第10回 日本的人事制度の変容に関する調査結果～』社会経済生産性本部・生産性労働情報センター,32頁)。

一方,コンピテンシーを導入・活用する上でどのような課題が企業から指摘されているのであろうか。図6-2は,導入の状況別に課題を示したものであるが,ここで注目されるのは「部門や職種別のコンピテンシーの設定が難しい」と回答している会社が,「すでに導入している会社(70.2%)」,「すでに導入しているが今後廃止・縮小を予定している会社(80.0%)」,「導入していないが検討課題としている会社(64.2%)」,そして「当面導入を予定していない会社(65.1%)」で最も多い点である。また,「設定したコンピテンシーの妥当性・信頼性の検証が困難」という課題も,導入状況を問わず多くの企業で指摘されている。

そこで,部門および職種別の設定や妥当性・信頼性の検証の困難性といった,コンピテンシーを活用するに当たって数多くの日本企業から指摘されている課

(単位：%)

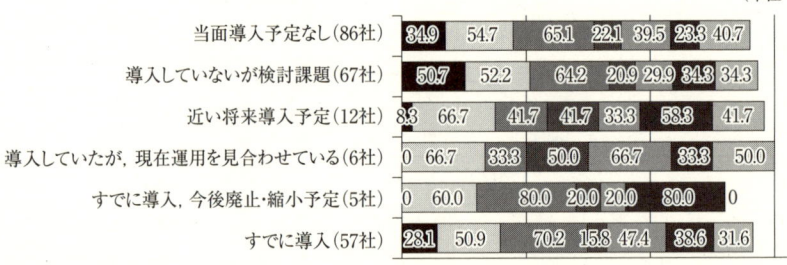

当面導入予定なし(86社)	34.9	54.7	65.1	22.1	39.5	23.3	40.7
導入していないが検討課題(67社)	50.7	52.2	64.2	20.9	29.9	34.3	34.3
近い将来導入予定(12社)	8.3	66.7	41.7	41.7	33.3	58.3	41.7
導入していたが，現在運用を見合わせている(6社)	0	66.7	33.3	50.0	66.7	33.3	50.0
すでに導入，今後廃止・縮小予定(5社)	0	60.0	80.0	20.0	20.0	80.0	0
すでに導入(57社)	28.1	50.9	70.2	15.8	47.4	38.6	31.6

■ コンピテンシーの抽出・設定に手間がかかる
□ 設定したコンピテンシーの妥当性・信頼性の検証が困難
■ 部門や職種別のコンピテンシーの設定が難しい
■ コンピテンシーのメンテナンスに手間とコストがかかる
■ コンピテンシーも抽象的表現にならざるをえない
■ コンピテンシー評価にもとづく評価者訓練が難しい
□ コンピテンシー導入の効果が未知数

図6-2　コンピテンシー導入・活用の課題（複数回答）
（出所）社会経済生産性本部・雇用システム研究センター編（2007）35頁より作成。

題が，アメリカ企業にみてとれるのか，あるいはそのような課題が生じる可能性があるならば，それらをどのように克服しているのかといった点について，Johnson & Johnson（ジョンソン・エンド・ジョンソン，以下J&J）の事例を通じてみていくことにする。

2　ジョンソン・エンド・ジョンソンの沿革と同社を支える2本柱

1　沿　革

　J&Jは，世界57カ国に250以上のグループ企業を有し，総従業員数約11万8700名を擁する世界最大のトータルヘルスケアカンパニーとして，消費者向け製品，医師向け製品である医療機器・診断薬，そして医薬品の分野で数万アイテムにのぼる製品を提供している。年間の総売上高は2008年度で約637億ドルの実績を上げており，1932年以来76期連続で増収記録を更新している。各事業分野別の売上構成は2008年度ベースで，消費者向け製品25％，医療機器・診断薬36％，そして医薬品39％となっている。

第6章　ジョンソン・エンド・ジョンソンのコンピテンシー

表6-1　日本におけるジョンソン・エンド・ジョンソングループ

(2008年12月現在)

ジョンソン・エンド・ジョンソン株式会社	
メディカルカンパニー	
従業員数	1,586名
事業内容	総合医療品の輸入・製造販売
コンシューマーカンパニー	
従業員数	216名
事業内容	消費者向け健康関連製品の輸入・製造販売
ビジョンケアカンパニー	
従業員数	233名
事業内容	使い捨てコンタクトレンズ製品の輸入・販売

オーソ・クリニカル・ダイアグノスティックス株式会社	
従業員数	219名
事業内容	臨床診断検査薬・機器等の製造販売および輸出入
ヤンセンファーマ株式会社	
従業員数	1,689名
事業内容	医薬品および医薬関連製品の開発・製造・販売

(出所)　Johnson & Johnson K.K.『Company Profile』；J&J HP（http://www.jnj.co.jp　2009年12月1日アクセス）より作成。

　日本におけるジョンソン・エンド・ジョンソングループは，1961年に事業活動を開始して以来，消費者向け製品をはじめ医療機器・診断薬，医薬品などを輸入・製造・販売してきた。同グループは，ジョンソン・エンド・ジョンソン株式会社（メディカルカンパニー，コンシューマーカンパニー，そしてビジョンケアカンパニーの社内3カンパニーで構成），オーソ・クリニカル・ダイアグノスティックス株式会社，そしてヤンセンファーマ株式会社の3社から構成されている（表6-1）。これ以降，日本の事例についてはJ&Jメディカルカンパニーを中心に取り上げる。

　J&Jが76期連続で増収記録を更新している直接的な要因は，主に積極的な研究・開発への投資とM&Aの積極的な展開に見出される。

　J&Jでは過去5年間に新たに市場に投入した製品を新製品として定義しているが，その新製品が総売上高に占める割合は約30%に達しており，この比率

M&A　→第1章22頁を参照。

は長期間にわたって維持されている。このことは，J&J が長期的視野に基づいて研究・開発へ惜しみない投資をしてきたことによる。一般に，研究・開発の成果を1つの製品として市場に投入するために要する期間は数年から数十年といわれていることから，研究・開発への投資は「将来に対する投資」ということができる。J&J における研究・開発費は総売上高の約 12% を占めており，2008 年度実績で約 76 億ドルと，ヘルスケアビジネスに限らずすべての産業の中でもトップクラスの投資額となっている。

また，これまで J&J は表 6-2 にみられるような大規模な M&A を数多く展開してきているのであるが，そのことも J&J の成長率の高さを支えている要因の1つになっている。

このような積極的な研究開発への投資や M&A 等を通じて，J&J は世界 57 カ国に 250 以上のグループ企業を有する企業に成長したのであるが，これほどの規模の組織を円滑に運営していくために J&J はどのようなことに留意しているのであろうか。この点に関しては，J&J が経営を支える柱を「我が信条

表 6-2　J&J の主な M&A

年	会社	主要事業
2006	ファイザー（Pfizer）・コンシューマ部門	医薬品の開発，製造および販売
2001	アルザ（ALZA）	ドラッグ・デリバリー・ソリューションの提供
1999	セントコア（Centocor）	新規治療・診断製品およびサービスの開発と商業化
1998	デピュー（DePuy）	整形外科製品
1996	コーディス（Cordis）	血管疾患の低侵襲治療法の開拓
1994	ニュートロジーナ（Neutrogena）	スキンケア用品
1993	ロック（ROC）	スキンケア製品ブランド
1986	ライフスキャン（LifeScan）	糖尿病患者のための血糖測定器

（出所）　宮脇彰秀（2007）「ジョンソン&ジョンソン（J&J）『クレドー』が生む脅威の増収増益経営」ヘイコンサルティング　グループ・浅川港編『世界で最も賞賛される人事』日本実業出版社，146-147 頁；J&J HP（http://www.jnj.co.jp　2009 年 12 月 1 日アクセス）；「日経テレコン 21」（http://t 21.nikkei.co.jp 2009 年 12 月 1 日アクセス）より作成。

クレドー（credo）：クレドともいう。企業が経営活動を行うに当たっての基本的な考え方や倫理についての考え方を示した信条ともいうべき価値観のこと。日常的な経営活動の指針として簡潔かつ具体的に示されているという点で，経営理念とは区別される。第 8 章 171 頁も参照。

(Our Credo)」(クレドー) と **分社分権化**に据えている点に見出すことができる。

J&J では,「我が信条」を通じて全社員に社員として共有すべき J&J の価値観を徹底的に浸透させるための試みがなされていると同時に,グループ企業をはじめとした各部門に大幅な権限を付与する分社分権化を積極的に推進している。このような価値観の共有化と分社分権化が J&J の競争力を根底から支える柱になっていると考えられるのであるが,これらの2本柱がコンピテンシーの積極的な活用にも大きな影響を及ぼしている。そこで以下では,J&J を支える2本柱がそれぞれどのような性格をもち,それらがコンピテンシーを含む人事労務管理制度にどのような影響を与えているのかをみていくことにする。

[付記]　以上,2-1に記されている具体的な内容は,J&J の広報パンフレットである『Company Profile』(この資料は J&J メディカルカンパニーのご提供による) ならびに同社の HP (http://www.jnj.co.jp　2009年12月1日アクセス) に依拠している。

2　ジョンソン・エンド・ジョンソンを支える2本の柱:「我が信条」と分社分権化

J&J では,全社員に社員として共有すべき J&J の価値観を徹底的に浸透させるための試みがなされているが,その核となっているのが「我が信条」(クレドー) である (図6-3)。

「我が信条」は顧客,社員,地域社会,そして株主という4つの**ステークホルダー**に対する責任を具体的に明示したものである。これは,ジョンソン Jr. (Robert Wood Johnson Jr.) が,1943年に打ち出した「企業は顧客,社員,地域社会,株主に対して責任を果たさなければならない」という経営哲学が原型となり,今日の J&J の企業理念・倫理規定として,世界に広がるグループ各社・社員一人ひとりに確実に受け継がれているものである。現在では36を超える言語に翻訳され,各国のファミリー企業において事業運営の中核となって

分社分権化:企業が事業活動を再編する際に,独立した会社として本体から分離させることによって,意思決定の権限が本体から委譲されること。このことを通じて,各社が多様なニーズに迅速かつ適切に対応することによって,競争力を高めることを目的としている。
ステークホルダー　→第1章23頁を参照。

> 我々の第一の責任は、我々の製品およびサービスを使用してくれる医師、看護師、患者、そして母親、父親をはじめとする、すべての顧客に対するものであると確信する。
> 顧客一人一人のニーズに応えるにあたり、
> 我々の行なうすべての活動は質的に高い水準のものでなければならない。
> 適正な価格を維持するため、我々は常に製品原価を引き下げる努力をしなければならない。
> 顧客からの注文には、迅速、かつ正確に応えなければならない。
> 我々の取引先には、適正な利益をあげる機会を提供しなければならない。
> ◆
> 我々の第二の責任は全社員―世界中で共に働く男性も女性も―に対するものである。
> 社員一人一人は個人として尊重され、その尊厳と価値が認められなければならない。
> 社員は安心して仕事に従事できなければならない。
> 待遇は公正かつ適切でなければならず、
> 働く環境は清潔で、整理整頓され、かつ安全でなければならない。
> 社員が家族に対する責任を十分果たすことができるよう、配慮しなければならない。
> 社員の提案、苦情が自由にできる環境でなければならない。
> 能力ある人々には、雇用、能力開発および昇進の機会が平等に与えられなければならない。
> 我々は有能な管理者を任命しなければならない。
> そして、その行動は公正、かつ道義にかなったものでなければならない。
> ◆
> 我々の第三の責任は、我々が生活し、働いている地域社会、
> 更には全世界の共同社会に対するものである。
> 我々は良き市民として、有益な社会事業および福祉に貢献し、
> 適切な租税を負担しなければならない。
> 我々は社会の発展、健康の増進、教育の改善に寄与する活動に参画しなければならない。
> 我々が使用する施設を常に良好な状態に保ち、環境と資源の保護に努めなければならない。
> ◆
> 我々の第四の、そして最後の責任は、会社の株主に対するものである。
> 事業は健全な利益を生まなければならない。
> 我々は新しい考えを試みなければならない。
> 研究・開発は継続され、革新的な企画は開発され、失敗は償わなければならない。
> 新しい設備を購入し、新しい施設を整備し、新しい製品を市場に導入しなければならない。
> 逆境の時に備えて蓄積をおこなわなければならない。
> これらすべての原則が実行されてはじめて、
> 株主は正当な報酬を享受することができるものと確信する。

図6-3　我が信条

(出所)　Johnson & Johnson K.K.『Company Profile』.

いる (Johnson & Johnson K.K.『Company Profile』)。「我が信条」を実践した例の1つとして1982年と86年に起こったタイレノール毒物混入事件に際してのJ&Jの対応が挙げられる。この事件で、J&Jはただちに全製品の回収を行うことで消費者の不安を取り除き、その後の企業犯罪に対処する危機管理の模範となった。事実、2000年に日本経済新聞社が行った「社長（頭取）100人アンケ

ート(回答者113人)」で,J&Jは「危機管理で見習うべき企業」の1位に選ばれた(宮脇〔2007〕116,129頁;『日経産業新聞』2000年10月25日付)。

ところで,ステークホルダーに対して果たす責任の優先順位として,多くの企業は株主を上位に位置づけているのに対して,J&Jでは株主を優先順位の最後に位置づけていることが特徴的である。この点に関してジョンソン Jr.は,「顧客第一で行動し,残りの責任をこの順序通り果たしてゆけば,株主への責任は自ずと果たせるというのが,正しいビジネス論理なのだ。」(J&J HP〔http://www.jnj.co.jp 2009年12月1日アクセス〕)と述べ,株主への責任を果たすための明確な道筋を示している。

このような姿勢が明確に示される中で,J&Jでは,クレドーを実践するための多様な取り組みが行われている。その理由の1つに,従業員の構成が挙げられる。例えばJ&Jメディカルカンパニーは,表6-1に示されるように約1600名の従業員を擁しているが,その内新卒で入社したいわゆる「生え抜き」と呼ばれる従業員は全体の20%強に留まっており,70%以上が中途採用者である。そのため,とりわけ中途採用者に対してJ&Jのクレドーを教え,浸透させていく必要があると考えられたのである(宮脇〔2007〕135-136頁)。

具体的な施策として,J&Jではクレドー・サーベイと呼ばれる社員の意識調査を全世界一斉に定期的に実施しており,同じ質問が全世界の社員に対してオンラインで発信されている。これは,世界各国のグループ会社がどれだけ「我が信条」の哲学に則り経営されているかを社員に尋ねることを通じて会社経営の健全度を測るものである。もちろん,その結果に基づき,組織改善活動が実行されているのである(J&J HP〔http://www.jnj.co.jp 2009年12月1日アクセス〕)。

また,J&Jではクレドー・サーベイのほかにも,多様な手段を用いてクレドーの浸透に努めている。代表的なものとしては,直近の事例を用いてクレドーについて考えるための小冊子である"Living the Credo"がある。そこには具体的なビジネス・ケースが数多く掲載されており,それらに対して的確な解釈を施すことで,クレドーの最新のコメンタール(逐条解説書)となっている。また,「クレドーチャレンジミーティング」は,部下が上司のグループに対し,

もしくはマネジャークラスが経営トップに対し，あるいはその逆のパターンで，「あなた方は本当にクレドーを実践しているか」をテーマに議論を行うものである。このように，J&Jではケーススタディや**ロール・プレイング**なども使ってクレドーの理解を深めている。日本では，このミーティングを2007年度に50回程度実施した。なお，このようなミーティングは，「クレドー・オフィス」と呼ばれる部署によって企画・運営されている（宮脇〔2007〕133,136頁；杉田勝好〔2008〕「ジョンソン・エンド・ジョンソンのクレドーの実践」日本経団連出版編『働きがいのある職場づくり事例集』日本経団連出版，218-219頁）。このクレドー・オフィスは，2005年4月にJ&Jメディカルカンパニーにおいて，「我が信条」の共有・浸透・定着を主な目的として設立された。ちなみにこのような部署の設置は，アメリカ本社以外では初めてである（『企業と人材』2007年4月20日号，24頁）。

　ところでJ&Jには経営を支えるもう1つの柱として分社分権化がある。ビジネスをマネジメントしやすいサイズであるユニットに構成してそれらに権限を与えることにより，各ユニットは高度の専門特化，素早い意思決定に基づく環境変化への迅速な対応，そして革新的なイノベーションといったことを実現している。J&Jでは，世界57カ国で250以上の企業が，"Family of Companies"という関係で存在している。すなわち，グループ内には子会社という概念は存在せず，「ファミリー企業」という概念がすべての組織に定着しているのである（J&J HP〔http://www.jnj.co.jp　2009年12月1日アクセス〕）。

　J&Jは従業員数全体でみれば12万人規模の会社であるが，オペレーティングユニットではセクター制ならびに事業部制を採用しているので，実体としては中小企業の集まりのような部分がある。分社分権化は，それらの経営を各部門の部門長などに任せるものである。平均500名程度からなるオペレーティングユニットは事業部制によって細分化されるため，小さなベンチャーの集まりのような感がある（杉田〔2008〕219-220頁）。

ロール・プレイング（role playing）：役割演技法ともいう。良好な人間関係を維持する目的で，相手が置かれている立場や役割を理解するために，相手の役割を演じることを通じて人間関係を訓練する方法。研修やミーティングなどで行われる。

分社化についてみた場合，J&Jが各ファミリー企業の規模を大きくしていないのは，大規模な企業の成長率よりも中小規模の企業の成長率のほうがおしなべて高いということに着目して，小さな企業の成長率をトータルで享受すれば良いという考えに基づいていることによる。またJ&Jでは，事業を整理しなければならないときにそれが比較的容易にできることも中小規模で分社化する重要な要因として捉えられている（廣瀬光雄〔2004〕「明確な企業倫理を持ち，組織にしっかり埋め込む」『商工ジャーナル』2004年4月号，27-28頁）。

　それでは分権化についてはどうであろうか。日本の企業では分社しても分権しないという傾向があるが，J&Jの場合は分社化を行った際には，必ず分権化を実行するようにしている。このような文脈でJ&Jにおけるファミリー企業についてみると，その役割は顧客への責任の実現性を高めることにあり，そのためには「任せる」ことが大事になる。そこでJ&Jでは，個々の社員に権限を与えた上で国や地域の事業に適した企業目標を立て，それに基づいた業績基準，主要業績指標，能力要件，そしてコンピテンシー要件などを設定し，評価と処遇を実施している。このようにJ&Jでは，人事労務管理についても分社分権化という考え方に基づいており，この考え方はJ&Jの基本となっている（廣瀬〔2004〕27頁；杉田〔2008〕220頁）。

　ところで，このような分社分権化を推進するに当たって留意しなければならないことは，中小規模のファミリー企業が数多く存在し，しかもそれらに大幅な権限が委譲されている状況の中で，250以上にも及ぶファミリー企業を1つのグループとしてどのようにまとめていくのかということである。そこで，J&Jは，「我が信条」で示されている価値観をグループ全体で徹底的に共有する様々な工夫を施すことによって，グループとしての一体感を強めている。次節ではその具体的な方法についてみていくことにする。

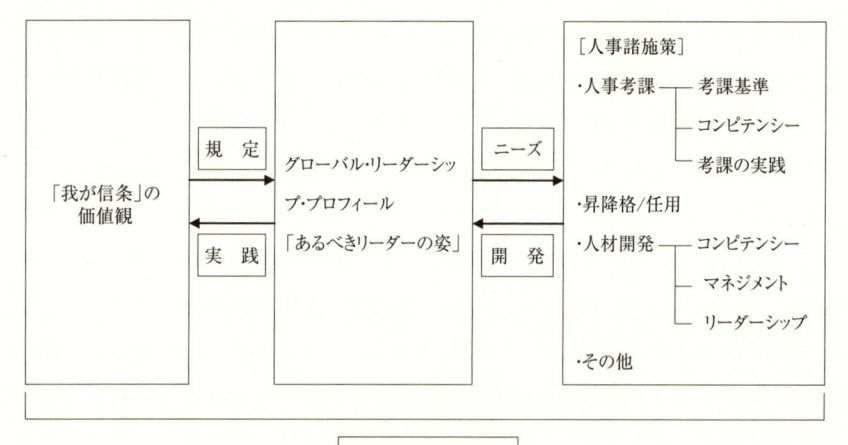

図6-4 「我が信条」と人事諸施策

(出所) 杉田（2008）212頁より作成。

3 ジョンソン・エンド・ジョンソンにおけるコンピテンシーの展開

1 コンピテンシーモデルとしてのグローバル・リーダーシップ・プロフィール

J&Jではすでにみた「我が信条」に示された価値観や分社分権化の考え方を，コンピテンシーにどのように反映させているのであろうか。

図6-4は，「我が信条」と人事諸施策の連関を示したものである。これによれば，「我が信条」がグローバル・リーダーシップ・プロフィール（Global Leadership Profile，以下GLP）を規定し，さらにそれによって要請される人事諸施策が定められていることがわかる。

このGLPは，グローバル・スタンダード・オブ・リーダーシップ（Global Standard of Leadership，以下GSOL）と呼ばれるコンピテンシーモデルから発展したものである。GSOLは1996年に社員として期待される行動・特性・コミットメントとして全世界共通に定められたものであり，社員はこのGSOLをイメージしながら自らの目標を定め，能力開発を進めていった。GSOLは，同社のコアバリューである「我が信条」を核として構成されており，求められ

るリーダーシップ像の基準を明確化するものであった。これは，2003 年にビジネスおよび組織の成長をめざし，改訂・強化され，2006 年の再改訂を経て現在の GLP に改訂され，2008 年から完全導入されることになった（片山〔2007〕108,110 頁；『労政時報』第 3681 号，2006 年 7 月 14 日，36 頁）。

　GLP は，J&J がクレドーリーダー（J&J の社風・文化を体現し，J&J のビジネスを推進するリーダー）を育成するに当たって，コンピテンシーモデルとして位置づけられたものである。これは「顧客へのフォーカス」，「革新的なソリューション」，そして「人材の育成」の 3 つの軸で構成されており，さらにこれら 3 つの軸についてそれぞれ能力要件を定めている。「顧客へのフォーカス」の能力要件は「業績につながる行動と成果の重視，緊急性への感度／スピード感」，「革新的なソリューション」の能力要件は「戦略的思考，大局志向，知的好奇心，思慮あるリスクテイキング」，そして「人材の育成」の能力要件は「組織開発および人材育成，コラボレーション（協働）とチームワーク，自己認識と適応力」である。改めて指摘するまでもなく，これら 3 つの軸の中心には「我が信条」の価値観が据えられており，「顧客へのフォーカス」は「我が信条」の顧客への責任の実践に，「人材の育成」は社員への責任の実践に，そして「革新的なソリューション」は地域社会と株主への責任の実践に，それぞれつながっている（杉田〔2008〕212-213 頁；片山修〔2007〕『大切なことはすべてクレドーが教えてくれた』PHP 研究所，111 頁）。

　さらに，GLP ではシニア・リーダー，ピープル・リーダー，そしてインディビデュアル・リーダーの 3 階層それぞれに詳細な能力要件が示されている。シニア・リーダーとはシニアマネジメント層（経営トップに直接報告する層），ピープル・リーダーとはラインのマネジャー，そしてインディビデュアル・リーダーは一般職のことを指している。すなわち，J&J はすべての社員に対して，「自律的に行動するリーダーたれ」と明言しているのである。したがって，このようなリーダーはクレドーを実践していく人々であるということから，GLP はすべての社員がクレドーを実践する上でのコンピテンシーモデルとして位置づけられている（『人材教育』2008 年 7 月号，41 頁）。

　こうして，J&J は GLP を通じてコンピテンシー要件を定め，とりわけ人事

考課，昇給，そして人材開発などにそれらを体現させている。その意味で，同社は「我が信条」を通じてJ&Jの価値観を全社的に浸透させるための手段としてコンピテンシーを積極的に活用しているのであり，それが同社の特徴となっている。

では，このようなコンピテンシーは人事労務管理制度としてどのように具体化されていったのであろうか。J&Jメディカルカンパニーでは1999年まで業績評価と行動評価*を併用していたが，その後成果主義的取り組みを強化する方針に転換したこともあり，2000年から2004年にかけて業績評価のみが用いられることになった。ただし，この期間は事業部および部門別に人事労務管理制度が導入されていたため，業績評価のみでなく行動評価をとり入れていた部門もあった。ところが2005年3月から，同カンパニーでは業績評価とコンピテンシー評価の併用評価が再び採用されることになった。

このような変更が生じた理由としては，とりわけ営業部門において成果のみならず成果を生み出すまでのプロセスに対して評価を行うことも社員のモチベーションを高めることにつながるという認識が強まったこと，業績評価とコンピテンシー評価の併用によって横のつながりの強化とチームワークに対する意識の深化が期待されること，そして短期のみならず中長期を見据えた自分の成長を確認する習慣を社員に身につけさせることによって後継者の育成を図っていくことが重要であるという認識が強まったこと，などが挙げられる（筆者の質問に対するJ&Jメディカルカンパニーの回答）。

 * 1999年当時，J&Jでは「コンピテンシー」という用語が使われておらず，それを表す用語として「行動評価」が使われていた（筆者の質問に対するJ&Jメディカルカンパニーの回答）。

ところで，現在J&Jメディカルカンパニーで実施されている業績評価とコンピテンシー評価の併用は日本独自のやり方であり，J&Jでは業績評価のみが用いられている。ただし，J&Jメディカルカンパニーで取り入れられているコンピテンシーの内容は，グローバルで定められているリーダーシップ要件を基に作成されているため，その意味ではグローバルの基準に沿ったコンピテンシーを取り入れているといえる。2010年からは全世界統一の評価制度が導入され

る予定で，その新しい制度は現在日本で導入されている制度と同様の，業績とリーダーシップ（コンピテンシー）の併用評価となる予定である（それによりJ&Jメディカルカンパニーにおいてもこの新制度を導入する）（筆者の質問に対するJ&Jメディカルカンパニーの回答）。

このように，全世界統一の評価制度が導入されるのに先立って，J&Jメディカルカンパニーが新たな統一基準の骨子ともいうべき業績評価とコンピテンシー評価の併用評価をすでに採用していたことは，誠に興味深い事実であるといえよう。

また現在の制度では，目標管理に基づく業績評価だけではなくコンピテンシー評価の併用を図っているほか，能力開発を含めて上司と部下がコミュニケーションしなければ評価できない仕組みになっている（『人事実務』第1037号，18頁）。このような取り組みをJ&Jメディカルカンパニーでは，「チャレンジ＆レビュー（Challenge & Review, C&R）プログラム」と呼んでいる（『スタッフアドバイザー』2008年10月号，104頁）。このプログラムはもともと，1990年に開始された管理者開発育成研修（Management Development Program, MDP）を推進していく中で開発されたものであり，1992年から開始された(『賃金実務』1999年8月1・15日号，43頁）。具体的な方法としては，「業績評価シート」に加え，「コンピテンシー評価シート」，そして「能力開発計画シート」の3種類のシートを用いて目標管理および評価が行われている（『労政時報』第3681号，33頁）。

2 コンピテンシー評価と能力開発

コンピテンシー評価は，各自の職務，役割，そして能力（行動）の発揮度を評価するもので，バンド定義書に基づきバンド*ごとに評価される。コンピテンシー評価は昇格の判断に用いられるほか，業績評価と半々の割合で算出される総合評価により昇給の判断にも用いられる。（ただし，マネジャーについては昇給も業績評価のみで判断される**。）これは，たとえ業績が良くても「我が信条」を実践するというコンピテンシーが伴わなければ，社員が期待するような給与にはならないことを意味している（『人事実務』第45巻1037号，14頁；『企業と人材』2007年4月20日号，28頁）。

表6-3 コンピテンシー評価シートの例

コンピテンシーシート 2006年度		
所属部門		
部門 Code		
社員 Code	Band	5
氏 名		

[期初]
自分のBand相当のコンピテンシーレベルを確認する
[中間レビュー]
1～2Q(クオーター、四半期)にとった行動を振り返り評価点を付けると共に、良かった点・改善点を認識する
[年間レビュー]
具体的な行動事例を記載し、評価点を記入する。(「～できる」ではなく、現実的に行動したことを記載する)

コンピテンシー評価項目

大項目	中項目	Band 相当のコンピテンシーレベル
顧客・市場へのフォーカス	顧客へのフォーカス	
	市場へのフォーカス	
イノベーションの推進	将来を見据えたビジョンの策定	*本人のBand相当レベルのコンピテンシー定義が記載されている
	イノベーションと総括的な学習の奨励	
コラボレーション(協働)の奨励	より良い相互/信頼関係の構築	
複雑な状況下での事実・変革の実現	複雑な状況下での手腕	

中間レビュー

	自己評価		一次上司
	評価点	評価点	

年間レビュー

自己評価		一次上司	二次上司
コメント(具体的事例)	評価点	評価点	評価点

上司コメント

中間レビュー			年間レビュー		
本人	一次上司	二次上司	本人	一次上司	二次上司
(氏名)	(氏名)	(氏名)	(氏名)	(氏名)	(氏名)
/ /	/ /	/ /	/ /	/ /	/ /

評価基準	Bandを大幅に上回る	Bandを上回る	Band相当	Bandを下回る	Bandを大幅に下回る
	5	4	3	2	1

最終評価

Rating 平均値 9段階評価		

評価点平均値	~1.4	1.5~1.9	2.0~2.4	2.5~2.9	3.0~3.4	3.5~3.8	3.9~4.2	4.3~4.6	4.7~5.0
最終評価(9段階)	1	2	3	4	5	6	7	8	9

(出所)『労政時報』第3681号、38頁。

第6章　ジョンソン・エンド・ジョンソンのコンピテンシー

＊　バンドはJ&Jメディカルカンパニーにおける役割等級に相当するもので，マネジャーレベルは2段階，一般職レベルは4段階のレベルに分かれている（『労政時報』第3681号，37頁）。
＊＊　マネジャーの昇給に関してはグローバル基準に則って業績評価のみで判断されている。ただし，昇格に関しては業績評価とコンピテンシー評価の併用に基づいて行われている（筆者の質問に対するJ&Jメディカルカンパニーの回答）。

　ところで，コンピテンシー評価のシート（**表6-3**）については，バンドごとにどのような行動ができなければいけないかということについて，GLPに基づいた事業部ごとの定義が評価項目として予め記載されている。社員は自己評価時に，業務遂行プロセス，業績目標の達成プロセスで実際にとられた行動を定義に相当する内容に則して具体的に記入する。そして記入を終えてから，上司による評価とチェックが行われ，両者合意の上で二次評価に回ることになる。二次評価は，直属の上司のさらに上の管理職によって行われる仕組みである（業績評価も同様）。これは，二人の上司が評価を行うことによって，評価を客観的なものにする目的がある（『人事実務』第45巻1037号，14頁；『労政時報』第3681号，37頁；片山〔2007〕108頁）。

　ところで，J&Jメディカルカンパニーではクレドーリーダーを育成するためのモデルとしてGLPを位置づけ，将来を見据えた社員の成長を確認する習慣を身につけさせるものとしてコンピテンシー評価を活用していることはすでにみたところである。したがって，同社ではコンピテンシー評価が社員のキャリア開発と連動させるものとして位置づけられていることに特徴がある。

　J&Jメディカルカンパニーで行われている社員それぞれの**キャリア開発**は，最終的には個々人の「自己責任」によるものだと位置づけられている。しかしその一方で，上司には部下の「人材育成」とキャリア開発への支援が義務づけられている。そのため，全管理職が受講する管理職研修「エクセレント・マネジャーズ・プログラム」では，能力開発計画の作成が重視されている。社員は

キャリア開発（career development）：従業員個人の職務および職位上の経歴を長期的な視点から育成していく制度。一般的には目標管理の一環として位置づけられ，職務上の経験，研修，そして自己啓発などを組み合わせて昇進や配置などに反映させていく。

表6-4 能力開発計画シートの例

能力開発計画シート 2006年度		
所属部門		
部門 Code		
社員 Code	Band	
氏 名		

	目標設定		中間レビュー		年間レビュー		
	本人	一次上司	本人	一次上司	本人	一次上司	二次上司
	(氏名)	(氏名)	(氏名)	(氏名)	(氏名)	(氏名)	(氏名)
	/ /	/ /	/ /	/ /	/ /	/ /	/ /

前年度評価のレビューと中長期的な計画を踏まえ、本年度取り組む目標を作成する

【期初】①～③を記入
「③具体的な能力開発計画」の記入方法
・①および②の内容との整合性をとる
・過大目標や欲張り過ぎる量を避け、実現可能なことを記入する
・具体的な計画(時期 / 予算など)を上司と確認する

① キャリア／能力開発の方向性 (期初に記入)
＊興味のある分野／携わりたい職務内容などを記入

② 強み／弱み (期初に記入)
＊左記内容および前年度のコンピテンシー評価から考えられる自らの強み／弱みを記入

| 強み | |
| 弱み | |

③ 具体的な能力開発計画 (期初に記入)

	能力開発目標 (どの分野／どのレベルまで／いつまでに)	具体的計画 (OJT／研修／独学／読書／e-learning)	中間レビュー (本人コメント)	年間レビュー (本人コメント)
Short Term (1～3年)				
Long Term (3年以上)				

上司コメント
(期初) 　　　　　　　　　　　　　　　　(中間／期末)

(出所)『労政時報』第3681号、39頁。

第6章 ジョンソン・エンド・ジョンソンのコンピテンシー

それぞれ，前年度のコンピテンシー評価を通じて明らかになった，「強み」＝自分の今後伸ばすべき長所，「弱み」，そして今後必要とされる技術，能力，そして行動や態度を検討した上で，「能力開発計画シート」(表6-4)へ記入する。これは，社員各人が自ら立てた計画を実践することで，個々人のキャリアアップをめざすものであり，毎年1月に作成される(『労政時報』第3681号，39頁)。

能力開発計画シートに記入しなければならない項目は，①キャリア／能力開発の方向性，②強み／弱み，③具体的な能力開発計画の3項目であり，いずれも期初に記入されるものである。①では社員が興味をもっている分野や携わりたい職務内容などを記入するが，その際に1～3年という短期的な内容と3年以上にわたる長期的な内容に分けて記入することに特徴がある。②では①に記入された内容と前年度のコンピテンシー評価から考えられる自らの強み／弱みを記入する。そして，③では能力開発目標をどの分野でどのレベルまでいつまでに設定するのかを記入し，具体的計画(**OJT**・研修・独学・読書・**e**ラーニング〔e-learning〕)を記入する。そしてそれぞれの進捗度をチェックするために，中間レビューおよび年間レビューとして本人によるコメントが記入される。この記入は社員個々人の責任のもとで行われる一方で，上司には部下の「人材育成」とキャリア開発への支援が義務づけられているため，上司は期初と中間・期末にコメントを記入する仕組みになっている。

こうして立てられた各人の開発計画は，上司と共有され，実現に向けた具体的なプラン(新規業務や研修等)が作成されるのである(『労政時報』第3681号，40頁)。

これまでみてきたように，J&Jメディカルカンパニーで実施されている業績評価とコンピテンシー評価の併用は日本独自の方法であり，J&Jでは業績評価

OJT(on the job training)：職場内訓練のこと。従業員が日常的な業務を行いながら，上司などから教育訓練を受けること。実際に業務を行いながら実務上の様々なスキルを身につけることができるといった効果がある。

eラーニング(electronic learning)：インターネットや電子メールといったITを活用した教育訓練のこと。国内はもとよりグローバル化の進展の中で，遠隔地間の教育訓練が可能になり，移動時間や費用といった負担が軽減されるなどの効果がある。

▶▶ *Column* ◀◀

「氷山モデル」

　コンピテンシーの考え方は，1970年代にハーヴァード大学教授（1956年から教授）で心理学者のマクレランド（D.C.McClelland）によって提唱されました。彼は，1950年代に人間の動機を達成動機（この動機が高い者は，適度な達成目標を設定し，自らの責任で問題を発見・解決する），親和動機（この動機が高い者は，他人との交流を通じて満足感を得る），そして権力動機（この動機が高い者は，自らの影響で目標を達成することを重視する）といった3つの動機に類型化しました。彼はこの考え方を発展させ，「氷山モデル」を用いてコンピテンシーの考え方を具体化しました。それによれば，下の図6-5にみられるように水面から上の「知識・技術」といった能力は比較的把握・開発しやすいのに対して，水面から下に隠れている「行動」，「思考」，「価値観」，そして「基本的動機」といったコンピテンシーに関する能力は比較的把握・開発しにくく，かつ下に行くほど重要な能力であることが明らかにされています。

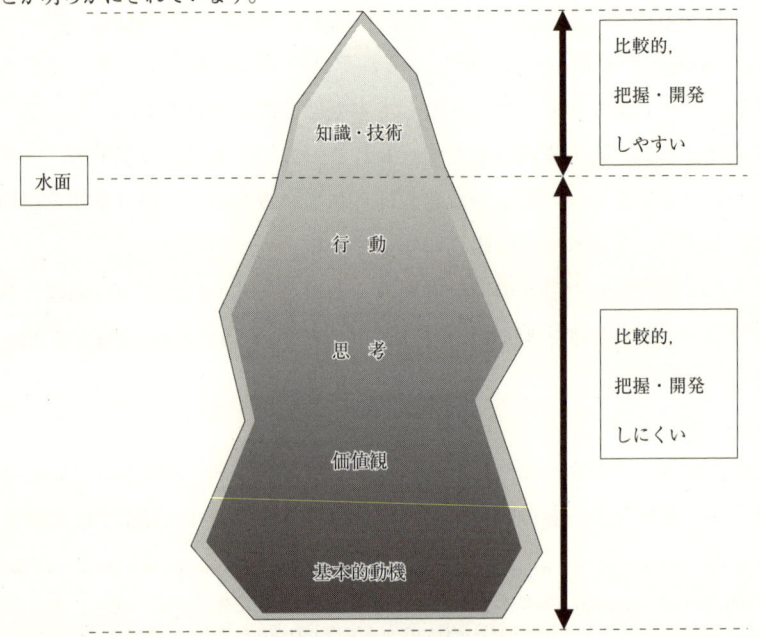

図6-5　氷山モデル

（出所）　ヘイ　コンサルティング　グループ（2001）『正しいコンピテンシーの使い方』PHP研究所，65頁より作成。

のみが用いられている。筆者は当初，J&J メディカルカンパニーにおける成果主義的取り組みの強化が日本の経営になじまなかった結果，評価の方法が成果主義に基づく業績評価のみの評価から業績評価とコンピテンシー評価の併用評価に変更されたと考えていた。ところが，業績評価とコンピテンシー評価の併用評価が再び採用されたのは，必ずしも日本の経営を意識した結果ではなく，社員のモチベーションの喚起，社員間の横のつながりの強化と社員のチームワークに対する意識の深化への期待，そして中長期を見据えた社員の成長を通じた後継者の育成といった目的をもって導入されたことがヒアリングを通じて明らかになった。これらの項目には結果的に日本の経営にみられる内容が含まれている側面もあるかもしれないが，だからといって日本の経営の特徴が直接的に具現化されたものではない。むしろ，J&J メディカルカンパニーによって実施された併用評価への変更は，「我が信条」を核とする価値観に基づいて分社分権化を円滑に行うという J&J の方針に沿って実施された制度変更と解するべきであろう。したがって，J&J メディカルカンパニーで実施された制度変更は，日本から発信されたものではあるとはいえ，あくまでも J&J によって示された GLP に代表されるグローバル・スタンダードと J&J メディカルカンパニーにおける日常的な組織運営の現状に配慮しつつ実施された変更である。そこで，この点は日本の経営とは区別して考える必要があるというのが，実態を踏まえた上で得られた予想外の結論である。

　J&J は，「我が信条」に依拠した全世界共通のコンピテンシーモデルとしてGLP を設定し，それに則した具体的なコンピテンシーを社員に求めている。このことは，J&J のように M&A やその他の理由で中途採用された数多くの社員や多国籍の社員で構成されている巨大企業が，組織への求心力を高めながらステークホルダーに対する責任をグローバル規模で果たし，高品質の商品やサービスを常に提供していくために必要な条件であることを示している。

　その一方で，J&J は分社分権化を通じて構成員のモチベーションを喚起することによって，組織の活性化を図っているのであるが，同社が日本企業に比べて実質的な分社分権化を行っているからこそ，コンピテンシーを軸にしてグループとしての一体感を強める必要が生じることは，見逃されてはならない重要

な側面であろう。このことは，J&Jが今後のコンピテンシーを考える上でも，1つの「ありよう」を示す事例であるといえよう。

[付記] 本章を執筆するに当たって，ジョンソン・エンド・ジョンソン株式会社メディカルカンパニー人事総務本部人事部シニアマネジャーの大島恵美氏からは，筆者の質問に対して詳細なご説明と数多くの貴重なご助言を賜った。また，人事総務本部の土屋真澄氏には筆者の質問に対する回答に関して親身なご対応ならびにご調整を賜った。ここに記して感謝の意を表したい。

[推薦図書]
相原孝夫（2002）『コンピテンシー活用の実際』日経文庫
　　コンピテンシーの基本的な考え方をわかりやすく解説した上で，それを実際の人事労務管理にどのように活用していくかということを具体的に示している。
片山　修（2007）『大切なことはすべてクレドーが教えてくれた』PHP研究所
　　J&Jがステークホルダーに対して責任を果たす際に，クレドーがそれにどのように反映されているかについて，具体的な理解ができる。
日本経団連出版編（2008）『働きがいのある職場づくり事例集』日本経団連出版
　　働きがいのある企業の事例の1つとしてJ&Jが取り上げられており，同社の人事部長（2008年当時）によってJ&Jで実施されている人事管理が詳細に紹介されている。

[設　問]
1．アメリカ企業と日本企業におけるコンピテンシーの活用上の違いと共通点についてまとめてみましょう。
2．どのような場合にコンピテンシーが有効な施策になりうるのかといった点について考えてみましょう。

（佐藤健司）

第7章

日本IBMの人材教育
――プロフェッショナル専門職を中心に――

　人なくして企業経営は成り立ちません。企業が人材教育を疎かにすればグローバル競争で敗者となるのは必至です。IBMとそのグループの一翼を担う日本IBM，ソリューション・ビジネスを志向する両社が求める人材像に差はありません。では，両社の人材教育は一体化するのでしょうか。この章では，グローバル化・シームレス化するビジネスの中で，一体化を進めながらも独自性を出そうとする日本IBMの取り組みを取り上げます。

1　IBMと日本IBM

1　IBMの基本理念

　20世紀のIBMを支えた基本理念が「個人の尊重」，「お客様への最善のサービス」，「完全性の追求」であったことはすでに第1章で触れた。なかでも，IBMにおける「人の働かせ方」（＝人事労務管理）に大きく影響を与えてきたのが「個人の尊重」であった。それは，社員一人ひとりの権利と尊厳を尊重することを内容とし，具体的には「自ら向上しようとする社員を援助し，仕事を通してその能力が最大限に発揮できるようにする」ための人材教育につながっていた。

　ところが，この創業以来の理念である基本理念が歪められ，一人歩きするようになった。「個人の尊重」は，既得権を意味し，「すべての人に仕事や発言の機会を公平に与えるという本来の意味は失われ，仕事の保証とか，社内文化によって必然的に決まる出世という意味合い」に変わってしまった。また，「完全性の追求」は傲慢へと変わり，「市場やお客様，そして同僚の声に真摯に耳を傾けなく」なってしまったのである（北城恪太郎・大歳卓麻編著〔2006〕『IBM　お客様の成功に全力を尽くす経営』ダイヤモンド社，10-11頁）。

一方，ガースナー改革を機に，リストラ，企業買収や中途採用により社員構成が変化し，半数の社員の勤続年数が5年以下という事態に立ち至った。さらに，毎年2万〜2万5000人を新規採用している。こうした社員構成の変化と，何よりもコンピュータ本体の販売から情報処理システムの構築・保守にとどまらず，コンサルティングから**アウトソーシング**に至る**ソリューション・ビジネス**に事業転換したのを受けて，2003年11月に新たな価値観（IBMers Value）がガースナー改革を引き継いだサミュエル・J・パルミサーノ（Samuel J. Palmisano）によって発表された。

　IBMers Valueは以下の3つで構成されている。すなわち，「お客様の成功に全力を尽くす」，「私たち，そして世界に価値あるイノベーション」，「あらゆる関係における信頼と一人ひとりの責任」である。最後のものは，社員の自立（自律）と彼（女）らへの**エンパワーメント**を意味し，それまでのIBMにおける人材教育にも大きな影響を及ぼすものである。

2 IBMの基本戦略と日本IBMの経営方針

　日本IBMは，IBMの海外戦略に基づき同社が100％出資している会社である。現地法人の経営は現地の人間に任せるのがIBMの基本方針である。例えば日本IBMの場合，日本のコンピュータ市場をめぐって通商産業省（現，経済産業省）の保護政策で守られた国産機メーカー（基本的にはIBM互換機のメーカー）との競争を余儀なくされる中で，「日本化路線」という独自な戦略をアメリカ本社から認められていた。それは，「日本市場の実情に合わせるために，経営の自由度をいっそう高め」るための，「研究開発，生産，販売の機能をすべて備えた自立した企業として，日本市場に深く根づいていこうという」戦略であった（椎名武雄〔2001〕『外資と生きる』日経ビジネス人文庫，107頁）。その成果の1つが，1983年に日本IBMが独自開発した「マルチステーション

アウトソーシング：外部資源の活用。リストラクチャリング（事業の再構築）の一環として，業務の一部を外部に委託すること。

ソリューション・ビジネス　→第4章74頁を参照。

エンパワーメント（empowerment）：権限委譲。業務目標達成のために，従業員に自律的に行動する力を与え，支援すること。

5550」の販売であった。

　一方，臨時雇用者の採用や社会貢献活動など，アメリカ流の仕組みを日本流にアレンジして活用する場合も多くあった。例えば，ガースナー改革につながる業績悪化への対処方法に日本IBM独自の経営方針がみられる。1990年，IBMに先立って日本IBMの業績が悪化した。経常利益が前年比で2割落ち込み，翌91年には売上げもマイナスに転じ，経常利益は90年をさらに3割下回ったのである。アメリカ本社も1991年に創業以来初の通年赤字に転落し，それが1993年以降のガースナー改革へとつながる。「米本社は通常，海外子会社の人事・給与制度には口を出さないが，今回ばかりは親の方も生きるか死ぬかの瀬戸際である。**リストラクチャリング**のやり方をめぐって，激しいせめぎ合いになった」（椎名〔2001〕158頁）ようである。しかし，アメリカ流の**レイオフ**は日本の雇用慣行になじまない。そこで日本IBMが採用したのが，1992年11月から実施された「セカンド・キャリア支援プログラム」であった。それは，50歳以上の社員を対象にした早期退職制度で，通常の退職金とは別に，最高で年収の2年分の支援金を支給する制度であり，独立希望者の場合その必要経費を負担するという制度であった。

　このように，ガースナー改革までは，IBMが基本構想を示し，日本IBMを含む各国のIBM子会社に対してはそうした基本構想に沿いながらも，それぞれの独自性を出すことを容認していたし，それを推奨する場合もあった。ところが，パルミサーノが『フォーリン・アフェアーズ（*Foreign Affairs*）』誌2006年5・6月号に「グローバルに統合された企業（The Globally Integrated Enterprise）」と題する論文を発表して以降，IBMは多国籍企業から文字通り「グローバルに統合された企業（GIE）」へと変革を進めている（詳しくは終章を参照）。GIEは，地球上で1つの組織実現をめざそうとするもので，そうした方針のもとでは人事労務管理制度とそれを支える施策も世界統一化を図るという志向が強まり，人材教育にも大きくその影響は及ぶ。もちろん，世界的に統一された

リストラクチャリング　→第1章22頁を参照。
レイオフ　→第1章のColumnを参照。

人事労務管理制度が経営効率の面で合理性をもつことは否定できない。一方で，各国の経営風土や組織文化の中でそれをどう活かすかという問題が大きく立ちはだかってくることも事実である。このような事態に対し，日本 IBM はどう対処しているのであろうか。それを人材教育の側面に焦点を当てて明らかにするのが本章の目的である。

2 20世紀における IBM の人材教育

「教育の IBM」と評価されていたように，あるいは情報産業に属しているにもかかわらず「教育産業」と皮肉られていたように，20世紀の IBM における人材教育は徹底したものであった。同社の教育プログラムは，他社の追随を許さないし，教室内で教育に費やされる時間は一流大学をはるかに凌いでいた*。

* 本節の記述は次の書物によっている。F. G. Rodgers〔1986〕*The IBM Way*, Harper & Row／青木榮一訳（1986）『IBM Way——わが市場創造の哲学』ダイヤモンド社。

1 新入社員教育

まず，新入社員教育である。IBM の営業研修生とシステム・エンジニア研修生の教育は，販売現場での実習（**OJT**）と教室での講義（**Off-JT**）を中心に1年をかけて行われた。教育の約75％は支店で，残り25％は各地にある研修所で行われていたのである。

各支店では，訓練担当者（training manager）が研修生の教育計画を監督し，社風（culture），価値観（values），信念（beliefs）から始まって，製品系列全体の基礎知識に至るまでの教科単位を教育する。一方，研修生は営業担当員の顧客訪問に同行して，実際の営業現場を実体験する。各支店の責務は，適格でない研修生を研修所に送り込まない点にある。

研修所では，コンピュータの概念や各製品知識のほか，IBM 流の販売方針

OJT →第6章137頁を参照。
Off-JT（off the job training）：職場を離れて行われる集合研修のこと。

(sales policies) や営業方法 (marketing practices) などを教育する。こうした理論と実践を繰り返すことで，研修生を適格な営業担当員と専門職であるシステム・エンジニア (SE) に近づけていくのである。教官と研修生との比率は，1対10である。このほかに，現役トップ・クラスの営業担当員やSEが客員教官として教室での講義に招かれていた。

　研修所から再度支店に戻ると，研修生は教室で座学したことの実際面がわかってくる。販売現場でしばらく勉強すると，また4週間にわたる研修所での授業となる。この授業は，「心臓破りの丘 (heartbreak hill)」と呼ばれるほどきついもので，朝8時から夕方6時まで，ぎっしり詰まった講義があるほか，夜半過ぎまでかかる宿題が出される。研修生は，IBMのこうした過酷で長時間にわたる，競争激烈な教育訓練を受けて成長する。研修生が真剣に取り組むのは，教育訓練の各段階ごとに能力が評価される仕組みがあったからである。

[２] 管理職教育

　社員教育と同様，社員を管理職に育てることを重視するのもIBMの考え方であり，同社は基本的に社内から管理職を登用してきた。管理職候補になるには，資質面での適格性に加えて，同社の定める基本的な管理職教育訓練を受けなければならない（「管理職候補者のための教育」）。その評価に応じ，優秀な人材なら5年後，一般的な人材であれば7～10年後に管理職候補となる。

　第一線の管理職 (first-line manager) に昇進すると，最初の1年間に80時間の研修を受けることになる。まず管理職就任後1カ月以内に，ニューヨーク州アーモンクの本社敷地内にある管理職養成研修センター (IBM's Management Development Center) で1週間にわたる授業に出席することが義務づけられる。そこで提供されている授業科目は，社史，企業信条，企業方針，企業慣習のほか，部下に対する動機づけ，評価，カウンセリングなどの人事労務管理に関する基本的な技倆（スキル）にまで及んでいる。特に重視されていたのは，社員と管理職とのコミュニケーションの強化，それと絶えず変転する環境に即応できる管理職の育成であった。最初の1年が経過した後も，全管理職は毎年少なくとも40時間を研修に費やしていた。

管理職が部下を管理するには特別な知識・技能（スキル）が必要であるとの認識に基づいて，中間管理職研修所（Middle Managers School）も設けられている。ここでの授業の中心は，効果的なコミュニケーションと社員管理に関するものだが，企業を取り巻く諸問題や経営戦略にも及んでいた。さらには，ベテラン中間管理職と上級管理職向けの研修所もある。ここで研修するのは，社会・経済の両面にわたる社外関係のより複雑な問題であった。
　役員に関しても，IBMは社内から偶然に役員が昇進してくるのを待つのではなく，積極的に人材捜しの取り組みを行っていた。優秀な人材を発掘し，将来の経営者にふさわしく育成することに取り組んできた。具体的には，役員人材養成プログラム（IBM's Executive Resources program）を設け，全管理職を参加させた上で，経営者にふさわしい優秀な人材を捜し出し，昇進計画を立てるといったことを行っていた。
　最後に，若干違った角度からIBMの教育をみておきたい。IBMは，もちろん社員としての能力向上を目的に教育を行っているのであるが，それだけにとどまらない。教育は，一般市民としての教養を高め，結果としてIBM自身が評価され，最終的には同社の業績に結びつくことを意図して行われていた。それゆえ，定年間近の社員に対しても教育を受けさせていた。それは，IBMの社員として，あるいはかつて同社で働いていた社員として身につけておかねばならない教養・知識を教育し，そういう人たちを通してIBMの信頼性や知性を広く世間にPRすることを期待して行われていたのである。

　以上，IBMの教育は新入社員・管理職といった現役世代から退職組を含む幅広い世代を対象に提供されていた。この点は，日本IBMでも同じであった。次節からは，ガースナー改革・パルミサーノ改革を経た日本IBMにおける人材教育の変化を，プロフェッショナル専門職と管理職教育に代わるリーダーシップ開発に焦点を当てて明らかにしていこう。

3　日本IBMのプロフェッショナル専門職制度

[1]　人材要件の変化

　人材教育を考える際に，社会あるいは企業が求める人材要件を明確にしておく必要がある。まず，ガースナー改革・パルミサーノ改革を機に，ソリューション・ビジネスへと大きく事業転換を図ったIBMと日本IBMでは，どういった人材が求められたのかを明らかにしておこう。

　パルミサーノが推進したのは，顧客が抱えるIT上の課題解決を意図したガースナー（Louis V. Gerstner, Jr.）のインテグレーター路線にとどまらず，経営上の課題解決をITの活用によって達成しようとするハイ・バリュー・シフト戦略であった。そのためには，社員には「経営上の課題を理解し，分析し，コンサルティングを提供できる能力と，その提案を具体的にテクノロジーによって具現化し，結果的に経営面での成果をもたらすこと」（北城・大歳編著〔2006〕78-79頁）が求められる。同じことは，2002年以降に導入された**オンデマンド・ビジネス**でもいえる。それは，「ビジネス・プロセスが，全社および主要パートナーやサプライヤー，さらにお客様までエンド・トゥ・エンドで統合され，お客様の要求や新たな市場機会，外部からの脅威に柔軟かつ迅速に対応できる企業」（同上，82頁）を実現する，というものである。

　つまり，かつてのようにコンピュータというハードウェア自体が価値を提供する（ハードウェア主体）と考え，コンピュータの使用方法を伝授するのではなく，ハードウェアを介したサービスこそが価値を生み出す（サービス主体）と考え，コンピュータの活用方法，それによって顧客の経営課題がどう解決できるのかを伝授することが求められるようになったのである。サービス主体では，それを提供する社員がその質を決定する。

オンデマンド・ビジネス（on-demand business）：利用者の要求があったときだけサービスを提供するビジネス。テレビ放送は視聴者の存在に関係なく流れている。そのため，オンデマンドではない。一方，インターネットでのホームページの閲覧やメールの確認は，オンデマンドである。ビデオ・オンデマンドやオンデマンド出版などが注目されている。

そこで求められる人材は、ナレッジ・ワーカー（知識労働者）である。彼（彼女）らは、自身のもつ能力を最大限発揮することを重視する。そして、「社員のモチベーションの源泉は、いかに自己実現するか、成長を実感できるかである。仕事の成果は、社員一人ひとりの能力をインプットとし、チームの力で決まる」（同上，104頁）のであり、そのキャリア・ゴールはプロフェッショナルである。つまり、「個人は、より高い専門性を持ったプロフェッショナルになることを望む。そして、企業は、彼ら彼女らの能力を最大限発揮できる環境を整えることで、優秀な人材を集め、保持することができる。そして、そこでは社内基準で評価されるゼネラリストよりも、市場価値で評価されるプロフェッショナルを志向する」（同上，105頁）のである。

2　「学習する組織」とプロフェッショナル専門職制度

「業界最高の人材を惹き付け、動機づけし、保持する(Attract, motivate and retain the best talent in our industry)」というのがIBMのグローバル方針である。日本IBMではこのグローバル方針を社員満足（Employee Satisfaction, ES）の向上によって実現しようとしている。その際のキーワードが「学習する組織」である。そうした組織への変革には3つの条件がある。

まず第一に個人の能力向上の促進である。ここでいう能力とは、①基本的な能力（コア能力）で**コンピテンシー**概念に近いものと、②職種によって異なるマーケット能力がある。後者は、いわば市場価値で、マーケット基準で評価される。その育成には個人の能力向上と**キャリア開発**を支援するプログラム、さらにはアドバイザーやコーチが必要となる。

第二の条件は個人能力の組織的活用である。それは、①個人のもつ知識・**ノウハウ**の共有（形式知の共有）と、②コミュニケーション、コラボレーション、コーチングなどによる社員同士のフェイス・トゥ・フェイス（暗黙知の共有）、によって図られる。

コンピテンシー：→第4章83頁と第6章のColumnを参照。
キャリア開発　→第6章135頁を参照。
ノウハウ（know-how）：技術競争の際に必要となる専門的な知識・情報・経験のこと。

第三の条件は，以上2つの条件を奨励する制度の設計である。その中核となる制度がプロフェッショナル専門職制度（IBM Certified Professional, ICP）である。同制度は，社員の能力向上へのモチベーションを喚起するキャリアゴールを設定し，そのゴールを示すロールモデルとそこに至るロードマップを提示するものとして，IBM が日本 IBM も含めてグローバルに導入した制度である（松永達也〔2005〕「学習する組織への変革」『PROVISION』No.46, 5-6頁）。

3 プロフェッショナル専門職制度

一般にプロフェッショナルというと，科学者やエンジニア，芸術家や音楽家，デザイナー，著述家，法律家，会計士，コンサルタントなどがイメージされる。その共通項は，「みずからの創造性によって価値を生み出しており，したがって，自分の仕事と生活の両面において己の創造性を高められる環境を求める人々」（北城・大歳編著〔2006〕105-106頁）であるという点に求められる。

また，「自分たちが希少な人的資本であり，それは一企業の所有物ではなく，むしろ社会的資本の1つであるかのように考えている。それゆえ，上司のため，会社のためではなく，自分のお客様のため，社会のために働く。つまり，みずからが生み出した価値の受益者に奉仕することを望む」（同上，109頁）という側面も有している。

IBM，日本 IBM が推進するソリューション・ビジネスに必須の人材はこうしたプロフェッショナルであった。人材の善し悪しによっては1＋1＝2ではなく3とか10になりうるし，100－1＝99ではなく90や0になる可能性も大いにあったのである。

IBM がプロフェッショナル人材の育成に取り組み始めるのは1991年のことで，日本 IBM では1992年に同様の制度が導入された。それが，システム・エンジニア（SE）以降30年ぶりの専門職制度としての ICP である。その発端は IBM の CRM（Client Relationship Management）改革にあった。IBM は，そのビジネス遂行上，顧客との関係を維持する役割，IT の技術を専門的に深める役割，プロジェクトを管理・運営する役割というようにビジネスプロセスの再定義を行い，それまで大括りに「営業・SE・保守担当員」と区分していた職

種を，先のプロセスに合わせて細分化し，それぞれに求められるスキルや役割を再定義し認定する仕組みを設けたのである。

4 プロフェッショナル専門職制度の具体的内容

ICPは，ITソリューションを提供することで顧客の問題を解決する，高度な能力を有する人材に対する社内の認定である。それは，社外に対してはその人材の価値とサービスの高さを示すものである。その背景には，取り組むべき最重要課題としてソリューション・ビジネスに適した人材の育成があった。それまでのIBM・日本IBMの**キャリアパス**は，主任―課長―部長―事業部長というようにラインの管理職（ライン専門職）になる画一的で単線型のものしかなかった。ICP導入後は，それまでのライン専門職とプロフェッショナル専門職の複線型のキャリアパスが提供されることになった（図7-1）。なお，スペシャリストは1994年に導入された新職種体系で，ICP候補者と位置づけられている。

図7-1は2つのことを教えてくれる。1つ目は，ライン専門職とプロフェッショナル専門職が同等の待遇を受けるという点である。給与などの待遇はバンド（等級）で示されるが，これら2つの専門職は同等の位置関係にある。

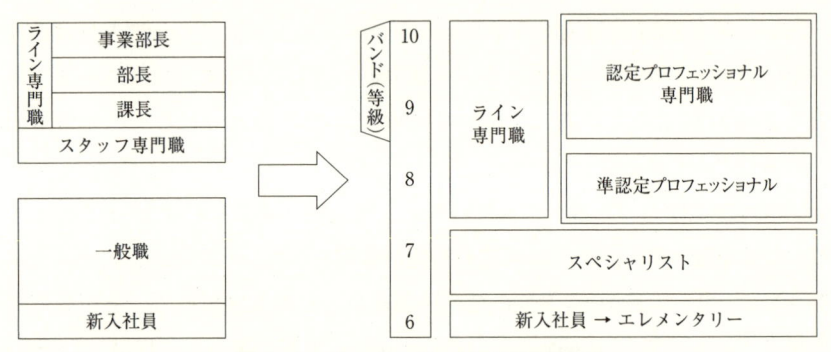

図7-1 プロフェッショナル専門職制度

(出所)『人材教育』2007年7月号，27頁。

キャリアパス →第1章17頁を参照。

2つ目は，プロフェッショナルを称するには認定が必要だという点である。認定を受けたプロフェッショナル専門職がICPなのである。しかも，その認定のための基準が明らかにされていることから，社員はキャリア開発に自律的に取り組むことになる。認定を受ければバンドが上がり，それによって社内外の評価と年収も上がり，社員のモチベーションが上がる仕組みである。

プロフェッショナル専門職には，現在，4つの系（営業系，サービス・技術系，マーケティング系，開発・製造系）があり，一般にプロフェッショナルとされる技術系のほかに，営業系でもそれを認定しているのが大きな特徴となっている。それぞれの系には，4～6つの主要職種があり，総計で20職種以上のキャリアパスが用意されている。さらに，ライン専門職とプロフェッショナル専門職との横のキャリアパスもある。ICPがライン専門職を兼務する場合も多い。バンド10に格付けられている社員の多くは，ICPであるのと同時に部長として管理職も兼務している。

新卒の新入社員のICPの認定までのキャリアパスは次のようである。彼（彼女）らは，基礎研修終了後バンド6に格付けされる。その後5年以内にスペシャリストの認定を受け，入社10年後にバンド7に昇格し，ICPの候補者となるのが一般的である。ここまでがキャリアステージの前期である。準認定プロフェッショナルには一定の書類審査に基づくレベル審査で昇格できる。その際の基準は，スキル，プロジェクト経験，貢献活動の3要素で，これはICPへの昇格でも求められる。スキルでは，IT関連知識が顧客を満足させるものかどうかが問われる。教科書的知識ではなく，現場で顧客の立場に立ち，その要望をかなえる知識をもち，解決策を提示できることが求められる。プロジェクト経験では，どの程度のプロジェクトにどういった役割でかかわってきたかが問われる。プロジェクトの規模，期間，そこでの役割を，顧客に提供した価値と得られた対価で評価する。貢献活動では，後輩の育成や論文の作成が問われる。自身の得た知識・経験を共有化する取り組みが評価されるのである。

準認定プロフェッショナルになると，めざす専門分野の先輩ICPが1対1で指導し，そのもとで実務経験を積む。この先輩ICPは**メンター**としての役割を果たし，**メンティ**がICP認定を得るまで面倒をみる。準認定プロフェッ

ショナルから認定プロフェッショナルになるには，CRB（Certification Review Board）の審査・面接を受ける。CRBでは，申請者一人に対して，プロフェッショナル・エグゼクティブ，プロフェッショナル・リーダー，先輩ICP，ICP経験のあるライン専門職が審査員となって面接をする。このICPは永久資格ではなく，3年ごとに再認定を受けなければならない。全社員に占めるICPの割合は2〜3割で，最短でも40歳前後と非常に厳しい資格である。ICPの認定は世界同一基準で行われ，対象職種についても日米に差がないことから，アメリカを含め他国のIBMでも通用する資格である。なお，ICPの上にはDE(Distinguished Engineer：技術理事)，その上にIBM Fellow（技術役員）がある（以上の記述は，『人事実務』2007年4月号と『人材教育』2007年7月号を参照した）。

5 日本IBMの支援活動

ICPが導入されたとき，「クライアント・エグゼクティブ」など世界共通の5種類からなる専門職種に加えて，日本IBMでは日本固有の「アカウント・サービス・エグゼクティブ」を導入し，都合6種類の専門職種からなる独自の制度として創設した（日本固有の職種は導入後かなり早い時期に廃止されたようである）。だが，日本IBMのICPにみられる特徴は，こうした固有の専門職種の導入だけにとどまるものではない。

日米でほぼ同時期にICPが導入され，その認定の仕組みは世界共通のものであったことはすでに述べた。では，日本IBMはIBMと違って，どういった点に独自性をもたせたのであろうか。それはICP運用の際の支援活動にみられる。

ICPならびにICP候補者の教育を一元化したのがIBM Japan Learning Instituteで，文字通り日本IBM独自の制度である。ICPに関しては，人事部内の研修チームのみならず，4つの系ごとにスタッフがいるし，ICPで定義されている各職種ごとに「Professions」と呼ばれるスタッフもいる。さらには，日本IBMの100％子会社である日本IBM人財ソリューションも実際の教育活動

メンター／メンティ　→本章のColumnを参照。

に携わっている。これら関係者を1つのバーチャルな組織体とみなし,各種情報の蓄積・発信を一元化することを目的に2006年に設立されたのがIBM Japan Learning Instituteである。そこでは,①能力要件と研修の**マッピング**,②最先端かつ高品質のラーニングの実施,③オンデマンド・ラーニング環境の充実,などが図られている。よりきめ細やかに社員のキャリアパスに沿った教育を提供・支援するのがIBM Japan Learning Instituteといえよう。ただしそれは,プロフェッショナル専門職のためだけに設けられたものではなく,全社員に向けて,職種ごとに求められるスキル・能力を開示し,その育成・開発に向けた研修メニューを提供することを目的としている点は注意しておかねばならない。

　IBM Japan Learning Instituteは,外資系企業とはいえ旧来の日本企業と同様,社内教育とは会社が与えてくれる会社主導型のものと社員が受け止めていた状況から,各社員が自身のキャリア・デザインに沿った教育を自主的・自律的・主体的に選択・受講する社員主導・会社支援型という,社員にとってあまりなじみのない現状への転換を図るものといえよう。

　ICPは,専門職制度と銘打っているように,社内資格制度である。もちろん,資格制度は社内で必要な人材像を提供するものであることから,ICPは同時にキャリア形成制度でもある。ICPで示されるロールモデルとそこに至るロードマップをモデルに,社員は自らのキャリア・デザインに基づきつつ継続的な学習を通じてキャリア形成し,自己のマーケット能力を高めていくことを求められる。もちろん,このキャリア開発に関しては,日本IBMも含めてIBMには,Webベースのキャリア開発プラン(Individual Development Plan, IDP)を中核としたキャリア形成支援制度があり,将来めざすべきキャリアの明確化,それに基づく3年間の育成計画,そのための単年度のゴール,各年度の重点育成項目の設定・評価,が行われている。

　だが,すでにみたようにICPは20職種以上を対象としているように細分

マッピング(mapping):地図作成,写像といった意味だが,本文では欠けている能力と研修との「対応づけ」のこと。

化・複雑化した制度である。そこで日本IBMでは，2003年に社員からの質問に答える「メール相談」，翌04年には専門家によるキャリア相談窓口として**キャリア・カウンセリング**をそれぞれ始めた。さらに，社内キャリア・カウンセラーの養成に取り組み，130時間に及ぶ理論と実技教育を実施し，2009年時点で日本IBMには26名（約8割は人事部門所属）で構成されるキャリア・カウンセラー・チームがある。さらに，キャリア・カウンセリング・スキルを人事部門に所属する社員のコア・スキルとし，キャリア・カウンセリング資格の所有者を継続的に養成しようとしている（「日本IBMが取り組むキャリア形成支援」〔2009〕『PROVISION』No. 60）。

4　日本IBMのリーダーシップ開発

1　ガースナー改革とIBMリーダーシップ・コンピテンシー

　20世紀型の人材教育は，1990年代にIBMが直面した経営危機の中で大きく変化した。第1章で取り上げたガースナーによるIBMの企業文化の変革を担ったのは，上級管理職グループ（Senior Management Group, SMG）であった。
　SMGの役割は，変革におけるリーダーシップの発揮であって，特定の職位を意味するものではない。IBMの意思決定機関は，CEOを含む10名で編成される経営執行委員会（Corporate Executive Committee, CEC）とそれに38名を加えた48名で編成されるIBMの全社戦略を決定する最高機関である世界経営評議会（World-wide Management Committee, WMC）で構成される。しかし，IBM企業文化の変革はWMCの48名では少なすぎ，幹部全員（約2000名）では多すぎるため，幹部の中から選抜された300名からなる中核グループとしてSMGが設置された。その後名称が変更され，上級リーダーシップ・チーム（Senior Leadership Team, SLT）から，現在ではIntegration & Value Team（I&

キャリア・カウンセリング（career counseling）：専門のカウンセラーによる企業内での職業相談のこと。被相談者に自分の適性・能力を気づかせ，問題解決を図る。

VT) と呼ばれている。

　SMG (I&VT) は，CEC の推薦に基づきガースナーが選抜していた。その際の条件は，①現在および将来において変革をなしうる人材，②改善をなしうる人材，③一貫して高レベルの業績・貢献をなしうる人材，④特にチームワーク・部下指導においてリーダーシップ能力を発揮しうる人材，⑤IBM にとって非常に重要なポジションにある人材，である。SMG (I&VT) は地位だけでなく，潜在能力で選抜された。分野別にみると，開発，製造，セールス，マーケティングから選抜される者が多く，そのメンバーは毎年見直されていた（日本能率協会〔1998〕『1997 年訪米「戦略人事」研究調査団報告書』53 頁）。

　SMG (I&VT) は，企業文化の変革においてリーダーシップを発揮し，結果として収益・株価に 28〜36％ ものインパクトを与えていた，といわれている（同上，55 頁）。こうした結果を踏まえ，変革マインドをもった人材を輩出する目的で，1996 年に SMG (I&VT) などリーダーの行動分析から析出されたエグゼクティブ・リーダーシップ・コンピテンシー (Executive Leadership Competency, ELC) が導入された（日本能率協会〔2003〕『2002 年度訪米「人事・雇用戦略」研究調査団報告書』）。

　ELC は，経営が困難な時代にこそ強力なリーダーを拡大再生産する必要があることから，実在する強力なリーダーの行動特性を調査し，その特性をまとめ，それをリーダーに求められる資質として計画化することを目的としていた。当初エグゼクティブ・クラスを対象にしていたが，2001 年頃よりリーダー全体に拡大した。そして，IBMers Value が制定された際に，それと整合性をもたせるものとして修正されたのが現在の「IBM リーダーシップ・コンピテンシー（以下，ILC と略する）」であり，その内容は 10 項目からなる（図 7-2）。

　この ILC に示される，IBM が世界の市場で勝者となるために必要な企業文化の変革を加速しうる人材を輩出するという目的は，現在，①核となるリーダーシップの開発，②グローバルビジネスを行っていく能力（多様性への対応，異文化対応能力の向上，語学力）の開発，という両側面で推進されている。

2 リーダーシップ開発

　ELC や ILC で注意すべきは，管理職の役割がかつての部下の成長支援ではなく，変革マインドをもつ部下の育成に置き換わった点である。つまり，IBM の管理者教育は，表7-1が示すマネジャーとは違うリーダーの育成で，管理職教育ではなくリーダーシップ開発として取り組まれており，そこでは図7-2が示す変革型リーダーの育成に主眼が置かれているのである。

　社員が必要とする能力向上に関し，日本IBMは種々の研修コースを設け，具体的な方法を設計・準備している。同社がそこで訴えているのは，そうした研修コースを使って自己の成長を図るのは社員の責務であり，それに向けて自

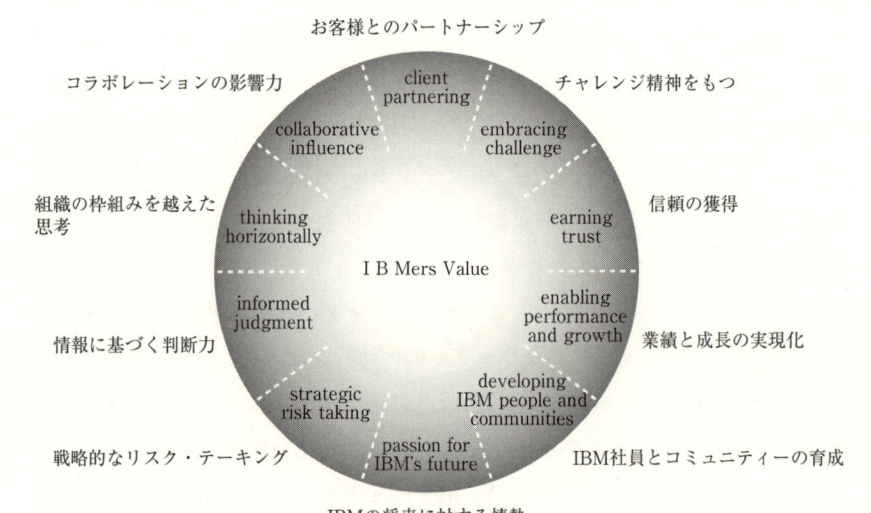

お客様とのパートナーシップ

コラボレーションの影響力　　　client partnering　　　チャレンジ精神をもつ
　　　　　　　　　collaborative influence　　embracing challenge
組織の枠組みを越えた思考　thinking horizontally　　earning trust　信頼の獲得
　　　　　　　　　　　　I B Mers Value
情報に基づく判断力　informed judgment　　enabling performance and growth　業績と成長の実現化
　　　　　　　strategic risk taking　developing IBM people and communities
戦略的なリスク・テーキング　passion for IBM's future　IBM社員とコミュニティーの育成

IBMの将来に対する情熱

図7-2　IBM リーダーシップ・コンピテンシー

（注）1：上記は2004年に改定したもの。この10項目の下に，行動レベルの基準が100個以上定められている。行動レベルの基準には，「IBM内の多種多様な可能性を検討し，お客様またはマーケットに継続したバリューを提供できるオポチュニティーを見極めている」「チームのメンバーに挑戦的だが到達可能なゴールを達成するために責任をもたせている」「組織的な抵抗があっても，長期的な成長や業務改善をもたらす創造的なアイデアを実施している」「社員の専門的な能力を育成するためにコーチまたは指導する時間をとっている」などがある。
　　　2：以前の項目は，①お客様に対する洞察力，②創造的思考力，③目標達成への推進力，④チーム・リーダーシップ，⑤素直さ，⑥チームワーク，⑦決断力，⑧組織構築力，⑨人材育成，⑩全体への貢献，⑪ビジネスへの情熱。現在求められるリーダーシップを正しく認識するために，全世界のIBMリーダー数百人を対象に綿密な調査を行った結果，行動記述を書き直し，再度10のカテゴリーに分類した。

（出所）『労政時報』第3722号，2008年3月28日，18頁。

第7章 日本IBMの人材教育

表7-1 マネジャーとリーダーの違い

	マネジャー	リーダー
活動特性	決められたことを確実に実行する	新しい価値を創造する
期待される役割	管理者	変革者
特性	複製されたコピー	個性あるプロフェッショナル
人間関係	上司と部下	リーダーとプレイヤー
スタイル	指示と命令	信頼、納得と感動
人事の主眼	能力の適正配置	能力の最大発揮
行動特性	正しい方法で行う	正しいことを行う
求心力	ルールと評価	ミッションとビジョン

（出所）　松永達也（2005）「学習する組織への変革」『ProVISION』No.46、8頁。

主的・自律的・主体的に取り組むのも社員の責務である、ということである。

　この点はリーダーシップ開発でも同じである。ここでも本人の自主的・自律的・主体的な学びが中心であり、日本IBMはそれを支援するというスタイルがとられている。ただ、リーダークラスは多忙なため、自主性・自律的・主体性の尊重といっても、ある程度の仕組みが必要となる。この点は、必要な人に必要な学習が行き渡るように設計された研修制度に現れている。それは、①必須の研修で集合研修とeラーニングを併用したFormal Learning、②eラーニングで提供される選択型研修であるEnabled Learning、③実際の業務で必要となった知識を得るためのポータルサイトで、個々人が必要とする情報が集まるようデザインされたネットワーク・データベースであるEmbedded Learning、の3つで構成されている。ライン専門職向けのEnabled Learningには、変革型リーダーシップ（Change Leadership）、動機づけ（Motivation）、業績管理（Performance Management）、ダイバーシティ（Diversity & Inclusive Leadership）など100以上のプログラムが用意されている。

　必須研修である集合研修は、2005年以降、図7-3に示される「LEADing@IBM（Leadership Enablement and Development@IBM）」という枠組みで運用されている。図7-3のBasics as IBM Managersは、組織の管理職となった1年目までのリーダー候補者・新任リーダーを対象に3段階で構成されている。

---

eラーニング　→第6章137頁を参照。

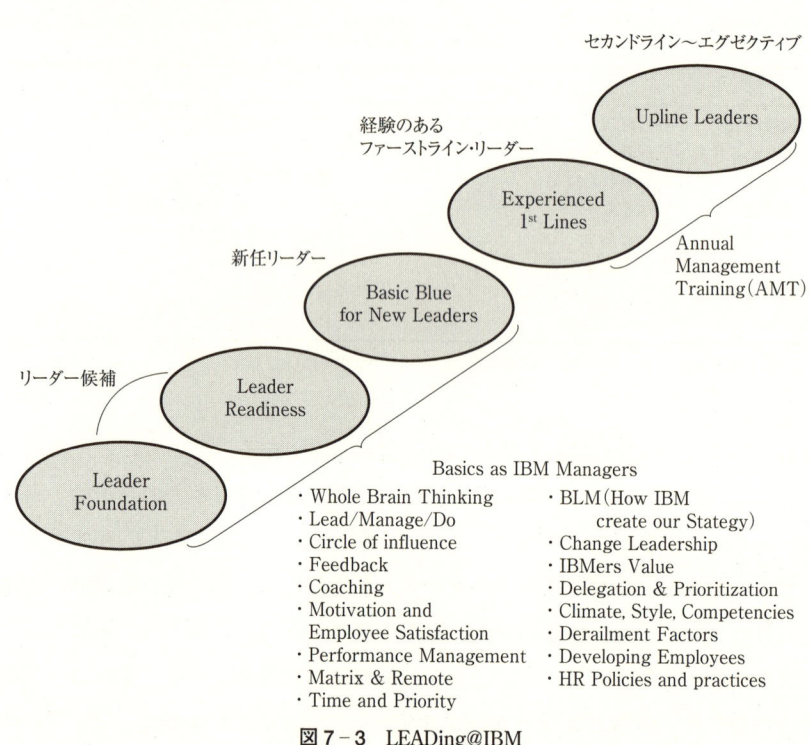

```
                                        セカンドライン~エグゼクティブ
                                    ┌─────────┐
                                    │ Upline Leaders │
                         経験のある    └─────────┘ ┐
                         ファーストライン・リーダー        │
                              ┌──────────┐     │
                              │ Experienced │     │ Annual
                              │  1st Lines  │     │ Management
                              └──────────┘     │ Training(AMT)
              新任リーダー                         ┘
                     ┌──────────┐
                     │ Basic Blue │
                     │for New Leaders│
                     └──────────┘
     リーダー候補
              ┌─────────┐
              │  Leader  │
              │ Readiness │
              └─────────┘
      ┌─────────┐
      │  Leader  │
      │Foundation│
      └─────────┘
```

                           Basics as IBM Managers
        ・Whole Brain Thinking   ・BLM(How IBM
        ・Lead/Manage/Do   create our Stategy)
        ・Circle of influence   ・Change Leadership
        ・Feedback   ・IBMers Value
        ・Coaching   ・Delegation & Prioritization
        ・Motivation and   ・Climate, Style, Competencies
         Employee Satisfaction   ・Derailment Factors
        ・Performance Management   ・Developing Employees
        ・Matrix & Remote   ・HR Policies and practices
        ・Time and Priority

図7-3　LEADing@IBM

(注) 1：大きく①リーダー候補~新任リーダー，②（新任リーダーを除く）経験のあるリーダー~エグゼクティブ——の2つに分けて育成している。①でリーダーとしての基礎を身につけ，②では時々の経営課題に対応して重要な能力・スキルなどを学ぶ。
　　 2：「Basic as IBM Managers」として挙げられている項目（頭全体で考えること，Lead/Manage/Do の違い，組織における影響の循環，フィードバックの仕方，コーチング，モチベーションと従業員満足，成果マネジメント，基盤となるものと重要でないもの，時間と優先順位，IBM の戦略の立て方，変革に向けたリーダーシップ，IBMers Value，権限委譲と優先順位づけ，風土・流儀・コンピテンシー，脱線させる要因，社員育成，人材に対する方針など）は，上記①で学ぶもの。

(出所) 図7-2に同じ。21頁。

　新任リーダーを対象とする「Basic Blue for New Leaders」は，On Line Interactive（対話式の）学習と集合研修を融合させたブレンディッド・ラーニング（複合的な学習）として実施されている。その目的は，マネジメントやリーダーシップに関する基礎知識・スキルの修得と，それを現実のビジネスシーンでの問題解決に応用できるようにすることにある（表7-2, Basic Blue のイメージの上半分）。

表7-2 Basic Blue のイメージ

■リーダー，マネジャーに求められる3要素を5つのテーマとして体系化

Core（基本的） Common（普遍的） Critical（重要な）	マネジャーの基本	・日々の意思決定を行う ・会社の戦略，戦術，活動などの知識を知らしめ，適用できるようにする ・会社の他部門との協業を促進する
	コーチング	・個々の社員に対してのガイダンスやカウンセリングを行う ・コーチングによって，社員が自分の仕事とキャリアについて責任を自覚できるようにする
	リーダーシップ	・担当する組織を効率的に動かすためのビジョンを示す ・他の社員をビジョンに則して活動してもらうようにする
	スタッフィング	・社員の最適な配置により，創造性とエネルギーを引き出す ・社員の定着率を高める
	チームワーク	・個々人の活動ではなく，チームの活動が効率的になるようにする

■知識からスキルへの変換，行動の変革を支援する育成プロセス

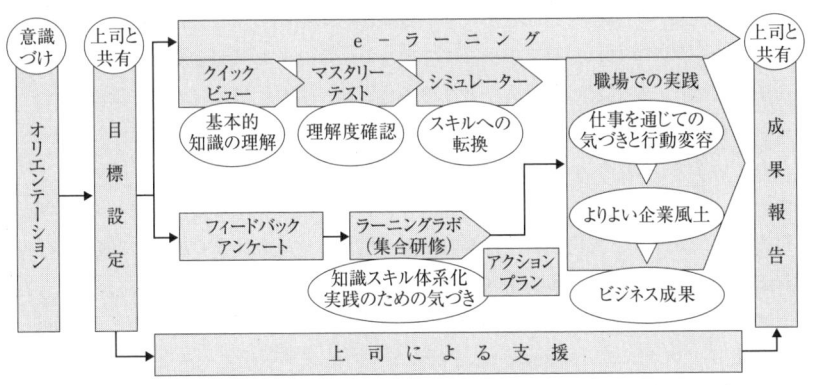

(注) 1：1999年に導入されたリーダー養成プログラム。IBM の理念と戦略について理解し，マネジメントスキルを拡大することを目的としている。マネジャーの基本，コーチング，リーダーシップ，チームワークなど管理者に求められる知識・基本的行動を学習する。
2：Basic Blue をベースにしたリーダー育成プログラムは「IBM Management Development Program」として外販されており，上図はそのプログラムのイメージ（http://www-935.ibm.com/services/jp/bcs/pdf/hcm/md.pdf）。
3：現在は，このプログラムをさらに発展させ，最新のリーダーシップ論を取り込んだ LEADing@IBM として実施している。外販している Basic Blue は，1999年に開発したものだが，現在の LEADing@IBM の中で実施している Basic Blue for New Leaders は，内容が一層進化している。
4：若干文言を変えている。
(出所) 図7-2に同じ。22頁。

▶▶ Column ◀◀

ティーチングとラーニング・コーチング・メンタリング

これまで，日本はティーチング（teaching）で人材育成してきました。つまり，教育訓練・研修対象者に対し，同じテキスト・方法・速度で，誰かが教師役になって一方通行で，知識や技能をレクチャーしてきました。それは，OJT であろうと Off-JT であろうと同じでした。ところが，現在，このティーチングに代わってコーチング（coaching）が注目を集めています。

その背景には，ティーチングからラーニング（learning），つまり自発的かつ自己責任で学ぶスタイル，具体的には自己啓発や自己研鑽が求められていることがあります。ラーニングが要請されるのは，①企業の付加価値生産が個人に依存し，その結果個人の能力や力量が企業の競争力を左右していること，②自己の判断による問題発見と問題解決行動が必要とされるなど，個人の主体性が企業の業績に直結する時代だからです。そこには，機械など生産設備が主役の工業化社会から，人が中心の知識社会へと移行したことが大きな要因として指摘できるでしょう。

このラーニングには，ティーチングではなく，コーチングが必要となります。コーチングは，一般的には，一人ひとりの多様なニーズや性格に合わせて指導のパターンを変え，能力，やる気，自発性，責任感，アイデアなどを「引き出す」こととされています。「教え込む」ティーチングに対し，コーチングは「引き出す」のです。画一的なティーチングに対し，コーチングは多様です。ただし，コーチングを担当するコーチは，専門知識，指導的役割，役割モデルを自分で示すことを要求されません。この点を埋めるのがメンター（mentor）です。

メンターはメンタリング（mentoring）を行う人で，その相手はメンティ（mentee）とかプロテジェ（protege）と呼ばれます。メンターがコーチと違う最大のポイントは，メンティのロールモデルになりうる点です。メンターは，自己の経験に基づき，教え，アドバイス，サポート，叱責などを通してメンティが職場にうまくとけ込み，仕事になじみ，一人前の社員になるのを助けます。同時に，メンター自身もこうした一連の行動を通して成長するのです。こうしたメンターとメンティの関係は，職場の先輩・後輩の関係に似ていますが，それと違い職務の一貫としての期限を切った関係です。

3 日本 IBM の支援活動

「LEADing@IBM」は，世界共通の仕組みとして運用されている。だがそこには，日本 IBM 独自の制度も導入されている。

1つ目は，プロフェッショナル専門職を取り上げた折に説明したIBM Japan Learning Instituteによる支援である。全社員に向けて職種ごとに求められるスキル・能力を開示し，その育成・開発に向けた研修メニューを提供するIBM Japan Learning Instituteは，リーダーシップ開発においてもプロフェッショナル専門職と同様の機能を果たしている。

2つ目は，2005年以降活用されているAnnual Management Training (AMT) である。AMTは，2年以上の経験を有するリーダーとエグゼクティブ全員を対象に，年一回必ず参加を求める研修である。AMTは階層別研修ではない。そのため，日本IBMのあらゆる部門，部署，階層のリーダーがネットワークを広げ，経営課題について自由に意見を出し合うことが可能となる。その意味もあって，講義形式ではなく，参加者同士の議論を通して「気づき」を得て，行動変容を促すものとなっている。それは，リーダーシップ開発にとって，気づき（＝自覚）を促すことが最重要課題であるからである。さらに，階層別の研修でないことから，経営層との間で経営課題の共有も可能なものとなっている。

［付記］ 本章執筆に際し，日本IBMのダイバーシティ＆ワークフォース・プログラム／ラーニング担当の堤敏弘氏から貴重なご教示・ご助言を多数賜った。ここに記して感謝の意を表したい。

推薦図書

ジェフリー・フェファー／佐藤洋一監訳（1998）『人材を生かす企業』トッパン
　　従業員のスキルを伸ばし，能力開発を重視する企業だけがグローバル競争に勝ち残ることを，具体的企業の人事戦略・制度・施策を使って証明。
ピーター・キャペリ／若山由美訳（2001）『雇用の未来』日本経済新聞社
　　人材への投資を放棄し，ひたすら組織のスリム化に邁進してきた企業が陥るジレンマを明らかにし，働く者にとって何が必須かを明確にしている。
トーマス・ワトソン・ジュニア，ピーター・ピーター／高見　浩訳（2006）『先駆の才　トーマス・ワトソン・ジュニア』ダイヤモンド社
　　IBM中興の祖トーマス・ワトソン・ジュニアの事蹟を中心に，統計機・計算機からコンピュータへの事業転換を中心にダイナミックに著述したIBM史。

設 問
1. 20世紀と21世紀の人材教育で一番大きく変化したのは何ですか。
2. マネジャーではなくリーダーが重視されるのはなぜですか。

(伊藤健市)

第8章

ザ・リッツ・カールトン・ホテルのキャリア開発
―― 企業理念の浸透と実践のためのキャリア形成 ――

　　機械や情報技術がどんなに発達しても，対人サービスにおいて重要な役割を果たすのは生身の人間である従業員です。そして質の高いサービスを提供するには，仕事経験が豊富で能力の高い従業員が求められます。それでは，仕事経験を通じた人材育成・能力開発の仕組みとはどのようなものなのでしょうか。この章ではザ・リッツ・カールトン・ホテルを事例に，サービス業におけるキャリア開発について考えます。

1　ホテル産業におけるキャリア形成

1　キャリアの概念と組織内キャリアの形成軸

　近年，企業内外で個人の自律的なキャリアの形成が求められるようになっている。しかし，このキャリアという言葉は様々な使い方がされている。例えば，国家公務員第Ⅰ種合格者のエリート官僚の俗称を「キャリア」と呼称する場合もある。また，専門的な知識や技術を要する職業に就いている女性を「キャリアウーマン」と呼称する場合にみられるように，組織内で昇進・昇格を繰り返し，高い職務・職業上の地位を獲得していくビジネスエリートを総称して「キャリア」という表現が用いられることもある。なお，ダグラス・T・ホール（Douglas T. Hall）によれば，キャリアという用語は，**行動科学**の見地から一般的に次の4つに分類できるとする（平野光俊〔1994〕『キャリア・ディベロップメント』文眞堂，9-10頁；D.T. Hall〔2002〕*Careers In and Out of Organizations*,

---

行動科学（behavioral science）：第二次世界大戦後，アメリカにおいて登場した人間の行動を研究対象とする学際的科学のことで，種々の状況下にある人間行動を予測しようとするところに特徴がある。心理学，社会学，文化人類学のほか，政治学や経済学，経営学などの多くの学問領域における専門知識を援用し，また同時に実験や観察による実証研究を特徴とする。

Sage Publications, Inc., pp.8–10)。

①立身出世（Advancement）としてのキャリア

個人の職業生活において，組織階層における昇進などの縦の異動により，高い地位を得ていく一連のプロセスを指す。これには転職・転居により良い組織や立地（location）に移ることも含まれる。

②専門的職業（Profession）としてのキャリア

法律家や医師，教授，ビジネスマン，教師，聖職者など，職業上の地位について系統だった昇進の経路が存在する専門的職業を指す。しかし，この意味づけからは，キーパンチャーや秘書，駐車場の案内人などの仕事はキャリアとして認められず，キャリアの定義としては狭義の意味として捉えられる。

③生涯を通じて経験した一連の仕事としてのキャリア

ある人が生涯を通じて経験した一連の仕事の経歴を指す。この定義からは，地位や職業によってキャリアの価値を云々するものではなく，何らかの仕事の経験を有する人はすべてキャリアを形成したこととなる。

④生涯を通じた一連の役割経験としてのキャリア

ある人の職業生活において，その人が経験した一連の仕事と諸活動の道程（way）を意味する。この場合のキャリアとは，仕事と生活に対する個人の姿勢・態度といった主観的キャリアの形成を意味する。

以上のように，「キャリア」という言葉は幾通りかの意味で用いられるのであるが，ホールは，キャリアを「生涯にわたる仕事に関係した経験と活動に関連する，個人が知覚する態度と行動の連なり」（Hall〔2002〕p.12）と定義している。ここでは，個人の仕事の経験からなる一連の役割と職務という客観的側面だけでなく，個人が経験をどのように意味づけているかという主観的な側面も含めている。そして，キャリアとはアップやダウンするものではないし，特定の仕事にのみ存在するものではないとされる。

それでは，個人がキャリアを形成するに当たって，その基盤となる仕事に関係した経験と活動はどのような形で獲得されるのか。それはいうまでもなく，個人の従事する仕事を通じて獲得される。そして企業など組織で働く人々の大

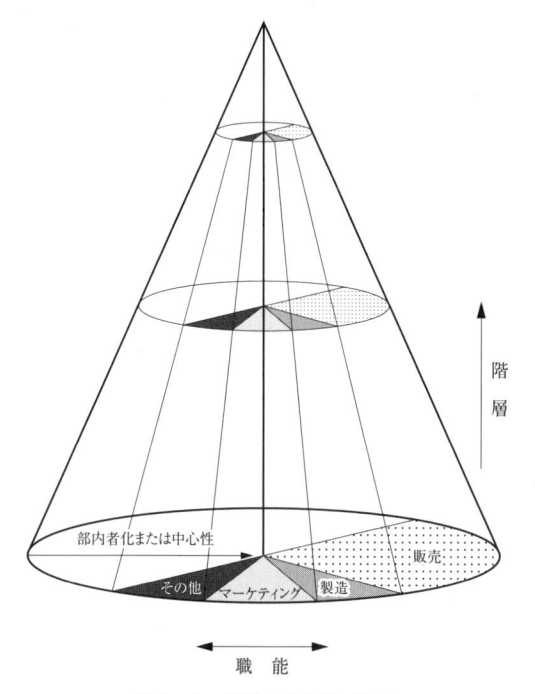

第8章 ザ・リッツ・カールトン・ホテルのキャリア開発

図8-1 組織の3次元モデル
(出所) E.H.シャイン／二村敏子・三善勝代訳(1991)『キャリア・ダイナミクス』白桃書房, 41頁, 図4-1より。

部分は，組織が提供する仕事に従事するのであり，組織内での仕事内容の変化がキャリア形成において大きな意味をもつことになる。この組織内のキャリア形成に関連して，エドガー・H・シャイン (Edger H. Schein) は，**図8-1**のような円錐型の3次元モデルを用いて，組織内における異動軸を以下のように説明している (E. H. Schein〔1978〕*CAREER DYNAMICS*, Addison-Wesley, pp.37-39／二村敏子・三善勝代訳〔1991〕『キャリア・ダイナミクス』白桃書房, 39-42頁)。

①階層次元（垂直方向）

　昇進・昇格，あるいは降格など，組織内の階層を縦方向に異動する。

②職能次元（円周方向）

　営業部門から製造部門へ，製造部門からマーケティング部門など，組織内の職種間，あるいは事業部門間での異動であり，円周に沿って横方向に異動する。

165

③中心化次元(中核方向)

　内円ないし中核方向への動きは横方向への異動の別種であり，同じ職種や部門にとどまっていても，組織にとってより重要な仕事への異動，あるいは特典や組織内部の重要情報への接近が許されることを意味している。通常，中心化次元への異動は，階層次元の移動と合わせて実施されることが多い。

　つまり，以上の3つの次元を組み合わせれば，組織を垂直方向で階層数を表す3次元の円錐体として描くことができ，また部門や職能領域の種類は，円錐体の円周に沿う区分として描くことができる。そして，組織の縁辺部から中核的な仕事への異動は，円錐の表面から中心に向かう動きとして描くことができる（Schein〔1978〕pp.38-39／二村・三善〔1991〕41頁）。すなわち，3次元モデルを用いることで，組織内における仕事の経験をより立体的に把握することが可能となるのである。

2　日米欧企業のキャリア形成

　企業組織内のキャリア形成について，通説的には欧米のスペシャリスト型に対して，日本はジェネラリスト型であるとされてきた。日本企業では，正社員，特に幹部候補となる男性社員は，職能や事業部門を横断する人事異動を通じて仕事の経験を積み，組織の管理・監督職として昇進・昇格することがキャリア形成の1つのモデルとして考えられてきたのである。しかし，大卒を中心としたホワイトカラー管理職（部課長）について日米欧の企業を比較した調査では，これとは少し異なる現実が示されている。

　まず，仕事経験の幅であるが，広義の経理，営業，人事，生産管理などの職能(function)における実務経験では，①特定の職能分野の経験が相当長い「1職能型」，②他の職能分野の経験もあるが特定職能分野の経験が比較的長い「主＋副職能型」，③複数の職能分野を経験し，経験が長い特定分野がない「複職能型」に区分すると，日本は1職能型（39.2%），主＋副職能型（30.4%），複職能型（30.4%）にほぼ3等分される。つまり，ジェネラリストを複数の職能分野を経験している複職能型とすると，日本企業ではそうした人材が必ずしも

多数を占めていないのである。これに対してアメリカでは，1職能型65.6%，主＋副職能型18.7%，複職能型15.7%，ドイツでは1職能型57.9%，主＋副職能型25.4%，複職能型16.6%と，アメリカとドイツでは1職能型のキャリア形成を志向する者が多く，残りが主＋副職務型と複職能型に2分されている。ただし，調査対象となった日本，アメリカ，ドイツのいずれの国も，1職能型でも職能内で数多くの仕事の種類を経験し，職能内で幅広い仕事経験を積んでいることが示されている。このことから，日本企業の管理職は，職能や職能内での仕事経験の幅が広い多様な人材が揃っているところに特徴があるとされる。

また，転社経験と昇進では，現在の会社にのみ勤務する（転社経験のない）者は，アメリカ18.1%，ドイツ28.3%に対し，日本では81.5%と多数を占めている。さらに転社経験者で，外部から管理職への直接採用比率となると，日本15.1%，アメリカ28.0%，ドイツ36.6%となり，日本企業では転社未経験かつ内部昇進による管理職が大多数を占めることがわかる。しかし，アメリカとドイツでも，転社経験者といえども管理職に直接採用された者が必ずしも多数派ではなく，内部昇進により管理職に採用された者が多いことがわかる（佐藤博樹〔2002〕「キャリア形成と能力開発の日独米比較」小池和男・猪木武徳編著『ホワイトカラーの人材形成』東洋経済新報社，249-267頁）。

③ 日本のホテル産業におけるキャリア形成

ホテルの機能は宿泊だけでなく，料飲（料理・飲料：Food & Beverage）や宴会（一般宴会・婚礼宴会），スパ・エステなど，現在では来訪者に対して様々なサービスを提供している。そのため，ホテル内部にはきわめて多くの職種・仕事が存在するが，ホテルの運営は総支配人（General Manager）のもと，一般的には「管理部門」（総務部，人事部，経理部，営業部，購買部，施設管理部など）と「現場部門」（宿泊部門，料飲部門，宴会部門，調理部門など）に区分されている（セールスに当たる営業部を独立した別部門〔営業・マーケティング部門など〕として扱うホテルもある）。さらにホテル内部の仕事も，いわゆるジェネラリスト型とスペシャリスト型に区分され，そのキャリア形成のありようが異なってくる。

まずジェネラリストであるが、日本のホテルでは、新卒採用の場合、最初に宿泊や料飲、宴会などの現場部門に配属され、接客の仕事経験からキャリア形成が始まることが多い（新人研修で現場を一通り経験させた後、本人の希望する部門に配属するホテルもある）。配属後は部門内で幅広い仕事経験を積み、5～10年かけて主任、係長クラスの現場の管理・監督者へと昇進する。その後、他の現場部門や管理部門などの管理職へと異動・昇進し、組織横断的な異動、あるいは組織階層の上昇を通じてジェネラリストとしてのキャリアを形成し、将来的には総支配人への就任をめざすとされる（中村正人〔2007〕『ホテル』産学社、165-166頁；ホテル業界就職ガイド編集部編〔2008〕『ホテル業界就職ガイド2010』オータパブケイションズ、57頁）。

しかし、総支配人のキャリア形成に関する調査によると、総支配人になるまでの経過年数の平均が20.2年に対し、最も長く勤務した部門（平均11.3年）と2番目に長く勤務した部門（3.7年）の合計で約15年となる。総支配人になるまでの期間の約4分の3を上記の2部門で過ごしており、その他の部門への異動が多くはなかったことがわかる。つまり、ホテルには様々な職能部門が存在しているにもかかわらず、部門横断的な実務経験によるキャリア形成が必ずしも支配的ではないことがうかがえる（飯嶋好彦〔2007〕「わが国ホテル総支配人のキャリア・パス」『ツーリズム学会誌』第7号、1-17頁）。

一方、スペシャリストは専門分野の知識や経験、技能が重視される仕事に従事することでキャリアを形成する。代表的な仕事としては、調理部門のシェフ、料飲部門の**ソムリエ**やバーテンダー、宿泊部門の**コンシェルジュ**などがこれに相当する。

なお、ホテルの場合、料飲部門や調理部門などの特定部門、それに一般社員の段階では、ホテルの他の職種部門や上位のキャリア段階に比べて離職率が高

ソムリエ（sommelier）：レストランで、ワインを中心にお客に対する酒類のサービスを行う係のこと。ワインや接客に関する専門知識をもち、お客の相談に応じて料理に合ったワインを選ぶアドバイスをする。またワインの仕入れや在庫管理を担当することもある。

コンシェルジュ（仏：concierge）：もともとは「門番・管理人」を意味するフランス語で、ホテルによっては「ゲスト・リレーションズ」ともいわれる。ロビーに特設デスクを構え、館内施設の説明や観光案内など、ビジネスからレジャーまでの様々な要望に対応することが求められる。

い。その理由は，調理部門の場合，職人分野として比較的組織外への労働移動が起こりやすい代表的な分野であるとみなされるが，料飲部門などの接客部門，あるいは一般社員段階では，担当する仕事内容の熟練度が比較的低いこと，また定型的な仕事が多いことが，退職率を高める要因として指摘されている（呉美淑〔1997〕「日本のホテル業界の内部労働市場に関する一考察」『三田商学研究』第40巻第1号，91-101頁）。

2　ザ・リッツ・カールトン・ホテルの沿革

1　ザ・リッツ・カールトン・ホテルの歴史

　ザ・リッツ・カールトン・ホテル（The Ritz-Carlton Hotel，以下リッツ・カールトンと略す）という名前の由来は，パリの名門ホテル「ホテル・リッツ」（1898年開業）の創始者として知られるセザール・リッツ（Cesar Ritz）まで遡る。リッツは近代ホテルの基礎を築き上げた人物で，やがて「ホテル王」とまで呼ばれる，ヨーロッパを代表する**ホテリエ**となった。

　1850年，スイスに生まれたリッツは，15歳からウエイターとして働き始め，その後はヨーロッパの数多くの有名ホテルでホテルマンとしてのキャリアを形成した。ゲストの要望をきめ細かく読み取り，それを実現するリッツのサービスは，当時の王侯貴族や富豪たちを魅了した。

　その後，リッツは長年の経験をもとに，1898年に「ホテル・リッツ」をパリに開業する。続いて1899年には，彼が開業準備に携わったロンドンの「カールトン・ホテル」が開業する。いずれのホテルも華麗な装飾ときめ細かいサービス，素晴らしい料理が提供され，上流階級の人々から高い評価を受けた。

　さらにリッツは，1905年にこの2つのホテルの名前をとった「ザ・リッツ・カールトン・マネジメント・カンパニー」をアメリカに設立する。1907年には，ニューヨークにリッツ・カールトンの名前を冠したホテルの第1号が

ホテリエ（hotelier）：ホテルの経営者やホテル事業を営む人，あるいはホテル経営の最高責任者のこと。しかし近年では，ホテルで働く従業員の意味で用いられる場合もある。

開業した。1927年には，不動産会社を営むエドワード・N・ワイナー（Edward N. Wyner）がリッツ・カールトンの名称使用の許可を取得し，ザ・リッツ・カールトン・ボストンを開業した。

リッツ・カールトン・ボストンは，1961年のワイナーの死後，不動産会社の会長兼オーナーであるジェラルド・W・ブレイクリー（Gerald W. Blakely）がホテルを運営していたが，1983年にホテルとアメリカにおけるリッツ・カールトンの名称使用権をアトランタのウィリアム・B・ジョンソン（William B. Johnson）に売却した。そして，ホテルの運営と名称使用権をとりまとめたジョンソンは，「ザ・リッツ・カールトン・ホテル・カンパニーL.L.C.」を設立，アトランタ，カリフォルニアなどでホテルを開業し，ホテル数を増やした。さらに1992年には，リッツ・カールトンはその経営におけるクオリティの高さが評価され，**マルコム・ボルドリッジ賞**を受賞する（なお，リッツ・カールトン・ホテルは1999年にもマルコム・ボルドリッジ賞を受賞しており，同賞を二度受賞した現在唯一のホテルである）。

その後，1998年にはマリオット・インターナショナル（Marriot International Inc.）に株式を100％取得されて子会社となり，マリオット・グループにおける高級ブランドホテルとしての位置を占めるようになる。なお，日本には1997年にザ・リッツ・カールトン大阪，2007年にザ・リッツ・カールトン東京がそれぞれ開業した（井上理恵・藤塚晴夫他〔2007〕『リッツ・カールトン物語』〔第4版〕，日経BP出版センター，67-72頁；Joseph A. Michelli〔2008〕*The New Gold Standard*, McGraw Hill Books, pp.2-7／月沢李歌子訳〔2009〕『ゴールド・スタンダード』ブックマン社，11-17頁；The Ritz-Carlton〔http：//corporate.ritzcarlton.com/en/About/OurHistory.htm 2009年11月15日アクセス〕）。

マルコム・ボルドリッジ賞（Malcolm Baldrige National Quality Award）：1987年に事故で他界したマルコム・ボルドリッジ商務長官の名前を冠しており，経営品質に優れた企業を大統領が表彰する制度。経営品質の評価基準と受賞企業の活動内容を広く公開し，他のアメリカ企業が参考にすることを目的としている。

第8章 ザ・リッツ・カールトン・ホテルのキャリア開発

2 ゴールド・スタンダード

リッツ・カールトンでは，自社のビジョン，目的，価値観などを成功への指針として，あるいは文化の基軸として，従業員がすぐに思い浮かべることができるようにしている。具体的には，従業員が常に携帯している，「**クレド**」と呼ばれるポケットサイズのカードである。このカードには，「ゴールド・スタンダード」と呼ばれるリッツ・カールトンの運営に関する明確な方針が記載されている。その具体的な内容は，「クレド」（図8-2），「モットー」（図8-3），「サービスの3ステップ」（図8-4），「従業員への約束」（図8-5），「サービス・バリューズ」（図8-6），それに「第六のダイヤモンド」（図8-7）である

```
The Ritz-Carlton

クレド

リッツ・カールトンは
お客様への心のこもったおもてなしと
快適さを提供することを
もっとも大切な使命とこころえています。

私たちは，お客様にこころあたたまる，くつろいだ
そして洗練された雰囲気を
常にお楽しみいただくために
最高のパーソナル・サービスと施設を
提供することをお約束します。

リッツ・カールトンでお客様が経験されるもの，
それは，感覚を満たすここちよさ，
満ち足りた幸福感
そしてお客様が言葉にされない
願望やニーズを先読みしておこたえする
サービスの心です。
```

図8-2 クレド

(注) この著作権はザ・リッツ・カールトン・ホテル・カンパニー L.L.C. に帰属しています。

クレド（Credo）：ラテン語の「credo」（任せる・信用する，という意味）を語源とする。キリスト教のミサ曲にも「Credo」（信仰宣言，信条告白の意味）が存在する。そこから転じて「信条」「約束」の意味で用いられるが，近年は企業の経営理念を表す用語としても使われる。第6章124頁も参照。

> **モットー**
> "We are Ladies and Gentlemen serving Ladies and Gentlemen."

図8-3　モットー
(注)　この著作権はザ・リッツ・カールトン・ホテル・カンパニーL.L.C.に帰属しています。

> **サービスの3ステップ**
> 1　あたたかい，心からのごあいさつを。お客様をお名前でお呼びします。
>
> 2　一人一人のお客様のニーズを先読みし，おこたえします。
>
> 3　感じのよいお見送りを。さようならのごあいさつは心をこめて。お客様のお名前をそえます。

図8-4　サービスの3ステップ
(注)　この著作権はザ・リッツ・カールトン・ホテル・カンパニーL.L.C.に帰属しています。

> **従業員への約束**
> リッツ・カールトンでは，お客様へお約束したサービスを提供する上で，紳士・淑女こそがもっとも大切な資源です。
>
> 信頼，誠実，尊敬，高潔，決意を原則とし，私たちは，個人と会社のためになるよう，持てる才能を育成し，最大限に伸ばします。
>
> 多様性を尊重し，充実した生活を深め，個人のこころざしを実現し，リッツ・カールトン・ミスティークを高める…リッツ・カールトンは，このような職場環境をはぐくみます。

図8-5　従業員への約束
(注)　この著作権はザ・リッツ・カールトン・ホテル・カンパニーL.L.C.に帰属しています。

(Michelli〔2008〕pp.19-33, 61-67, 98-100／月沢訳〔2009〕30-48, 82-88, 98-100頁)。

①クレド（The Credo）

クレドは1986年に作成された。リッツ・カールトンが提供しようとする究極の顧客経験を端的に表現するものであり，同社の哲学，理念に相当するものである。

②モットー（The Motto）

「紳士淑女をおもてなしする私たちもまた紳士淑女です」("We are Ladies and Gentlemen serving Ladies and Gentlemen.") という標語は，一見，大げさにも感じられる。しかしこの標語は，リッツ・カールトンが従業員やお客に対してどのような関係を築こうとしているのか，そしてどれだけ大切にしているかを

サービス・バリューズ

私はリッツ・カールトンの一員であることを誇りに思います。

1. 私は、強い人間関係を築き、生涯のリッツ・カールトン・ゲストを獲得します。
2. 私は、お客様の願望やニーズには、言葉にされるものも、されないものも、常におこたえします。
3. 私には、ユニークな、思い出に残る、パーソナルな経験をお客様にもたらすため、エンパワーメントが与えられています。
4. 私は、「成功への要因」を達成し、コミュニティ・フットプリントを実践し、リッツ・カールトン・ミスティークを作るという自分の役割を理解します。
5. 私は、お客様のリッツ・カールトンでの経験にイノベーション(革新)をもたらし、よりよいものにする機会を、常に求めます。
6. 私は、お客様の問題を自分のものとして受け止め、直ちに解決します。
7. 私は、お客様や従業員同士のニーズを満たすよう、チームワークとラテラル・サービスを実践する職場環境を築きます。
8. 私には、絶えず学び、成長する機会があります。
9. 私は、自分に関係する仕事のプランニングに参加します。
10. 私は、自分のプロフェッショナルな身だしなみ、言葉づかい、ふるまいに誇りをもちます。
11. 私は、お客様、職場の仲間、そして会社の機密情報および資産について、プライバシーとセキュリティーを守ります。
12. 私には、妥協のない清潔さを保ち、安全で事故のない環境を築く責任があります。

図8-6 サービス・バリューズ

(注) この著作権はザ・リッツ・カールトン・ホテル・カンパニーL.L.C.に帰属しています。

示している。つまり、リッツ・カールトンの従業員は単なる召使い(Servant)ではなく、顧客が何を望んでいて、どのような話題を好まれるかわかるよう自分自身も紳士淑女(Ladies and Gentlemen)であるべきであること、そして従業員同士もお互いを紳士淑女として敬意を払い協力し合うという考え方を示している。

③サービスの3ステップ(The Three Steps of Service)

記載されている内容そのものは、わざわざカードに書き込むまでもない基本的な事項に思われる。しかしリッツ・カールトンでは、基本だからといって疎かにするのではなく、従業員が常に心がけることができるようわかりやすい言葉で明記するとともに、基本事項を高い水準で実現できるよう努めているのである。

④従業員への約束(The Employee Promise)

リッツ・カールトンの経営陣が従業員をどのように考えているかを示すとと

図8-7 第六のダイヤモンド
（注）この著作権はザ・リッツ・カールトン・ホテル・カンパニーL.L.C.に帰属しています。

もに，従業員が会社に何を期待できるのかを明記している。その約束の核となるのは，従業員と会社の双方の利益になる才能の育成と，その才能を十分に発揮できる職場環境の整備にあるとする。

⑤サービス・バリューズ：私はリッツ・カールトンの一員であることを誇りに思います（Service Values: I Am Proud to Be Ritz-Carlton）

顧客に対するサービスの提供についてより具体的な指針を示したものであり，顧客と従業員の交流や関係構築，そしてそのために従業員に何ができるか（何をすべきか）に焦点を当てている。2006年以降，それまでカードに記載されていた「ザ・リッツ・カールトン・ベーシック」に代わり記載されるようになっ

ザ・リッツ・カールトン・ベーシック（The Ritz-Carlton 20 basics）：リッツ・カールトンの組織規範や価値観，従業員の行動指針，あるいは具体的な行動などを20の条項でまとめたもの。しかし，記載された行動内容に固執する傾向が生じたため，どう行動するかではなくどう考えるか，その判断基準として新たにサービス・バリューズが作成された。

た。

3　ザ・リッツ・カールトン・ホテルの人材育成

　リッツ・カールトンの掲げる「クレド」を実現するためには，それを可能とする人材の育成が不可欠である。また，従業員にとっても，どのような形で仕事が与えられ，どのような教育訓練を受けるかはキャリア形成の観点から重要な関心事となる。

　リッツ・カールトンにおける人材活用のプロセスを方程式として表したものが，「(T＋F)×I＝G」（図8－8）である。Tはタレント（Talent），Fはフィット（Fit），Iは投資（Investment），Gは成長（Growth）をそれぞれ意味している。

　この方程式が表すのは，まずリッツ・カールトン独自の採用方式を用いてタレント（もって生まれた性格，才能）を基準に従業員を選考し，選定した人材を適材適所に配置することが重要となる。その上でトレーニングやレコグニション（Recognition：認定，表彰）といった投資を行うことで人材は成長する。そのため，いくら才能ある人材を選考し適材適所に配置しても，適切なトレーニングとレコグニションがなければ成長はゼロになり，一方でトレーニングシステムが整備されていても，人材の選考が適切でなければ成長がゼロになる可能性があることを示している（北原孝行〔2002〕「組織活性プロセスのマネジメント」『Quality Management』第53巻第12号，38-39頁；大橋賢也〔2002〕「ザ・リッツ・カールトン流『人材教育』のすべて」『商業界』第55巻第13号，62頁；サイモン・クーパー〔2008〕「危機の時こそ対話が価値を生む」『日経ビジネスマネジメント』2008年春号，44-45頁）。

$$(T + F) \times I = G$$
T：Talent（資質），F：Fit（適材適所），I：Investment（投資），G：Growth（成長）

図8－8　GIFTの公式

（出所）　北原孝行〔2002〕「組織活性プロセスのマネジメント」『Quality Management』第53巻第12号，39頁の図9を基に筆者作成。

1 QSP (Quality Selection Process)

QSPとは，リッツ・カールトンが従業員採用における選抜ツールとして用いている独自のテストである。リッツ・カールトンでは，タレントを「自尊心」，「積極性」，「サービス精神」，「気配り」，「チームワーク」など11種類に分類しており，それぞれ5問，合計55の設問が用意されている。そのすべての質問を面接時に受験者に対して行い，その適性をチェックする。リッツ・カールトンでは，クオリティにおける会社の成功は従業員の適切な選考から始まると考えられており，QSPの結果は採用の可否だけでなく，採用時における配属の決定にまで活用される。さらにQSPにはスタッフ用，スーパーバイザー用，マネジャー用，エグゼクティブ用の4つがあり，テーマ内容もそれぞれ異なっており，昇進時の面接などで活用される（北原〔2002〕38-39頁；大橋〔2002〕57頁）。

なお，採用は通年で行われており，欠員が出れば随時行われる。新卒の定期採用は行っていないが，新卒者を採用しないわけではなく欠員が出た時期の問題であり，アルバイトを経て入社する場合もある。また，欠員の募集はまず**社内公募**で行われる。次に世界各地のリッツ・カールトンで募集がかけられ，その後に一般募集が行われる（月刊レジャー産業資料編集部〔2003〕「ザ・リッツ・カールトン大阪」『月刊レジャー産業資料』第446号，71頁）。

2 オリエンテーション

採用された人材は，入社後2日間のオリエンテーションに参加する。オリエンテーションでは，クレド，モットー，サービス・バリューズなどのゴールド・スタンダードについて学び，リッツ・カールトンの企業哲学，企業理念について理解することが求められる。そこでは，仕事の実務的な内容ではなく，クレドの精神を理解することが求められる。なお，このオリエンテーションに

社内公募（社内公募制）：プロジェクトや欠員で生じた人員の補充を社内のイントラネットなどを通して社員に公開し，応募者の中から必要な人材を登用する制度。人事権は会社がもつものの，社員が自ら「手を挙げる」制度である。人材公募制が社外から人材を求めるのとは性格を異にしている。183頁の社内FA制度と違い求人型（会社主体）である。

は，新入社員だけでなく，パート・アルバイト，そして新しく出入りするテナント関係者から送迎の契約タクシー会社責任者に至るまで参加を義務づけられる（大橋〔2002〕58頁）。

　また，マネジャーや経営陣も，内部昇進，外部採用にかかわらず，昇進時にはマネジャー用のオリエンテーションを受講する必要がある。最初の2日間は通常のオリエンテーションと同じ内容であるが，3日目にはリーダーとして期待されることを学ぶ。具体的には，紳士淑女としての従業員に敬意を払うこと，従業員一人ひとりのキャリア形成について継続的に話し合うことの重要性，指導者になることの重要性などが含まれる（Michelli〔2008〕p.86.／月沢訳〔2009〕111頁）。

③ 「Day 21」と「Day 365」

　新入社員は2日間のオリエンテーションを終了すると，3日目から職場に配属され，トレーニングマネジャーのもとで「ジョブ・ディスクリプション」(job description)というマニュアルに基づいた実務的な訓練を受ける。そして入社後21日目には「Day 21」と呼ばれる振り返り研修が行われ，クレドの理解度や実務能力の確認（認定），あるいは管理職による新入社員からの意見聴取が行われる。

　さらにリッツ・カールトンでは，「Day 365」と呼ばれる従業員が雇用された日を毎年祝うシステムがある。その際，同一の職務に就く従業員は，毎年その技能が職務上の基準を満たしているか再認定が求められる。また，職務が変われば，そのつど職務上の基準を満たしているか認定が必要とされる（北原〔2002〕35頁；大橋〔2002〕59頁；Michelli〔2008〕pp.89-92／月沢訳〔2009〕115-119頁）。

④ 「Lateral Service」

　リッツ・カールトンでは，入社したすべての従業員は最初の1年間で250時間以上の研修を受けることとなっている（パートのスタッフにも同様に年250時間のトレーニングを提供している。なお，従業員は部署に関係なく年250時間，管理職になると年320時間の研修が行われる）。さらに，従業員の教育訓練を担当で

きるかどうか認定する各種のリーダーやトレーナーの認定制度，あるいはインターネットを利用したeラーニングのコースを設けている。

さらにリッツ・カールトンでは，本来の業務以外にも必要な仕事を行う「ラテラル・サービス」を実施している。これは料飲部門のスタッフが宴会部門の仕事を手伝う，事務職や管理職が現場部門の仕事を手伝うなど，他の従業員，他部門の人たちを積極的に支援するという取り組みである。これにより自然に**クロス・トレーニング**が行われ，また他部門の仕事に対する理解や従業員間のコミュニケーションが促進される（高野登〔2003〕「リッツ・カールトンのホスピタリティと人材育成の側面から」『日本フードサービス学会年報』第8号，80頁；大橋〔2002〕60頁；Michelli〔2008〕p.83, pp.87-89, p.100／月沢訳〔2009〕107頁，112-114頁，130頁）。

5　「The Global Learning Center」と「The Leadership Center」

リッツ・カールトンの研修機関には，グローバル・ラーニング・センター（主に社内研修）とリーダーシップ・センター（外部の顧客向け）がある。後者は二度目のマルコム・ボルドリッジ賞の受賞を契機として1999年に設立され，2000年からリッツ・カールトンの外部にも研修機会を提供するようになった。

グローバル・ラーニング・センターは，従業員の提供するサービスの水準向上をめざすもので，「難しい場面に対処する」，「お客様が言葉にした要請と言葉にしなかった要請の違いを理解する」，あるいは「**ミスティーク**（Mystique）による**顧客関係のマネジメント**（**CRM**）のプロセス」などの領域につ

---

eラーニング　→第6章137頁参照。
クロス・トレーニング（cross-training）：スポーツ分野で実践されている訓練法に由来しており，自分の担当・専門分野とは異なる職務を一時的に経験すること。これにより他の仕事について理解が深まるとともに，新しい知識や技能を習得する機会ともなる。
ミスティーク（Mystique）：言葉自体は一般に，神秘性，奥義，秘法などの意味で用いられる。リッツ・カールトンの場合，顧客がリッツ・カールトンにおいて感動を引き起こすような経験を生み出すこと（リッツ・カールトン・ミスティーク）を意味する。
顧客関係管理（CRM：Customer Relationship Management）：顧客満足度の向上のため，顧客との関係を構築・深化することに力点を置く経営手法。ITなどを活用して顧客情報を一括管理し，その分析によって顧客に個別的なアプローチを行い，長期的視点から良好な関係の構築を目的とする。

いてオリエンテーションやトレーニングを実施する。

　リーダーシップ・センターでは，外部の企業関係者も含めた将来の幹部候補に研修機会を提供する。そのカリキュラムは，「リーダーシップ・エクセレンス」（次代を担うマネジャーにリーダーシップを習得させる），「ビジネス・エクセレンス」（ミドル・マネジャーを対象としたビジネス全般に関するスキルの学習），「サービス・エクセレンス」（リッツ・カールトンのサービス教育）の3つのカテゴリーに区分されている。さらに，従業員が外部企業向けトレーニングの講師を務めること（また講師として認定されること）が，従業員自身の能力開発と自信を深める契機ともなっている（DHBR編集部〔2002〕「企業内大学白書4　ザ・リッツ・カールトン・ホテル・カンパニー」『Diamondハーバード・ビジネス・レビュー』第27巻第12号，95-100頁；ワークス研究所CU研究開発ユニット・編集部〔2002〕「変革へのコーポレート・ラーニングのしくみ」『Works』第53号，5-9頁；Michelli〔2008〕pp.212-226／月沢訳〔2009〕262-277頁）。

4　クレドの浸透と実践の促進

　リッツ・カールトンの従業員には，クレドに記載されている理念の実践が求められる。しかしそのためには，従業員自身がクレドを十分に理解し，その実現のため顧客に対して臨機応変に質の高いサービスが提供できること，さらにそうすることが会社によって許容され，また促されていることが従業員に認識される必要がある。リッツ・カールトンでは，そのための施策として以下のような取り組みを行っている。

1　「Lineup」（Daily Lineup）

　毎日，リッツ・カールトン本社から全世界の各ホテルの現場に至るまで，業務開始前に必ず行われるミーティングをラインナップという。時間にして15分から20分程度であり，そこでは最初にゴールド・スタンダードの内容について意見が交わされる。特にクレドを実践するための12の行動指針であるサービス・バリューズは，1項目ずつ日替わりで話し合いがもたれる。なお，ラ

インナップで話し合われる内容は，リッツ・カールトン本社から届けられる『コミットメント・トゥ・クオリティ』(Commitment to Quality)という冊子に基づいて行われる。冊子には，その日取り上げるサービス・バリューズの項目や，世界各地のリッツ・カールトンで実践された優れたサービスの事例などが掲載されており，ラインナップの際に紹介され，話し合われる。

　また，ラインナップでは，その日にホテルに宿泊・来訪する顧客に関する情報や社内スケジュール，社内で実施されるトレーニングに関する情報，さらに社内公募，あるいは他のリッツ・カールトンにおけるスタッフ募集の連絡などもラインナップを通じて従業員に伝えられる。あわせて職場の祝い事（従業員の誕生日など）もこのとき伝えられる。

　このようにリッツ・カールトンでは，日々ラインナップ内でクレドの実践に関する話し合いがもたれる。ゴールド・スタンダードの内容やサービス・バリューズの項目について，実体験の紹介や意見交換を繰り返し，また優れたサービスの事例を学ぶことを通じて，リッツ・カールトンの企業理念を日々思い起こし，理解を深め，そして実践のためにどのような行動をとることができるかを学ぶ機会となっている。さらに，ラインナップでは社内の様々な内部情報を共有化できることが，従業員の顧客対応力の向上，あるいは従業員同士のコミュニケーションを促すものとなっている。またトレーニングや社内公募に関する情報が随時もたらされることは，従業員自身が能力開発やキャリア形成について考える契機ともなっている（北原〔2002〕37-39頁；Michelli〔2008〕pp.89-92／月沢訳〔2009〕54-59頁）。

2　「Empowerment」（権限委譲）

　リッツ・カールトンでは，顧客に生じた問題解決のため，あるいは顧客の期待を上回るサービスのためなど，従業員には臨機応変にマニュアルを超えた行動をとることが認められている。具体的には，トレーニングを終えて認定された全従業員に対して，「上司の判断を仰がず自分の判断で行動できること」，「セクションの壁を超えて仕事を手伝うときは，自分の通常業務から離れること」，「1日2000ドル（約20万円）までの決裁権」，という3つの権限委譲がな

されている（高野〔2003〕80頁；高野登〔2005〕『リッツ・カールトンが大切にするサービスを超える瞬間』かんき出版，122-125頁）。

3 「First Class」カードと「Five Star」従業員表彰制度

「ファースト・クラス・カード」とは，自分の仕事を手伝ってもらう，あるいはラテラル・サービスを通じて部門・職場を超えた協力を得たときなどに，相手に感謝の気持ちをメッセージにして渡すというものである。その名の通りカードには「FIRST CLASS！」という文字が印刷されている。これは人事部門にも伝えられ，誰がどのような手伝いをしたかが記録され，**人事考課**の資料としても利用される。つまり，このカードは同僚と会社からの評価の証ともなっているのである。

また，リッツ・カールトンには「ファイブ・スター」と呼ばれる優秀な従業員への表彰制度がある。これは3カ月に一度，各部門でゴールド・スタンダードを基準として特に優秀な働きをした従業員を候補者として選出し，その候補者から5名の受賞者が決定される。受賞者は彼（彼女）らを讃える祝賀会や食事会などで表彰され，職場のラインナップでもその受賞が報告される。受賞者たちは，「ファイブ・スター」の証である特別なバッジを授与され，身につけることが許される。また，この受賞者の中から年間ファイブ・スター従業員が選出され，賞金や海外のリッツ・カールトンへの招待券などが贈呈される（北原〔2002〕38頁；大橋〔2002〕59-60頁；月刊レジャー産業資料編集部〔2003〕72頁；高野〔2005年〕131-132頁；J. A. Michelli〔2008〕p.189／月沢訳〔2009〕234頁）。

以上のように，「Lineup」(Daily Lineup) による理念の浸透と情報共有化，「Empowerment」（権限委譲）による臨機応変なサービス実践力の向上，そして「First Class」カードと「Five Star」従業員表彰制度による賞賛と承認は，従業員の顧客への対応力を高めるとともに，動機づけの上で大きな役割を果たし

人事考課 →第4章82頁を参照。

ているのである。

5 リッツ・カールトンにおけるキャリア形成の特徴

　リッツ・カールトンには基本的に年功序列というシステムはなく，昇進・異動は社内公募を通じて行われる。欠員の募集があれば，職種や部門，階層を超えて，さらには海外のリッツ・カールトンへの異動申請も可能とされる。ただし，昇進・異動に際しては，応募した職務・役職の能力要件や適性を満たすかどうか，前述のQSPを用いて面接などで審査される（北原〔2002〕39頁）。また，ラテラル・サービスを通じて，職場内だけでなく部門を超えた様々な仕事を経験すること，そして年250時間の研修を受けることは，従業員の担当職務だけでなく，全般的な能力開発・技能向上の機会ともなっている。つまり，シャインの組織の3次元モデルにおけるキャリアの軸では，本人の適性と能力さえ許せば，階層次元（縦方向）と職能次元（円周方向）における異動の自主性・自律性が確保されているといえる。

　これに対して，リッツ・カールトンが顧客に提供しようとしている価値，つまりクレドの実践のために重要視されているのは，中心化次元（中核方向）へのキャリア形成である。具体的には，ゴールド・スタンダードを従業員に浸透・内面化させ，そして顧客の要望（まだ表明されない期待も含め）を満たす技能・能力と裁量を獲得することを通じて形成される。なぜなら，対人サービスにおいて顧客満足を決める最も重要な仕事は，まさにサービスの現場で取り組まれているからである。そして，従業員に最善の行動をとることを可能とする知識や能力，情報，裁量権がなければ，顧客に感動をもたらすような臨機応変な対応をとることはできない。リッツ・カールトンでは，顧客への対応という最も重要な仕事を卓越した水準で遂行するために，中核方向へのキャリア形成が意識的に促されているのである。

　近年，日本企業のキャリア開発においても，階層次元（垂直方向），職能次元（円周方向）へのキャリア形成は，**自己申告制度**や社内公募制度，あるいは**社内FA（free agent）制度**が導入されることで，従業員の自主性・自律性が

> > Column < <

サービスとホスピタリティ

　ホスピタリティ（hospitality）は，一般的に親切なもてなし，あるいはもてなす気持ちなどの意味で用いられています。それに対して，サービス（service）は，接客態度から物品販売の値引き・無料化まで広い意味で用いられます。しかし，サービスを用役の提供と捉える場合，「人間や組織に，なんらかの効用をもたらす活動で，そのものが市場での取引の対象となる活動」（近藤隆雄〔2007〕『サービス・マネジメント入門［第3版］』生産性出版，24頁）を意味しており，態度や値引きは本来のサービスの意味には含まれません。

　Oxford Dictionary of English（2 nd ed, rev., 2005）によると，サービスの語源はラテン語の「servitium」（奴隷であること，従属，隷属）あるいは「servus」（奴隷，奴隷身分）に由来するとします。一方，ホスピタリティの語源は，ラテン語の「hospitalitas」（親切にもてなすこと，歓待，厚遇）あるいは「hospitalis」（客扱いのよいこと，厚遇）に由来するとしています。

　つまり，サービスには，客が主人，サービスの提供者が従者という立場で，サービス提供時に一時的な従属関係を結ぶという意味が暗黙のうちに含まれます。それゆえ，サービスの提供者は主人である客が示す要求を迅速に，効率よく満たすことが重視されます。

　これに対して，ホスピタリティには，客とサービスの提供者が対等の関係に立つということが背景にあります。そこでは，客の要求を単に満たすだけでなく，対等の立場でもてなすからこそ，状況に応じて客が表明しない要求や期待を洞察，把握し，それを満たしてゆくという活動が表れるのです。それゆえ，ホスピタリティはサービスの上位概念ともいえるのであり，サービス産業における顧客満足の獲得に重要な役割を担うことになります。

自己申告制度：従業員が担当職務や異動・転勤に関する希望を自己申告する制度。この制度は，従業員が自己の能力やキャリアについての意識を高め，本人の適性がより発揮されうる配置や教育訓練を行うことを目的としている。

社内FA（free agent）制度：勤続年数や人事異動の回数など所定の要件を満たした従業員が，自らの経歴や能力，希望する職種や職務などを人事部門や社内のイントラネットに登録して自分の売り込みを行う。そして，その情報をみた受け入れを希望する部門が，当該従業員との面談などを通じて選考・採用する制度。社内FA制度は求職型（社員主体）である。

尊重される傾向にある。ザ・リッツ・カールトン・ホテルにおけるキャリア開発においても，ジェネラリスト系かスペシャリスト系かという職種の選択や昇進も含め，社内公募制度を通じて従業員の自主性・自律性が広く尊重されている。

　その一方で，日本企業では，職場のメンバーが直接顔を合わせる朝礼やミーティング，あるいは懇親会，慰安旅行，社内運動会など，企業理念の浸透，あるいは従業員のコミュニケーションを積極的に促す機会となるような施策が軽視され，さらには従業員の意識変化やコスト削減を理由に廃止されてきた。また同時に，**成果主義**の導入や正社員の削減とそれに伴う過重労働，そして非正社員の増加は，職場におけるコミュニケーションの悪化や人間関係の希薄化，さらに企業に対する帰属意識の低下という問題を生じさせている。これに対して，リッツ・カールトンでは，ラインナップなどの諸施策を通じて，クレドの浸透と実践，従業員への顕彰，情報の共有化や従業員間のコミュニケーションの促進を積極的に図っている。このことが従業員のリッツ・カールトンへの帰属意識を高め，また従業員間の協力関係を構築し，リッツ・カールトンが目標とする顧客への卓越したサービスの提供を可能としているのである。

　つまり，リッツ・カールトンにおけるキャリア開発では，階層次元，職能次元へのキャリア形成は，日本企業と同等か，それ以上に従業員の自主性・自律性が尊重されている。むしろリッツ・カールトンでは，近年の日本企業が軽視している中心化次元（中核方向）へのキャリア形成をより重視し，そのために積極的に様々な施策を行っているところに特徴があるのではないだろうか。

成果主義　→第6章120頁を参照。

推薦図書

小池和男・猪木武徳編著（2002）『ホワイトカラーの人材形成――日米英独の比較』東洋経済新報社
　ホワイトカラーの人材開発について日米英独の企業を比較し，各国のキャリア管理の類似性や特徴を明らかにする。

高野　登（2005）『リッツ・カールトンが大切にするサービスを超える瞬間』かんき出版
　リッツ・カールトンのサービス哲学や人材育成，エピソードなどをわかりやすく解説しており，サービスと顧客満足について考える好著。

ジョゼフ・ミケーリ／月沢李歌子訳（2009）『ゴールド・スタンダード』ブックマン社
　リッツ・カールトンがなぜ卓越したサービスを提供することができるのか，多くのインタビューを交え，その全体像を解説する同社を知る上で必読の書。

設問

1．日本企業，欧米企業の管理職には，それぞれ仕事経験の幅にどのような特徴があるでしょうか。
2．リッツ・カールトンでは，なぜ従業員に対する企業理念の浸透や権限委譲が行われているのでしょうか。

（谷本　啓）

第9章
アフラックのワークライフバランス

　　ワークライフバランスは，もともとアメリカ企業で展開されていた施策ですが，近年日本においても政府や財界などの呼びかけによって，企業への導入が推進されています。その際，アメリカ企業と日本企業において実施されているワークライフバランスの内容や傾向は一様なものなのでしょうか，それともそれらの間には何らかの違いが見出されるのでしょうか。この章ではそうした問題意識から，アフラックの事例を通して何らかの傾向を見出します。

1　日本企業におけるワークライフバランスの展開と実施状況

[1]　日本企業におけるワークライフバランスの展開

　ワークライフバランス（work life balance）は「仕事と生活の調和」ともいい，有能な人材の確保・育成・定着を推進することによって企業の競争力を高めることを目的としている。その内容は育児・介護支援，キャリア開発支援，そして余暇充実支援など多岐にわたっている。日本では，2007年に政府によって「仕事と生活の調和（ワーク・ライフ・バランス）憲章」ならびに「仕事と生活の調和推進のための行動指針」が発表され，仕事と生活の調和を実現するために官民一体となって取り組む姿勢が表明された。行動指針では，「就労による経済的自立が可能な社会」，「健康で豊かな生活のための時間が確保できる社会」，そして「多様な働き方・生き方が選択できる社会」に関する14項目が示されているが，それらの項目に関して具体的な数値目標が掲げられ，社会全体としてそれらの目標を達成することが強調されている（「仕事と生活の調和〔ワーク・ライフ・バランス〕憲章」および「仕事と生活の調和推進のための行動指針」2007年12月18日）。一方，財界の動向に目を転じると，日本経団連は「ワーク・ライフ・バランスの実現は，従業員が仕事への満足度を高め，意欲を

もって仕事に励むことを通して生産性の向上につながることが期待できるとともに，優秀な人材を採用しやすくなる効果もあることから，企業にとって有益である」（日本経済団体連合会編〔2007〕『2008年版　経営労働政策委員会報告』日本経団連出版，41頁）と主張している。

　このように，政府や財界によってワークライフバランスの推進が呼びかけられる中で，日本企業において実施されているワークライフバランスの状況はどのようなものであろうか。この点については，この時期に社会経済生産性本部（現在の名称は日本生産性本部）によって実施された調査（社会経済生産性本部・雇用システム研究センター編〔2008〕『2008年度版　日本的人事制度の現状と課題～第11回　日本的人事制度の変容に関する調査結果～』社会経済生産性本部・生産性労働情報センター）が参考になるので，日本企業におけるワークライフバランスの実施状況ならびに傾向についてみていこう。

［2］　日本企業におけるワークライフバランスの実施状況

　ワークライフバランスを労働時間関連の施策と勤務場所関連の施策に大別してみると，労働時間関連の施策を導入している会社の割合に比して，勤務場所関連の施策の割合が極端に低いことが**表9－1**から読み取ることができる。さらに，勤務場所関連の施策では，「育児・介護を行うために利用できる**在宅勤務**制度」と「育児・介護を行うために利用できる**サテライト・オフィス勤務制度**」を導入している会社が減少していることがわかる。また，表9－1からは読み取ることはできないが，最近では託児所についても減少傾向にあるようである。

　それでは，職場復帰および継続雇用への取り組みについてはどうであろうか。ここでも一定の傾向を読み取ることができる（**表9－2**）。例えば，「原則として

在宅勤務：従業員が自宅で自らの担当業務を遂行できること。今日ではワークライフバランス推進策の一環として，またITの高度化によって導入が進んでいる。ただし，在宅勤務は業種や職種によって一定の制約を受ける性格をもつことから部分的な導入にとどまっている。
サテライト・オフィス（satellite office）：職住接近型のオフィスのこと。大都市圏における通勤の負担やワークライフバランスの観点から考えられたもの。通信技術を活用して従業員が居住する地域ごとにオフィスが設置されているが，運用上の課題も多く，導入企業は少ない。

第9章　アフラックのワークライフバランス

表9-1　労働時間・勤務場所関連施策導入状況の推移

「すでに導入（実施）」回答企業（単位：%）

		2007年	2006年	2005年
労働時間関連	法定基準を超える育児・介護休業制度	57.8	52.5	49.2
	育児・介護による短時間勤務等時差勤務制度の法定基準を超える利用期間の設定	54.3	73.9	65.7
	短時間正社員制度など勤務軽減措置	41.6	58.2	66.9
	子の看護休暇制度	74.0	68.8	74.4
	配偶者出産休暇制度	65.9		
勤務場所関連	育児・介護を行うために利用できる在宅勤務制度	2.9	4.6	3.9
	育児・介護を行うために利用できるサテライト・オフィス勤務制度	0.6	1.7	1.2
	事業所内託児施設の設置	4.6	3.4	2.8
	配偶者の転勤などに応じて勤務地を選択できる制度や運用上の配慮	11.6		
	育児・介護休業期間の退職金算定基礎への組み入れ	27.2		

（出所）　社会経済生産性本部・雇用システム研究センター編（2008）41頁。

休職前の職場への復帰」が各年とも80%を超える高い導入率を示しているのに対して，「育児・介護などの事由による退職者に対して再雇用の機会を与える」は，3年間で次第に導入率が高まっているとはいえ，各年とも30%を下回る結果になっていることは注目すべき点であろう。

このように，日本企業におけるワークライフバランスの実施について上記のような傾向がみられることを確認した上で，American Family Life Assurance Company of Columbus（アメリカンファミリー生命保険会社，以下アフラック）の事例についてみていくことにする。

2　ワークライフバランス推進企業としてのアフラック

アフラック米国本社は，1955年にアメリカジョージア州コロンバス市で設立され，1958年には「がん保険」を世界で初めて開発・発売した。がんという特定の病気を対象とし，がんの治療に伴う経済的負担の軽減を目的としたがん保険は，画期的な商品として広く全米に普及することとなった。同社では，

表9-2 職場復帰・継続雇用への取り組みの推移

「すでに導入（実施）」回答企業（単位：％）

	2007年	2006年	2005年
原則として休職前の職場への復帰	82.7	81.1	82.3
休職前や復職時の上司や人事部を交えた面談	50.3	42.1	53.1
職場復帰のための休職期間中のフォーマルなコミュニケーションや情報提供	29.5	29.8	34.3
e－ラーニングなどによる職場復帰準備プログラムの提供や研修	13.9	6.8	8.7
休職者の人事評価や昇格基準の改善	39.9	33.5	35.0
育児・介護などの事由による退職者に対して再雇用の機会を与える	26.6	17.2	13.4

（出所）社会経済生産性本部・雇用システム研究センター編（2008）43頁。

がん保険のほか，事故・重度障害保障保険，短期所得保障保険，入院集中治療保険，そして眼科保険といった多岐にわたる補完保険商品も提供している（アフラック『アフラックの現状2009』84頁〔http://www.aflac.co.jp/corp/report/disclosure/index.html　2009年12月1日にアクセス〕）。

アフラック日本社（アフラック日本社の正式名称は，「アメリカンファミリー　ライフ　アシュアランス　カンパニー　オブ　コロンバス　日本支社」である）は1974年に設立され，日本で初めてがん保険を発売するなど，生命保険事業を積極的に展開してきた。2009年3月現在の保険料などの収入は1兆1626億円で，保有契約件数（個人保険・個人年金保険の合計）は約2000万件を有している（アフラックHP〔http://www.aflac.co.jp　2009年12月1日アクセス〕）。

上述のようにアフラック日本社は，アフラック米国本社の支社としての位置づけになるが，外国人社員は全社員の0.5％にも満たない（2006年9月現在）。これは，アフラック日本社の顧客やアソシエイツ（代理店）の大半が日本人であるということが影響しており，外資系企業とはいえ，これまで日本式のビジネスを行ってきた。したがって，アフラック日本社で実施されている多くの人事労務管理制度も創業時から日本社独自で発展させてきたものである。もちろん日本社ではアメリカの経営手法も取り入れている。例えば，**コンプライアンス**は非常に早い段階から重視されており，会計基準も厳密である。アフラックには，日米両国で展開されている経営の良いところは何でも取り入れていこう

という組織文化がある（『人事マネジメント』2006年9月号，68，70頁）。

　ところで，アフラックは「会社が社員を大切にすれば，社員も仕事を大切にしてくれる（'If we take care of our people, the people will take care of our business.'）」という理念のもとで，ワークライフバランスを積極的に推進している。アフラック日本社は，2007年に**次世代育成支援対策推進法**に基づき，一定の基準を満たした企業として認定され，認定表示マーク「くるみん」を取得した（アフラックHP〔http://www.aflac.co.jp　2009年12月1日アクセス〕；厚生労働省「次世代法に基づき128社を認定」〔http://www.mhlw.go.jp/houdou/2007/05/h0516-1.html　2009年12月1日アクセス〕）。

　またこのほかにも，アフラック米国本社，日本社ともにこのような取り組みが高く評価されている。例えば，アフラック米国本社は「ダイバーシティ・リーダーシップ・アワード2008（Diversity Leadership Award 2008）」の受賞や，アメリカの経済誌である『フォーチュン』に掲載された「アメリカで最も働きたい会社ベスト100（100 Best Companies to Work for in America）」に選出されるなど，各方面で評価を受けている。アフラック日本社でも最近発表された「日経働きやすい会社2009」において，19位にランキングされている（筆者の質問に対するアフラック日本社広報部の回答）。

　このように，アフラックがワークライフバランスを積極的に推進するようになった背景の1つとしては，優秀な人材，とりわけ女性の採用と確保の必要性があったことが挙げられよう。その結果が上述のランキングに示されているのである。

　アフラック日本社が1976年に新卒第1期生の採用を開始した創業期には，知名度の低さから人材の採用と確保に非常に苦労することになった。その際に同社が注目したのは4年制大学卒の女性であった。当時はオイル・ショックの

コンプライアンス（compliance）：法令遵守のこと。最近の相次ぐ企業による不祥事の中で，企業は法令を遵守することによって，それに関する社会的責任を果たすことができるという観点から，組織的に法令遵守に取り組む企業の事例が数多くみられるようになった。
次世代育成支援対策推進法：この法律は，少子化の進行を背景に，国，地方公共団体，事業主，そして国民が，次世代育成支援対策を推進することを目的に2003年に施行された。なお，この法律は2015年までの時限立法である。

ため就職が困難な時代で，女性というだけで男性より不利な面が多く，意欲も能力もあるのに就職できない女性が数多く存在していた。同社はそのようなモチベーションが高く優秀な人材の採用を推進し，重要な戦力として活躍する機会を提供していった（大川泰貴〔2008〕「アフラックのワークライフバランス推進策」日本経団連出版編『ワークライフバランス推進事例集』日本経団連出版，195頁）。現在同社において女性社員が活躍している具体例は数え切れないほどであるが，ここで一例を挙げておこう。アフラックががん保険市場を開拓した1970～80年代においては，本人にがんを告知しないケースがほとんどであった。本人に気づかせずに，どのようにして保険金を支払うか。この課題の解決に役立ったのが，細やかな配慮のできる女性社員の存在であった。現在でも保険料の収納や給付，契約手続きを行う契約管理部門では女性が半数を占める（『日経ビジネス』2008年3月10日号，40頁）。また，女性の役員数と女性の管理職比率をみると，2009年4月現在，アフラックには常勤女性役員が4名おり，女性の管理職比率は部長クラスで10.0%，副部長・課長クラスでは12.1%，そして課長補佐クラスも22.5%と，女性が高い比率を占めている（筆者の質問に対するアフラック日本社広報部の回答）。

　アフラックは「男女にかかわらず長期にわたって長く活躍できる風土」を醸成してきているのであるが，その背景には生命保険業という業務の特性がある。生命保険という商品は，契約を得てから保険金および給付金という形で顧客の役に立つまで，何十年もかかることが一般的である。その間，顧客には保険料を継続的に支払ってもらわなければならない。目にみえる商品やすぐに受けられるサービスとは異なり，将来的な安心という形のない価値を提供する仕事を通して，長期間にわたって顧客との信頼関係を築いていくことが必要となる。そのためには一人の社員が身につけるべき知識・ノウハウは膨大であり，一人前といわれるまでになるには何年もかかる。そこで会社側も多くの時間と資源を投下し，教育に努めなければならない。したがって，アフラックでは貴重な人材の在職期間を最大限延ばし，社員を引き留めることのできる魅力的な環境や条件の整備が経営課題として必然的に重視されるようになった（大川〔2008〕196頁；『旬刊　福利厚生』第1980号，2008年6月28日，46頁）。

3 アフラックにおけるワークライフバランス

アフラック日本社で実施されているワークライフバランスは,「育児・介護支援」,「キャリア開発支援」,「休暇制度／余暇充実支援」, そして「健康支援」から構成されている（図9-1）。これらの大部分は社員が長期にわたって活躍できる環境をつくることを意識して, 社員の多様なライフスタイルに合わせて自由に選択できる仕組みであることが特徴的である。

なお, これらの大部分に関してはアフラック日本社独自の取り組みであることは注目すべきである。アフラックでは「ローカライゼーション」の考え方により, 業務運営においては日米それぞれの環境に合わせた施策を実施している。人事労務管理関連の制度においても, 社員がより能力を発揮できる環境を整えるため, 日本における雇用形態の特性や社会の動きを踏まえ, 社員の要望に応える形で, 育児・介護支援やキャリア開発支援などを行っている。

アフラックで実施されているワークライフバランスの最大の特徴は, 社員のニーズに合わせて諸施策を細やかに設計し, 利用実績を着実に上げていることにある。その背景には, 労働組合がないこともあり旧来から人事部が社員と経営者の間に立ち, 直接社員の声を収集していることが挙げられる（大川〔2008〕197頁）。

社員の声を集める仕組みとしては, 年に1回実施する「組織風土・従業員意識調査（アンケート）」や恒常的に行われている一般社員へのヒアリング活動, そして2006年に開始したイグジットインタビュー（退職者面談）などがある。これらを通して社員の声を汲み取る仕組みがうまく機能し, それをこまめに施策に反映させてきたことが, 利用実績の伸びにつながったと考えられている（大川〔2008〕197, 199頁）。

またその他の事例としては,「アフラック社員厚生会」が挙げられる。これは, 社員により構成される組織で, 相互の親睦と福祉の増進・共済・人格の涵養など, 社員の**福利厚生**と社業の発展に寄与することを目的としている。具体的には, 社員が拠出する会費を元に社員相互の親睦・福祉・レクリエーション

【育児・介護支援】	【キャリア開発支援】
・短時間勤務(妊娠期から小学校卒業まで) ・子育てシフト勤務(妊娠期から小学校卒業まで) ・子ども看護休暇(年間5日まで,時間単位取得可) ・産前産後休業,育児休職(1歳6カ月まで) ・配偶者出産時の特別休暇(4日間) ・育児時間(1歳まで) ・wiwi(ウィウィ)プログラム(対象:産休者・育休者) ・介護休職(1年間) ・ベネフィット・ステーション(提携福利厚生サービス)	・入社時に転勤あり・なしを本人が選択(人事制度上の昇進・職種などの取り扱いに影響しない) ・転勤なし社員の一時転勤制度 ・再雇用制度 ・社内公募制度 ・自己申告制度(希望する部門・勤務地などを申告) ・アフラック café(5万円/人,通信教育,セミナー受講費用支援) ・公的資格取得援助制度(資格に応じて30万〜1万円) ・各種研修(公募型トレーニング・階層別トレーニング) ・高度専門資格取得援助制度(最長2年間) ・ふるさと55制度(セカンドライフを支援) ・ベネフィット・ステーション(提携福利厚生サービス) ・アフラックコミュニティ〜まじめで気軽な井戸端会議
【健康支援】	【休暇制度/余暇充実支援】
・健康管理室(新宿・調布のオフィスビル内に設置) ・あふらっく EAP(Employee Assistance Program) ・専門医によるメンタルヘルス相談 ・リラクゼーションルーム(社員向けマッサージルーム) ・社外機関による無料電話相談(健保) ・禁煙プログラム ・三健人(インターネットでの健康支援サービス) ・体育奨励補助金(健保) ・ベネフィット・ステーション(提携福利厚生サービス) ・提携スポーツクラブ	・クオリティ休暇(毎年連続2週間の休暇取得可能) ・クリスマス休日(12/25) ・ストック休暇(リフレッシュ休暇,介護休暇,傷病および災害休暇) ・ボランティア休暇(年間3日間) ・ベネフィット・ステーション(提携福利厚生サービス) ・提携宿泊施設

中央:ワークライフバランス

図9-1 ワークライフバランスの取り組み(2008年現在)

(出所) 大川(2008) 198頁より作成。

イベントの企画・運営，共済事業，社員代表として職場の環境改善（社員の声を収集し，衛生委員会や定期的な会合を通して会社に伝える役割）などを行っている（筆者の質問に対するアフラック日本社の回答）。

1　育児・介護支援

　育児・介護支援に関して社員のニーズを反映して実施に至った制度としては，「短時間勤務制度」の拡充，「子育てシフト勤務」の導入，そして「子ども看護休暇」が挙げられる。育児・介護支援はアフラック米国本社と日本社のいずれでも実施されているが，その具体的な内容には違いがみられる。アフラック米国本社の敷地内には，540名収容できる託児所があり，当初アフラック日本社では同様の施設の建設を検討していた。そこで，2006年に子育て中の社員40名に6回にわたるヒアリングを行った結果，託児所は一部の社員にしか受益されず，むしろすぐにでも改善できる就労時間に柔軟性をもたせてほしいという声が多かった。本当のニーズは施設にあるのではなく就労時間にあることがわかったことから，それに関する検討が行われるようになった（『人事マネジメント』2006年9月号，70-71頁）。

　「短時間勤務制度」および「子育てシフト勤務」は，子育てや，妊娠中の母体への負担軽減のために，通常の勤務時間から始業・終業時刻を変更，あるいは実働時間を短縮できる制度である（アフラックHP〔http：//www.aflac.co.jp 2009年12月1日アクセス〕）。

　短時間勤務制度は1992年から導入されていたが，新たに就業時間帯を増やしたほか，取得期間を従来の「生後～満3歳まで」から，「妊娠期～小学校を卒業するまで」に拡大することで，利用対象社員を大幅に広げた。その際，社員との意見交換会で要望のあったバリエーションをそのまま選択肢として採用した。なお，短時間勤務を選択したことによるキャリアロスは生じないこととなっている。この点に関しては，アフラックの人事労務管理制度が，「任せる職務のレベル」と「本人の保有能力」の両面で判断する職務・職能ベースであ

福利厚生　→第2章33頁を参照。

ることも，結果的に両立支援の面でもプラスに作用しているといえる（大川〔2008〕200頁；『Business Labor Trend』2007年8月号，42頁）。

　子育てシフト勤務は，**所定労働時間**は変えず，就業時間帯の開始と終了を30分刻みでずらし，朝・夕の保育園の送迎時間に合わせて勤務時間帯を選べる勤務体系である。この結果，「短時間勤務制度」および「子育てシフト勤務」を合わせて計8パターンの働き方から選択できる制度が実現されることになった。また時間帯や枠は利便性を考え，取得後も何度でも変更できるようにした。子どもの成長によって親のニーズは変わるので，いったん選んだ枠を変更できれば，制度利用に対する障壁は低くなると考えられた。さらに，この制度の利用時期も退職金計算上の勤務年数に算入することとした。これらは利用する勤務時間に応じて按分されるが，「子育てシフト勤務」は長期間利用できる制度であり，後々大きなメリットになると考えられた。その結果，利用者数は導入当初から伸びており，男性も利用している。制度導入に当たっての事前受付だけで20名が申し込み，2008年5月現在の利用者は，短時間勤務が80名，子育てシフト勤務は17名である（大川〔2008〕201-202頁）。

　子ども看護休暇は，男性社員，女性社員を問わず，小学校就学前の子どもを看護するために取得できる休暇で，年次有給休暇とは別に30分単位で申請することができる。この利用期間は法定通りだが，取得方法に柔軟性をもたせ，法定の「年間5日」分（時間にして最大35時間）を30分単位で取得可能とした。乳幼児期には，子どもの急病に伴い突然，保育園から呼び出しを受けることも多く，短時間に分割して取得できるという柔軟な取り扱いは利用者に好評で，2007年度の利用者数は延べ199名にものぼるなど，最も利用されている制度の1つといえる（アフラックHP〔http：//www.aflac.co.jp　2009年12月1日アクセス〕；大川〔2008〕202頁）。

　また，これらの施策のほかにも，自宅にいながら職場とのコミュニケーションや自己啓発を図ることができる「子育て支援プログラム（wiwiwプログラ

所定労働時間：各企業における労働協約や就業規則などで定められている就業時間のこと。始業時刻から終業時刻までの時間から所定の休憩時間を除いた時間。

ム)」や配偶者の出産時に最大4営業日まで有給で特別休暇を取得することができる「配偶者出産特別休暇」などがある（アフラックHP〔http://www.aflac.co.jp 2009年12月1日アクセス〕)。

2 キャリア開発支援

表9-1，表9-2でみたように，日本企業においてワークライフバランスの消極的な取り組みがみられる項目の中でも，とりわけ「配偶者の転勤などに応じて勤務地を選択できる制度や運用上の配慮」および「育児・介護などの事由による退職者に対して再雇用の機会を与える」といった項目に関して，アフラック日本社はきわめてユニークな取り組みを行っている。前者に関しては「転勤なし社員の一時転勤制度」が導入されており，社員のライフスタイルに応じて柔軟な対応を行っている。その際，「転勤あり社員」と職種，教育，評価，昇格，そして配置といった処遇に差がないことが特徴的である。後者に関しては「退職者再雇用の仕組み」のことを指すが，この仕組みを採用している日本企業の多くが再雇用の対象者を育児や介護などの事由により退職した者に限定しているのに対して，アフラック日本社では退職事由を不問にしていることが特徴的である。また，同社では，**階層別教育訓練**である「階層別研修制度」をはじめとする社員の教育・訓練が積極的に展開されている。アメリカ企業では教育・訓練に対する投資額が比較的少ない傾向にあることからみても，アフラック日本社の取り組みはどちらかといえば，これまで長期のキャリア形成を視野に入れた企業内特殊訓練を実施する傾向にあった日本企業にその類似性を見出すことができる。

① 「転勤なし」社員の一時転勤制度

アフラック日本社は2006年10月に，転居を伴う異動のない「転勤なし社員（地域限定コースの社員)」を対象に，一定期間に限定して転勤ができる「一時転勤制度」を導入した。一時転勤制度とは，「転勤なし社員」を対象にしてお

階層別教育訓練：従業員を勤続年数や職位などに基づいた階層に分けて教育訓練を行うこと。具体的には，新入社員教育，監督者ならびに管理者教育，そして経営者教育などがある。通常は，研修に代表される集合教育や自己啓発などを通して行われる。

り，自己成長のために従来とは異なる環境の中で経験を積みたいという意思表示をすることで，標準2年間の転勤を通して成長の機会を得ることができる制度のことである。一時転勤の期間は原則2年間であるが，業務上の要請と本人の同意がある場合に限り，最長4年間まで延長することができる。在職中に原則として1回のみ利用が可能で，2回以上，または4年を超えて別の地域に勤務したい場合は，転居を伴う異動があることを前提とする「転勤あり社員」に変更する必要がある。なお，一時転勤終了後は，一時転勤前の勤務地に帰任するが（配属部署等は一時転勤前と変わることがありうる），期間満了前に本人の意思のみで帰任することは認められていない（『労政時報』第3716号，2007年12月28日，54-55頁；アフラックHP〔http://www.aflac.co.jp 2009年12月1日アクセス〕）。

ところで，2008年4月現在のアフラック日本社の社員は約4000名であるが，そのうち約3600名（90%以上）がいわゆる総合職であり，その半数以上の約2000名が女性，1600名が男性である。総合職の社員は男女を問わず，入社時に「転勤のあり・なし」を本人の意向により選択できるが，女性は「転勤なし」を選ぶ割合が多い（大川〔2008〕202頁）。

図9-2にみられるようにアフラック日本社は，「転勤のあり・なし」を問わず共通の入社試験を実施し，最終選考段階で本人が「転勤のあり・なし」を選択する。採用後は共通の入社時研修を受けてから，配属が決まる仕組みになっている。その際，転勤の有無による処遇，評価，昇進，そして能力開発等の格差が一切ないことがこの仕組みの特徴である。

上述したように，転勤の有無による処遇，評価，昇進，そして能力開発等の格差はないが，両者の間にはいくつかの相違点がある（表9-3）。転勤あり社

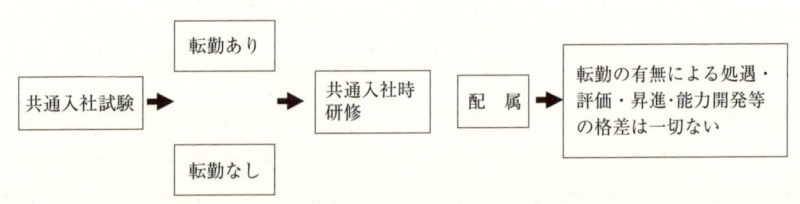

図9-2 アフラックにおける「転勤あり」「転勤なし」の概念
（出所）『旬刊 福利厚生』第1980号，50頁より作成。

表9-3 「転勤あり」「転勤なし」の相違点

	転勤リザーブ手当支給*	住宅補助	転居を伴う異動	転 換（あり⇔なし）	一時転勤制度の利用***
転勤あり	○	○（転勤した場合）	○	転勤なしへ転換 ×	×
転勤なし	×	×（通常はなし。ただし一時転勤時は支給）	×	転勤ありへ転換** ○	○

(注) * 転勤あり社員が,組織のニーズによっていつどこに転勤を命じられるかわからない可能性に対して,月3万円（年間36万円）支給される手当のこと。
　　** 「転勤なし」から「転勤あり」への転換は,実際に転勤が生じた時点で初めて発生する。
　　*** 一時転勤制度は,在職中1回のみの利用に限る。最長4年とし,以後の転勤希望については「転勤あり」への変更を要する。
(出所) 『労政時報』第3716号,55,57頁より作成。

員に対しては,転勤リザーブ手当と住宅補助（一時転勤時を除く）が支給される。そして当然のことながら転居を伴う異動が認められている。ただし,転勤なし社員への転換と一時転勤制度の利用は認められていない。転勤なし社員に対しては,転勤リザーブ手当と一時転勤時を除いての住宅補助は支給されない。また,その性質上,転居を伴う異動は認められていない。ただし,本人の希望で転勤あり社員へのコース転換が認められている。

2008年現在,全総合職の50％弱が「転勤なし」を選択しているが,地方勤務の転勤なし社員は,配属される部門が大都市圏と比べて限られるために職種が限定される傾向にあり,必然的にキャリア形成上の可能性の範囲も狭められてしまうという課題があった。例えば営業部門は全都道府県に拠点があるが,それ以外の契約管理部門やスタッフ部門は大都市圏に集中しており,地方の営業支社に勤務する社員は,いわゆる保険業務の「入り口」である営業部門の経験を深めることはできても,保険業務全般にかかわることはできない。「もっと保険業の全体像を把握したい」,「異なる経験をしたい」といった希望に応えるには転勤が必要になり,それではライフスタイルに与える影響が大きい。そこでこの課題解決のために,アフラック日本社では上述した「組織風土・従業員意識調査」,「人事部長宛親展メール」,そして役員などによるヒアリングなどを行った。その結果,転勤なし社員のキャリアに対する悩みと意欲が明らか

になった。すなわち，いったん転勤あり社員に変わると転勤なし社員への再変更はできないため，転勤なし社員から転勤あり社員に変更する人は少数にとどまり，「転勤ありへの変更には踏み切れないが，キャリアの閉塞感に悩んでいる」という人も多かったのである。そこで2006年に，「『転勤なし』の社員が一時的にほかの地域に転勤し，それまでの業務を活かして新しい領域にチャレンジできる制度」として，一時転勤制度を整備したわけである（『労政時報』第3716号，58頁；大川〔2008〕202-203頁）。

ところで，転勤なし社員が一時転勤をするのは，本人の意思と組織の人材ニーズとが合致した場合であり，本人からの申請が前提となる。そこで，アフラックでは自己申告制度の機能の1つとして，「ジョブ・エントリー」という仕組みが設けられている。これは異動を希望する部門・職務などについて，社員が社内データベースに登録できる制度である。登録された情報は，異動の参考材料として使用されるため，多くの社員が積極的にエントリーしている。ところで，各人の異動は，大体3～5年に一度のペースで行われるのであるが，自己申告制度やジョブ・エントリーに一時転勤の希望が書かれており，その希望が組織ニーズと合致した場合は，転勤なし社員に対して一時転勤命令が出される（『労政時報』第3716号，59-60頁；アフラックHP〔http://www.aflac.co.jp 2009年12月1日アクセス〕）。

また，上記に関連する制度として，アフラックでは「ジョブ・ポスティング」という制度が設けられている。社員は社内イントラネットの掲示板に公開される部門からの応募情報をみて，自ら応募することができる。転勤なし社員がジョブ・ポスティングに応募した場合は，選考の結果，異動が確定してから，①転勤あり社員に変わった上で異動するのか，②転勤なし社員のまま一時転勤制度を利用して異動するのかを本人が選択し，異動決定後に人事部が本人と面接をして，どちらかを選択してもらうことになっている。この制度が導入され

自己申告制度　→第8章183頁を参照。
ジョブ・ポスティング（job posting）：社内公募制ともいう。とりわけ企業が新規事業を展開する際に，社内で人材の公募を行うこと。この制度は，社内を活性化させ，意欲のある人材を発掘することを目的としている。一方で，秘密保持や組織秩序に関する課題に慎重に対応する必要がある。

てから，1年間（2006年10月～2007年9月）に，13人がこの制度を利用して一時転勤をしたのであるが，応募者の多くは20代半ば～30代半ばの女性社員である。その後の利用実績は伸びており，2008年4月現在で24名が利用している（『労政時報』第3716号，60頁；大川〔2008〕203頁；アフラックHP〔http://www.aflac.co.jp　2009年12月1日アクセス〕）。

②退職者再雇用の仕組み

アフラック日本社において1990年から2008年10月に至る18年間の累積再雇用者は113名を数えている。関連会社での再雇用も含めると183名に達する。183名の内訳は女性が161名，男性が22名と，男性の割合も1割を超えている。アフラックが退職者を再雇用する第一の理由は，同社が創業以来，「女性によって支えられてきた会社」であることと関係がある。同社が女性の採用や女性の活躍推進および両立支援に力を入れてきたのは，創業以来の伝統といえる。同社は保険外交員をもたず，全国に展開する約1万8000店を超えるアソシエイツ（代理店）を通して保険商品を販売している。つまり，同社では創業以来，業務分野を特定せずに女性を採用し，活躍する場を創出してきているという文化がある。第二の理由は，「元社員は即戦力になる」ということである。保険会社には，契約審査，保険金の支払査定，代理店支援，そして商品開発といった様々な業務があるが，いずれも高度な知識やスキルが要求される。ここ数年，毎年200名程度の新規学卒採用を行っているが，その育成には多くの時間とコストを要するものである。しかし，元社員であればすでに一定のトレーニングを経ているばかりか，実務経験も有しているために，新人に比べ教育のための投資コストはほとんどかからない。加えて，退職前の業務経験内容や勤務成績が明らかであるため，一般の中途採用に比べ選考リスクや採用コスト・時間も少なくて済み，また現場からの具体的なオーダーにも対応しやすい（『労政時報』第3741号，2009年1月9日，8-9頁）。

ところで，アフラック日本社の退職者再雇用制度は，留学や転職などを理由とした退職者にも門戸を開いている点に特徴がある。同社では，性別や退職者理由を問わず，オープンに，自然体で退職者を迎え入れている。退職者再雇用の要件は，原則として①勤続2年以上であること，②退職時年齢が55歳以下

であることだけである。これまでの実績では，結婚・出産・配偶者転勤といった家庭事情による退職が3割，転職が2割，そして学業が1割ほどであるが，そのほか，これらの単独の理由に単純に分類されない多様な退職理由がある。また，社員が退職してから再雇用されるまでの期間は，原則として退職後10年間としている。実際の再雇用者の離職期間をみると，社員として再雇用したケースでは，3年以内で50％，3〜5年以内が24％と，全体の約7割が5年以内にカムバックしている。また，再雇用時の雇用契約形態は，社員，嘱託，そしてアシストスタッフの3種類があり，募集する職種によりその形態は異なる。ところで，ここでいう社員はいわゆる正社員のことであり，期間の定めのない雇用契約である。待遇やグレード（資格等級）への格付けは，一般の中途採用と同様に，それまでのキャリアや他の社員とのバランスを考慮して個別に決定する。嘱託は，顧客対応や代理店開発などの専門的な業務に限定した有期契約社員であり，アシストスタッフはデータ入力やファイリング等，社員の業務をアシストする有期契約社員である。ちなみに，これらの雇用形態で再雇用する場合の報酬や勤務形態も，その職種の報酬の市場水準や，職場および本人のニーズに応じて，個別の案件ごとに決定する。これまでの再雇用実績では，およそ半数が社員として採用され，半数が嘱託またはアシストスタッフとして採用されている。また，派遣社員を希望する場合は，人材派遣業を行っている関連会社のアフラック収納サービス（株）に直接登録するよう案内しており，実際に多数の派遣実績がある（大川〔2008〕204頁；『労政時報』第3741号，9-10,12頁）。

③教育訓練

アフラック日本社では2006年度より，中堅社員・若手リーダー層に当たる「Sグレード*」に在籍する社員に階層別研修を導入した。この前年までは，入社2年目研修を終えると新任管理職まで必修の研修は一切なく，自発的に申し込んで，参加する「オープンプログラム」という任意の研修だけであり，階層別という考えを徹底的に排除した教育・研修体系であった。この考えの根幹にあったのは，自分のキャリアは自分で創る，自分に必要な研修は自分で選ぶというもので，「自立と自律」を重視した教育・研修体系ができあがっていた

(『労政時報』第3732号,2008年8月22日,31頁;『Career Support』2007年4月号,4頁)。

* アフラック日本社において,Sグレードと呼ばれているグレードは,S1（副長または支社次長；将来の管理職候補である組織のナンバー2),S2（主任または支社長代理；ハイレベルな実務担当者であり組織のナンバー2に準じる立場),S3（副主任または営業主任；上～中級実務担当者),そしてJ/S4（実務担当者）といった4つのグレードから構成されている（『労政時報』第3732号,36頁)。

2006年度以降,アフラック日本社はそうした教育・研修体系を改新し,S1,S2グレード昇格時と,昇格後3年目の社員を対象として,必修形式の集合研修によるトレーニングを課すこととした。一方で,これまで運用されてきた任意型研修のオープンプログラムも残しており,それぞれの目的に合わせて使い分けられるような教育体系となっている（『労政時報』第3732号,31頁)。

このように,アフラック日本社が教育・研修体系を変更したのにはいくつかの理由があった。第一の理由は,組織の中でどのような役割を果たすべきかという役割意識が薄らいでいるという危機感である。第二の理由は,共通認識および文化の揺らぎである。アフラックは「がんと闘う方々とそのご家族の経済的・精神的負担を軽減したい」,という思いからがん保険を発売したが,事業規模および事業内容の拡大によって社員数も急激に増えたことから,創業時の思いやアフラックらしい文化が揺らいでいるのではないかという懸念があった。そして第三の理由は,自分のキャリア形成について,節目ごとに考える機会を提供することが可能であるということにあった。なお,一般に外資系企業というと,キャリアや能力開発は社員個人へ一任してしまうケースが多いと思われがちである。そのような中で,階層別の必修研修を導入した同社の取り組みは,ある意味で非常に「日本企業らしく」みえる。これは,同社の人事労務管理制度において,「実力・能力主義」に加え,「安定性」——安心して働ける基盤を整備し,長期的に力を発揮してもらう——を柱としていることとも通じる部分である。同社では,基本的な業務のオペレーションについては,アフラック日本社として独立した「ローカライゼーション」の姿勢をとっている。人事労務管理制度や教育・研修体系も同様に,同社独自の方式で行っており,アフラ

ク米国本社などの意向をそのまま取り入れることはほとんどない（『Career Support』2007年4月号，4-5頁；『労政時報』第3732号，31-32頁）。

　ところで，2006年度より導入された階層別研修制度は，Sグレード社員を対象に，5段階の「昇格者研修」および「対象者研修」を実施する体系となっている。Sグレード社員には任意型研修である「オープンプログラム」も用意されているが，あくまで階層別研修が教育の根幹となる。ちなみに，同社ではグレードごとに職能要件を定めている。職能要件とは，「その職務での発揮が要求される能力」のことをいう。そもそもSグレードを対象とした階層別研修は，「組織の中で求められる，職位にふさわしい基本的な役割を再確認する」というねらいから発想されたため，具体的な研修メニューを考える際には，職能要件の項目がベースとなる。「昇格者研修」においては，そのグレードに求められる役割の理解を進め，職務遂行能力を習得することをめざしたトレーニングが行われる。また，「対象者研修」においては，今後めざしているグレードでは，どのような役割が求められるのかという意識づけもされることとなる（『労政時報』第3732号，34-35頁）。

　なお，階層別研修を実施するに当たっては，事前課題および事後課題を設けている。これは，単に研修の内容を予習・復習してもらう，というだけではなく，研修で学んだものを現場での日常業務にうまく「ブリッジ（橋渡し）」するというねらいがある。このようなやりとりを上司等としておくことで，受講者は自分に期待されている役割や能力について自覚し，モチベーションを高めて，能動的に研修に臨むようになる。一方で，こうした上司とのやりとりは，良いコミュニケーションの場ともなる。というのも，これは評価面談以外で，期待されていることを上司から直接聞ける，めったにない機会となるからである。さらに研修後も，学んだ内容を具体的な行動計画として立案し，それについて上司と面談を行うとともに，数カ月後には計画の実施状況について自ら振り返り，所属長からもコメントをもらうようにしている（『労政時報』第3732号，37，39頁）。

3　休暇制度・余暇充実支援および健康支援

①休暇制度・余暇充実支援

　ワークライフバランスを考える上で，休暇取得支援や余暇充実支援も重要な要素である。これらは，「社員の声をもとに創案」というよりは，会社側が率先して施策を行ったケースが多いが，「社員がどれくらい利用しているか」，「どのような声があるか」といったモニタリングを常に実施し，改善するように努めている（大川〔2008〕204-205頁）。

　また，**有給休暇**の取得を推進するために「クオリティ休暇」が導入されている。これは，夏期休暇を含め，年間を通して連続最大で10営業日の休暇を有給休暇の範囲内で取得できる制度で，土・日を含めると16連休もの長期休暇を取得することができる。この制度を設定した理由としては，1つには余暇を充実することで仕事の生産性を高めていこうとしたこと，もう1つにはガバナンスの観点から連続休暇の取得が不正行為の相互牽制につながることが挙げられる。保険会社としてのガバナンスの重視やコンプライアンスの重視は企業の社会的責任（Corporate Social Responsibility, CSR）であることから，思い切った改革となった（アフラックHP〔http://www.aflac.co.jp　2009年12月1日アクセス〕；大川〔2008〕205頁）。

　クオリティ休暇以外の休暇制度としては，「リフレッシュ休暇」，「クリスマス休日」，そして「ボランティア休暇」が導入されている。「リフレッシュ休暇」では，消滅する有給休暇を一定限度積み立てて（ストックして）決められた範囲内で休暇（リフレッシュ休暇）を取得することができる。勤続満5年であれば連続5営業日，勤続満10年であれば連続10営業日を取得することができる。また，アフラックでは「クリスマス休日」を導入している。クリスマスは家族で過ごすアメリカの風習を取り入れ，毎年12月25日は休日とした。暦上の祝日との関係で連休になるケースもあり，社員からは非常に喜ばれている。最後に，アフラックでは会社としてボランティアに取り組むと同時に，社員の

有給休暇：従業員が年間で一定日数の休暇を有給で取得できる制度。日本の企業においては，有給休暇の消化率が低い傾向にあったが，法令遵守やワークライフバランスの観点などから，最近は多様な制度を援用して有給休暇の消化を促す企業が増えつつある。

ボランティア活動も支援しているが，この制度を利用して休んだ営業日は有給休暇扱いとなる（大川〔2008〕205頁；アフラックHP〔http://www.aflac.co.jp　2009年12月1日アクセス〕）。

　余暇充実支援としては，「ベネフィット・ステーション」と呼ばれる福利厚生サービスが展開されている。このサービスの特徴は，「豊富なメニュー」，「利便性の高い利用方法」，そして「制限のない利用回数」にあり，国内・海外の宿泊施設や旅行，スポーツ施設・レジャー施設の利用など，社員だけでなく家族や友人との利用も可能である（アフラックHP〔http://www.aflac.co.jp　2009年12月1日アクセス〕）。

　②健康支援

　アフラック日本社は図9-1にみられるような多様な健康支援を展開しているが，「禁煙プログラム」，「リラクゼーションルーム」，そして「提携スポーツクラブ」がその代表的なものである。「禁煙プログラム」は，「本気でたばこを止めたい」と思っている社員を支援するためのプログラムである。健康管理室からの応援メッセージや，同僚を巻き込んだサポーター制度など，一人で孤独に我慢するだけの禁煙にならないようにバックアップしている。「リラクゼーションルーム」は調布アフラック・スクエアの1階にある。1回のマッサージは通常40分の施術となり，不定期で15分のクイックマッサージも行っている。また，アフラックは各種スポーツクラブと提携し，社員は法人会員価格で利用することがきる（アフラックHP〔http://www.aflac.co.jp　2009年12月1日アクセス〕）。

[4]　社員が快適に働くための支援

　これまで，主にアフラック日本社で実施されているワークライフバランスの取り組みについてみてきたが，これらの取り組み以外で社員が快適に働くための取り組みとして，「E.A.Week」，そして「もっと働きやすいアフラックを創る委員会」が挙げられる。

　アフラック日本社では「E.A.Week」として，毎年，日本社創業記念日（11月15日）前後の1週間に，マネジメント・チームから社員に対して日ごろの

▶▶ Column ◀◀

ワークライフバランスに影響を与えてきた法整備

　わが国におけるワークライフバランスは，政府による「仕事と生活の調和（ワーク・ライフ・バランス）憲章」や日本経団連をはじめとする財界などの働きかけによって，官民問わずその考え方が定着するようになったのですが，その他に今日のワークライフバランスの考え方に影響を与えてきたものとして，これまでわが国で行われてきた法整備が挙げられるでしょう。1999年に施行された男女共同参画社会基本法では，「……男女共同参画社会の実現を二十一世紀の我が国社会を決定する最重要課題と位置付け，社会のあらゆる分野において，男女共同参画社会の形成の促進に関する施策の推進を図っていくことが重要である。」という基本理念を掲げ，具体的には「男女の人権の尊重」，「社会における制度又は慣行についての配慮」，「政策等の立案及び決定への共同参画」，「国際的協調」といった項目と並んで，「家庭生活における活動と他の活動の両立」が指摘されています。この他にも1991年に施行され，2009年に最終改正が行われた「育児休業，介護休業等育児又は家族介護を行う労働者の福祉に関する法律」において，この法律の表記項目に関して事業主が講ずべき措置が定められていますし，本文でも取り上げている次世代育成支援対策推進法においては，少子化の進行を背景に，次世代育成支援対策を推進しています。このような法律の整備が，ワークライフバランスの概念を包括的に捉えることに影響を与えている側面がある点も見落としてはいけないでしょう。

努力や貢献への感謝の気持ちを伝えることをコンセプトに，オリジナルイベントを開催している。大抽選会，永年勤続表彰，全社員へお菓子のプレゼント，そして家族職場見学会等を行っている。家族職場見学会では，家族にとっては普段みることのできない両親や配偶者，兄妹などの働く場所や働く姿に接する機会として，また職場にとっては社員を支える家族のことを知る機会として相互理解を深めている。子どもが職場を訪れると職場全体が歓迎ムードになり，和やかに社員や家族がコミュニケーションを深めている。2007年度の職場見学会では，社員の家族128名が参加した（アフラックHP〔http://www.aflac.co.jp　2009年12月1日アクセス〕；大川〔2008〕205-206頁）。

　「もっと働きやすいアフラックを創る委員会」は，2005〜2007年の3期にわたり，プロジェクトとして行われていた活動である。会社としての"夢"を実

現するために，社員一人ひとりがもてる力を最大限発揮し，いきいきと働くことができるよう，魅力的な職場環境・企業風土をつくることをめざし，コミュニケーション活性化や相互理解のための諸施策を企画し，実施していた（例：社員相互で感謝の仕組みを伝える仕組みづくりや，相互理解のための職場見学会，経営陣の考えを直接知るための社長と社員の座談会など）。委員会メンバーは自ら手を挙げた若手・中堅社員10名程度で構成され，主体的な活動により全社に自ら考えた企画を推進する役割を担っていた（筆者の質問に対するアフラック日本社広報部の回答）。

これまでみてきたように，アフラック日本社は「育児・介護支援」，「キャリア開発支援」，「休暇制度／余暇充実支援」，そして「健康支援」から構成されている多様なワークライフバランス施策に取り組んでいるが，とりわけ「転勤なし」社員の一時転勤制度や，再雇用の条件として退職事由を不問にしている退職者再雇用制度といった制度を柔軟に取り入れている。その一方で，キャリア開発は基本的に社員の自己責任と捉える傾向の強いアメリカ企業の中で，日本社では「階層別研修制度」を導入していることにみられるように，これまで多くの日本企業で実施されてきた企業内特殊訓練との類似性もみられる。

また，アフラック日本社で展開されているワークライフバランス諸施策の大部分は，「ローカライゼーション」の考え方に従って同社独自で取り組まれてきたものであることはすでに述べたところであるが，これは，日本社が日本における雇用形態の特性や社会の動きを踏まえた上で制度化しようとする考えによるものである。その一方で同社が従来の日本における雇用形態にはみられない諸制度を積極的に展開していることも見逃してはならない。このことは，アフラックの米国本社と日本社の双方が，「会社が社員を大切にすれば，社員も仕事を大切にしてくれる」という，いわばグローバル・スタンダードともいうべき理念に基づいて，社員がより能力を発揮できる環境を整えているという点で，きわめて重要な側面であるといえよう。

　　［付記］　本章を執筆するに当たって，アフラック日本社から筆者の質問に対して詳細なご

回答とご調整を賜った。ここに記して感謝の意を表したい。

推薦図書

渡辺　峻（2009）『ワーク・ライフ・バランスの経営学——社会化した自己実現人と社会化した人材マネジメント』中央経済社
　ワークライフバランスが経営学の中でどのような位置づけにあるかということを認識することによって，その本質的な性格を考えるきっかけとなる著作である。

日本経団連出版編（2008）『ワークライフバランス推進事例集』日本経団連出版
　ワークライフバランスを推進している諸企業の事例集である。この中で，アフラックの事例が人事部長によって詳細に紹介されている。

前田信彦（2000）『仕事と家庭生活の調和——日本・オランダ・アメリカの国際比較』日本労働研究機構研究双書
　ワークライフバランスの国際比較を扱った実証研究である。三国間でワークライフバランスの何が違い，何が共通しているのかということをイメージできる著作である。

設問

1．アメリカ企業と日本企業において実施されているワークライフバランスの違いと共通点についてまとめてみましょう。
2．従業員を大切に扱う組織志向的な立場をとる企業で実施されているワークライフバランスについて調べてみましょう。

（佐藤健司）

第10章
P&Gジャパンのダイバーシティ・マネジメント

　　　　人間の多様性（ダイバーシティ）が尊重され活用されなければならないという価値観は，われわれの多くによって共有されているはずです。したがって，それを具体化するための活動がどのような旗印のもとで行われようと，差し当たり似たような成果が得られるとすれば，活動の名称にこだわることは無意味なことでしょうか。しかし，活動の名称は，活動の目的と手段の関係を最も簡明に表現するように言葉を選んでつけられているはずです。どの言葉のもとに活動が行われるかによって，最初は同じような目標をめざしていたとしても，活動内容はいつの間にか変わってくるのではないでしょうか。

1　日経連ダイバーシティ・ワーク・ルール研究会による定義

　近年，日本の大企業において，ダイバーシティという名を付した組織を新設したり，あるいは従来の女性活用推進のための部署を上記のような組織に衣替えする例が続出していることや，東洋経済新報社が2007年に創設した「ダイバーシティ経営大賞」の受賞企業が「人を活かす企業」として脚光を浴びていることにみるように，ダイバーシティあるいはダイバーシティ・マネジメント（Diversity Management，以下DM）は言葉として新語のレベルを脱して日常語の域に近づきつつあるように思える。

　ダイバーシティあるいはDMという概念がここまで普及する上で影響力があった最初の契機は，企業・団体の若手人事・労務担当者30名およびアドバイザー5名で構成される日経連ダイバーシティ・ワーク・ルール研究会が2000年8月に発足したことにおそらく求められるであろう。その最終報告書は，ダイバーシティを次のように定義している。「ダイバーシティとは，『多様

な人材を活かす戦略』である。従来の企業内や社会におけるスタンダードにとらわれず，多様な属性（性別，年齢，国籍など）や価値・発想を取り入れることで，ビジネス環境の変化に迅速かつ柔軟に対応し，企業の成長と個人のしあわせにつなげようとする戦略。」「ただし，何をもって異質と定義するかは社会，文化，時代によって異なる。特定の企業や社会でダイバーシティと呼ばれる内容が，別の企業や社会ではそうでないこともありうる。」（傍点引用者。日経連ダイバーシティ・ワーク・ルール研究会〔2002〕『原点回帰──ダイバーシティ・マネジメントの方向性』日本経営者団体連盟，5, 17頁）。

　ところで，いうまでもなくDMの発祥地はアメリカであって，もともとそれは，後述するように，特殊アメリカ的な条件のもとで1980年代末から1990年代にかけて形成されたのであり，アメリカ以外の国々でも議論されるようになったのは，21世紀に入って人的資源管理論や経営戦略論のフレームワークの中でいわば普遍的問題としてそれが語られるようになってからのことである。ということは，現在日本でDMがもてはやされていることは，本書の目的との関連でいえば，日本モデルのアメリカモデルへの収斂として理解されるべきなのであろうか。それとも，導入されるアメリカモデルの中に日本モデルの要素が紛れ込みハイブリッドが形成されるという本書の仮説を，それは支持しているのであろうか。しかしながら，上記の日経連研究会の定義にもうかがえる「組織志向」あるいは「従業員を大切にしようとする立場」といったDMの特徴は，本書の序章で想定されたようにもともと日本モデルの特徴であって，それがアメリカ原産のDMにも見出されることは何を意味するのであろうか。しかも，そのような日本モデルと共通する特徴を帯びているようにもみえるDMのアメリカ大企業における実践の代表的先駆者の一人が，どうしてIBMにおいて組織志向から市場志向への転換を強行したガースナーなのであろうか（ガースナーは，アジア人，黒人，性的嗜好，ヒスパニック，白人男性，ネイティブ・アメリカン，身体障害者，女性という従業員における8つの次元の異質性を活用するためのタスクフォースを，1995年に設置した）。

　日経連ダイバーシティ・ワーク・ルール研究会による定義に従う限りでは比較的単純にみえたDMも，日米比較の視点から考えようとすると様々な事情

が錯綜し単純な問題とはいえなくなる。本章は、プロクター・アンド・ギャンブル（The Procter&Gamble Company、以下 P&G）に焦点を合わせて DM を検討することを課題とするが、一連の論点を筋立てて語り進めるための糸口は、もしかしたら P&G 本社ホームページ（以下、HP）における"Our commitment to diversity is not only ethical, but also practical."（下線引用者。PG.com, http://www.pg.com/en_US/index.shtml　2009年10月1日アクセス）という主張に見出せるかもしれない。詰まる所、理論と実践としての DM が ethical（倫理的）と practical（実用的）の間でいかに折り合いをつけようとしているのか、が DM を評価する上での基準となると思われるからである。

2　アファーマティブ・アクションとダイバーシティ・マネジメント

　DM の出自を探ろうとするとき、1980年代から90年代にかけての DM の形成期が、DM と同様に多様性の問題に取り組んだアファーマティブ・アクション（Affirmative Action、以下 AA）の衰退期と完全に重なっていることにまず注目すべきであろう。以下、主にケリー＝ドビンによりながら、その経緯を概観したい（Erin Kelly and Frank Dobbin〔1998〕"How affirmative action became diversity management", *American Behavioral Scientist*, Vol.41, No.7, pp.960–984）。

1　1961～1980年におけるアファーマティブ・アクション
　AA、すなわち「過去において長期にわたってされた差別によって現実に生じている効果を解消させるためにとられる措置」（伊藤正己〔1994〕「アファーマティブ・アクション」『日本學士院紀要』第48巻第2号、83頁）は、1954年のブ

ブラウン判決：1868年の憲法第14修正によって人種間の法的平等が宣言されたにもかかわらず、交通機関・レストラン・劇場などの私的施設と公立学校のような公的施設の利用について白人と黒人を物理的に分離する人種隔離政策が南部諸州で進められた。しかも、1896年のプレッシー判決において連邦最高裁判所は「分離しても平等」という原則を採用し、各人種において同等のサービスや施設が提供されているならば分離しても差別に当たらないとし、人種隔離に合憲のお墨付きが与えられた。しかし、ブラウン判決において、連邦最高裁判所は「分離しても平等」原則を否定し、公教育の領域における人種、体色による隔離を違憲と判示した。

ラウン判決を機に盛り上がった「黒人に対する法的・制度的な差別の打破と市民的権利の保障を主たる目標」(傍点引用者。大塚秀之〔2007〕『格差国家アメリカ』大月書店，170頁)とする**公民権運動**の成果の1つとして登場した。

　AAが差別是正の対象とする分野には，雇用，教育，住宅，金融などがあるが，雇用の分野に限っていえば，根拠となる法によって2つの種類に大別される。1つは，公民権法第7編 (1964年) と連動する，大統領命令10925号 (1961年)，同11246号 (1965年)，同11375号 (1967年)，リハビリテーション法 (1973年) などが，特に連邦政府と事業契約を締結している使用者に対して，人種，体色，宗教，出身国，性別（大統領命令11375号から），身体的・精神的な障害，などによる差別を禁止するとともに，不利な立場に置かれてきた集団の雇用，訓練，昇進について積極的な是正措置をとることを奨励する (encourage) 結果，実施されるものである。いま1つは，連邦契約者だけではなくて使用者一般について，人種，体色，宗教，性別，出身国を理由とする雇用上の差別を禁止した公民権法第7編の第703条 (a) に基づき，これに違反する差別に対する救済措置として裁判所が使用者に命じるもの，あるいはこの法律の趣旨に沿って，裁判所の判断・命令を経ることなく，使用者が自主的に行う差別是正措置である(中窪裕也〔1995〕『アメリカ労働法』弘文堂，182-183, 192-194, 230-233頁)。

　AAが登場した当初 (1961～1971年) は，上述の2つの種類のAAにおいて，**コンプライアンス**の基準が曖昧であったために，AAは企業の雇用慣行にほとんど変化をもたらさなかった。しかし，1972～1980年においては，コンプライアンスの基準は依然として曖昧なままであったにもかかわらずAA実施にかかる政府の規制が強化されたので，多くの企業は訴訟から身を守るために，雇用機会均等 (equal employment opportunity, 以下EEO) とAAの専門家を雇ってEEO/AA室を設置し，訴訟回避のための方策を検討させるようになった。

━━━━━━━━━━━━━━━━━━━━━━━━━━━━━━━━━━━━━━━

公民権運動（Civil Rights Movement）：全米黒人地位向上協会（NAACP）などの団体が中心となって，南部諸州における人種隔離と差別慣行を廃止させるため行われた，非暴力・直接行動を特徴とする運動である。1963年8月に，20万人が「仕事と自由のためのワシントン行進」に参加し，キング牧師が有名な演説「私には夢がある」を行ったときに，運動は最高潮に達した。公民権法 (1964年)，投票権法 (1965年) などが制定されたことが運動の主な成果である。
コンプライアンス →第9章191頁を参照。

第10章　P&Gジャパンのダイバーシティ・マネジメント

そこで講じられたことは，**マイノリティ採用数の数値目標を設定すること**（確定した割当制 quotas は 1970 年代初期に連邦政府の規制によって禁止されていた）や，マイノリティを低い職務に限定して採用する職務分離を解消することのほかに，昇進・昇格がマイノリティを排除するような基準によって行われているという嫌疑がかからないようにするための**職務分析**に基づく体系的人事考課の確立，人事情報に関する文書の保存，従来よりも解雇しづらくなった従業員を人的資源として有効活用する方策の開発などであり，結局，それは人事管理部門の拡充をもたらした。

[2]　1980～1990 年におけるアファーマティブ・アクション

したがって，AA に対する敵意を露わにしたレーガン大統領が就任した 1981 年以降の共和党政権下で AA に対する逆風が強まる中においても，EEO/AA 専門家たちは，上記の方策に加えて，訴訟回避手段としてやはり導入された，苦情処理手続き，公式的な雇用管理制度，体系的募集計画などを，能率をもたらす人的資源管理の制度として改めて使用者に売り込むことによって，AA それ自体とともに彼（彼女）らの地位をも存続させることができたのである。つまり，自発的にか強制されてかはともかくも，当初は「差別は悪である」という ethical な動機から導入された AA を，practical なものとして再理論化することによってその延命が図られたのである。実は，このような動向はすでに DM の出現を予示していたといってよい（ケリー＝ドビンは AA から DM への発展を，**官僚制の逆機能**の一事例として，つまり官僚制組織は，所期の目的がもはや達成されなくなったときでさえも，既存の構造に適した新目的を採用することによって，既存の構造と実践を生き残らせるということの一事例として描いている）。

マイノリティ（minority）：国勢調査局（U.S. Census Bureau）によれば，民族的マイノリティ（ethnic minority）という用語は，黒人，アメリカ・インディアン，アラスカ先住民，アジア・太平洋諸島人，ヒスパニック・ラテン系という背景をもつ人々に適用される。

職務分析：個々の職務の構成要素，つまり職務遂行に必要な能力（精神的，肉体的），遂行課程で受ける負荷（精神的，肉体的），作業条件などを調査する過程である。その方法には，面接法，観察法，質問紙法，体験法がある。調査結果をまとめたものが職務記述書であり，募集・選考の基準や訓練ニーズの確定，職務評価などの人事管理の広範な目的のために使われる。

その後も，AAが**カラー・ブラインド**（形式的平等）の原則に立つはずの憲法や公民権法から逸脱してマイノリティを優遇し逆差別をもたらすものであるという主張に基づきAAの合憲性を問う訴訟が相次ぎ，特に1989年のクロソン社事件から1995年のアダランド判決に至るいくつかの裁判において連邦最高裁はそのような優遇を違憲と判断しAAに消極的評価を下した。また，1989～1996年のブッシュとクリントンの両政権は，AAの役割を否定はしないまでも差別是正のための「暫定的手段としての本来の使命」は果たされたと示唆した。このように，AAに対する逆風は吹き続けたが，1980年代末までにEEO/AA専門家たちはこのような法的・政治的環境の変化とは無関係のやり方で，つまりAA的諸施策がもたらす「多様な労働力をうまく管理する能力は，将来的に，事業成功の鍵となる」というレトリックで再再理論化してAAを**競争優位**の源泉として使用者に売り込むことによって，彼（彼女）らのスタッフとしての地位とAAプログラムを生き長らえさせたのである。このような再再理論化は，AA実施について長い経験を有する，エイボン，コーニング，ハネウェル，メルク，ゼロックス，そしてP&Gといった大企業内部のEEO/AA専門家たちに協力する形でR・ローズヴェルト・トーマス（R. Roosevelt Thomas），ルイス・グリッグス（Lewis Griggs）らの経営コンサルタントたちによって最初に行われた。その後やがて多くの大企業がDMを人的資源管理の当然の一分野として受け入れるようになる。つまり，ケリー＝ドビンの卓抜な比喩を使えば，

官僚制の逆機能：マックス・ウェーバー（Max Weber）は，個々の組織成員の役割が規則によって規定された最も合理的かつ効率的な組織として官僚制を想定したが，ロバート・キング・マートン（Robert King Merton），フィリップ・セルズニック（Philip Selznick），アルヴィン・ウォード・グールドナー（Alvin Ward Gouldner）らのウェーバーの後継者たちは，官僚制の非合理な面をも主張し，これを官僚制の逆機能と呼んだ。

カラー・ブラインド（color-blind）：憲法における平等保護規定は，「結果の平等」（実質的平等）ではなくて「機会の平等」（形式的平等）の保障を求めているゆえに，すべての人を等しいスタートラインに立たせるためには，膚の色（人種）や性別のような属性の違いを無視して共通の（中立的）基準に従わなければならないとする考え方。

競争優位（competitive advantage）：組織あるいは製品・サービスの差別化を通じて，競合企業よりも高い市場占有率や利益を達成することをいう。ある企業の経営戦略を，競合企業が模倣できるか否かによって，競争優位は一時的な（temporary）ものにも持続的な（sustained）ものにもなりうる。

少なくとも最初は，AA という古いワインを注ぎ入れるための新しい革袋として DM はつくり出されたわけである。

3 アファーマティブ・アクションからダイバーシティ・マネジメントへの変容

1980 年代初頭における AA の practical な方向での再理論化とは異なり，1980 年代末のそれにおいては，いくつかの事情が追い風となったと考えられる。決定的であったのは，予測される人口構成の変化が労働市場と消費市場に及ぼす影響について，この時期に警鐘が鳴らされ始めたことである。減少が予測される白人男性だけに従業員の供給源を求めていては有能な人材を確保できなくなるという危惧から，また拡大が予測されるマイノリティの消費者をターゲットにした新製品の開発や販売面でのアクセスに従来の白人中心の従業員構成では対応できないという危惧から，マイノリティを含めた多様な従業員を受け入れる必要性（workforce diversity）が主張された。加えて，企業活動のグローバル化の進展を背景として，多様な文化的背景をもった従業員から職場が構成されなければ，多くの国々での事業展開に対応できなくなることも懸念された。そして，1987 年にハドソン研究所が出版した未来予測レポート *Workforce 2000* によって，そのような危機感が説得的に繰り返されるとともに，多くの EEO/AA 専門家たちがこのレポートに自らの主張の論拠を求めたことが，AA の DM への変容を決定的にしたといえる。

以上概観した AA から DM への発展において強調しておくべきことは，この発展を推進した人々が，理論的には，企業目的への貢献を売り込むために DM の新しさ，そして AA と DM との間の断絶をむしろ強調したのは当然であったとしても，具体的な実践の面では，連続性が確認できることである。1つは，同一人物が AA 担当者から DM 担当者へ横滑りしている例が多くみられるという点での，いま1つは，P&G 本社の事例の中で後述するが，大企業の DM 制度として行われているものの中にかなりの比率で AA 的施策が残存している点での，連続性である。ただし，数値目標を定めた募集計画・訓練計画のような職場におけるマイノリティと女性の活躍を拡大するためのイニシアティブは取

り除かれているという意味で，それは「希釈された AA」ではあった。さらにいえば，その後理論としての DM は practical な利点を強調することに余念がなかったが，ethical な課題への言及をわずかではあるが引きずっているという点でも，両者の間の連続性を確認することができる (David A. Thomas and Robin J. Ely〔1996〕"Making Differences Matter", *Harvard Business Review*, Vol.74, No.5, p.86)。とはいえ，DM においては，ethical な課題への言及は practical な側面の実現の手段として役立つ限りにおいて言及されている。

3 P&G 本社におけるダイバーシティ・マネジメント

日本において DM という言葉は，アメリカから輸入されカタカナ表記される他の多くの経営に関する新語と同様に，それ自体価値中立的なものとして受け取られているきらいがあるのではないかと思われる。しかし，前節で検討したように DM は，アメリカ社会の中で歴史的に形成された差別を道徳的に誤ったこととして否定するだけでなく，さらに差別されてきた側の不利益は是正されるべきであるとする ethical な意図のもとに導入された，そしてそのようなものであったがゆえに既得権をもった社会階層からの反発を引き起こし，政治的論争の争点ともなってきた AA の制度的内容の多くを直接的に継承したものであった。しかも，その継承を可能にする前提条件は，AA 本来の目的の達成を企業の practical な目的の手段と位置づけるという意図に従うことにあった。このような DM の出自ゆえに，DM においては，AA にはらまれていた社会階層間の利害対立という問題が，使用者と従業員との間の利害対立の可能性によってさらに複雑化する恐れがある。それゆえ，研究者の中には，DM は，社会的に解決されなければならない ethical な課題を，差し当たりは個別企業において解決されるべき practical な課題として取り扱わなければならないという矛盾を抱えている，と批判する者もいる (John Wrench〔2005〕"Diversity management can be bad for you," *Race & Class*, Vol. 46, No.3, pp.73-84 参照)。

したがって，少なくともいえることは，今後 DM が正当な制度として存続するか否かは，企業が DM の歴史的出自に自覚的であるとともにこのような

第10章　P&Gジャパンのダイバーシティ・マネジメント

矛盾のもたらす緊張に耐え続ける努力を放棄しないことに，換言すれば ethical な課題の克服への努力を可能な限り継続することにかかっているということであろう。経営のアメリカモデルと日本モデルの位置関係を考察するという本書全体の目的（序章を参照）との関連で DM を検討するためには，代表的企業において DM の名のもとに何が行われているかをまず実態に即して把握しなければならないが，それは上述したような努力という観点からいかなる取り組みが行われてきたかを観察することとして捉え直されるべきであろう。そのような意味で，次に検討する P&G と P&G ジャパンは，アメリカと日本における DM の先進企業と目されているがゆえに恰好の題材であるといえる。

1　現在の P&G の事業内容と業績

　1837年10月31日にオハイオ州シンシナティで小規模の石鹸・ロウソクメーカーとして誕生した P&G は，今や純売上高790億2900万ドル，営業利益161億2300万ドル，純利益134億3600万ドル（以上は，2008年7月1日～2009年6月30日の2009会計年度における数値）を誇る世界最大の消費財メーカーに成長している。80カ国以上の事業拠点において13万8000人の従業員によって製造される300以上の製品は，180カ国以上の人々の生活の中で毎日使用されている。単独の売上額が10億ドルを超えるブランドが23あり，その中には紙おむつのパンパース，ヘアケア製品のパンテーン，ポテトチップスのプリングルス，ペットフードのアイムス，安全カミソリのジレット，電気シェーバーのブラウンなど，日本人の生活になじみの深いものが多い（*2009 P&G Annual Report*, PG. com　2009年10月1日アクセス）。

　現在 P&G の収益の60％は米国外の事業からもたらされており（1980年におけるこの比率は25％），したがって国内市場を含めてますます多様な市場への対応を必要とされていることが，同社が DM に熱心に取り組んでいる理由の1つであろう。さらに，そのような単なる市場へのアクセスという観点からだけではなく，P&G の海外進出を1955年以来支配した原則「製品は各国の消費者の需要に合うように調整されなければならないが，各国の支社の構造，方針，実践は P&G 本社の厳密なレプリカであらねばならない」（初代海外事業担当副

社長 Walter Lingle によって確立されたので，リングル原則と呼ばれる）の限界が特に P&G ジャパンの日本市場における後述するような悪戦苦闘によって 1980 年代に露呈し，1999 年に Organization 2005 と呼ばれる「グローバルに考え，ローカルに活動する」ことを指向した「P&G の歴史上最も劇的な組織変革」が実施され始めたこと（1990 年以降北米・ヨーロッパ・ラテンアメリカ・アジア太平洋の4つの地域別組織に置かれていた**プロフィット・センター**が，7つの製品別組織に移された）により，グローバル組織全体での有能な人材の公正な活用という観点から，ますます DM が同社において要請されているといえる（Christopher A. Bartlett〔2003〕"P&G Japan: The SK-II Globalization Project", *Harvard Business School Cases*, Product#: 303003, pp.1-5）。とはいえ，P&G は以上のような practical な理由だけから DM に取り組んできたのではなく，むしろ P&G の DM 制度全体の構成と性質と，それへの社会的評価を決定づけているのは，歴史的に先行するより ethical な理由であったと考えられる。

2　P&G の経営理念

　ところで，1993 年にウォールストリート・ジャーナルの記者アレシア・スウェージーが発表したルポルタージュ（Alecia Swasy〔1993〕*Soap Opera*, A Touchstone Book／岸本完司訳〔1995〕『11 番目の戒律　上・下』アリアドネ企画）は，以下紹介するような P&G の姿とは正反対の暗部を告発しており，綿密な取材に基づいているだけに無視できないものを含んでいると思われる。ただこの本を含めて多くの文献が示唆するように，P&G の DM への取り組みの基底には，創業以来継承されてきた，従業員を最も重要な資産として捉える（ただし，P&G 流の考え方に忠実である限りにおいて）とともに同質性を追求する組織文化と**経営理念**があることは確かなようである。それは，「われわれの会社が資金と建物とブランドを奪われたとしても，従業員さえわれわれに残してくれたなら

プロフィット・センター（profit center）：同一企業内部において，管理会計上の原価と収益の集計単位となるとともに，全社的な経営方針の枠内で独立採算制により利益を達成すべき利益責任単位として扱われる部門を指す。一般的には，一企業全体の経営活動を，製品別，地域別，市場別に分化させて形成される事業部の形態をとることが多い。

ば，10年で万事を再建することができる」(Davis Dyer et al.〔2004〕*Rising Tide: Lessons from 165 Years of Brand Building at Procter & Gamble*, Harvard Business School Press, p.159) という言葉に敷衍されて語り継がれてきたし，創立150周年を迎えた1987年にまとめられた社是の中の以下のような1項目に確認することもできる。「われわれは，人種や性別やその他の成績とは無関係のいかなる差異をも顧慮することなく，みつけ出すことのできる最も優秀な従業員を採用する。」そして，このような理念と実践との間の一貫性を保つために，「内部からの昇進」が人事上の不変の方針とされてきた (Michael Y. Yoshino and Paul H. Stoneham 〔1990〕"Procter & Gamble Japan (A)", *Harvard Business School Cases*, Product#: 391003, pp.1-2, 14)。このような意味で，1972年のジョージア州オールバニーにおける紙製品の新工場立ち上げの過程は，上記の理念が単なる御題目ではないことを示したとともに，同社におけるDMの直接的出発点となった出来事であったといえるので，少し詳細に紹介したい。

③ P&Gにおけるアファーマティブ・アクションからダイバーシティ・マネジメントへの発展

新工場の建設地としてオールバニーが選択されたのは，1957年の就任以来マイノリティの雇用を推進してきたハワード・モージェンス (Howard Morgens) 社長にとって，そこがP&Gの経営理念の揺るぎなさを示すための試練の場と捉えられたからである。というのも，オールバニーは，**人種隔離**の長い歴史をもち，公民権運動の指導者マーチン・ルーサー・キング牧師 (Martin Luther King, Jr.) が1961～1962年に三度投獄され，これに対する抗議運動のさなか4つの黒人教会が爆破され，暴動鎮圧に1万2000名の州兵が投入され，その後1964年に公民権法の制定により人種隔離が撤廃されてからも依然とし

経営理念 (managerial philosophy)：経営者が表明する企業のレーゾン・デートルや行動指針を意味する。社是，社訓などの形で簡潔かつ体系的に表明・宣伝されることが多いが，創業者や貢献した経営者の言動についての非公式な伝承の形をとることもある。対内的には従業員の規律と動機づけを実現するための指導原理となり，対外的には企業イメージをアピールする手段となりうる。

人種隔離 → 「ブラウン判決」213頁と「公民権運動」214頁を参照。

て人種的緊張が底流していた場所であったからである。まず，白人60%，黒人40%，男性80%，女性20%という同市における労働力人口の構成を反映した採用計画が立てられたが，実現のためには慎重な配慮が必要であることが認識された。

そのために，1972年3月に，5人の黒人管理者を含む約60人の関係者が集められ，2週間にわたって，新工場の予備設計を検討するための会議が開催された。その2日目に，黒人には仕事をする能力があるのかどうか，採用や評価に関して黒人に対する優遇措置（白人と黒人の間の二重基準）が必要であるのかどうかをめぐって論争が起こり，意見の一致をみなかったので，この問題をさらに検討するための，白人と黒人から構成される対策委員会が設置された。そこでは，白人と黒人が相互に人種にまつわる神話と固定観念を抱き合っていることに問題の根源があると認識され，人種関係を新工場のチーム編成と訓練における最重要問題に据えることが決定された。P&Gはこれを支援するためにプライス・コッブズ（Price Cobbs）とロン・ブラウン（Ron Brown）という2名の黒人コンサルタントを招聘した。特に精神科医コッブズは，人種差別を心理学的観点から分析した100万部以上のベストセラー『黒い怒り』(William H. Grier and Price M. Cobbs〔1968〕*Black Rage*, Basic／太田憲男訳〔1973〕未來社）の共著者として有名な人物である。人種差別を精神療法によって治療されうる一種の精神病と捉えていた彼らは，1972年8月に，民族治療法（ethnotherapy）と呼ばれるアプローチを用いて，白人と黒人を含む13人の管理者に対して，人種についての無意識の思い込みや根拠のない固定観念を自覚させる人種的覚醒ワークショップ（Racial Awareness Workshops）を実施した。

それはいくつかの重要な成果を生み出した。第一に，人種問題が単にオールバニーだけの問題ではなくP&G全体の問題であるという認識が共有されるようになった。第二に，例えば，人種隔離の名残ゆえに黒人管理者が特定地域において住宅を購入することができないといった，白人が気づかない黒人特有の問題が浮き彫りにされた。この問題については，住宅問題タスクフォースが設置された。第三に，両人種が工場のすべての地位において適切な比率で採用されることを保証する具体的目標が設定された。第四に，就職面接において人種

的偏見にとらわれた質問がなされないように手続きが改良された。第五に，新しく配属される管理者と技術者のための訓練メニューに人種関係ワークショップが追加された。第六に，専任の人種的交流管理者（racial interface manager）が採用された。以上述べたような準備を経て，当初計画された人種別と性別の比率に基づいて1972年夏から従業員の採用が開始されたのである。操業開始後も，人種に起因する問題が表面化する前にその兆候を発見するための人種的態度感知制度（Racial Attitudes Sensing System），黒人が技術職や上級管理職の地位に就く機会の増大を支援するとともに，そのための募集・訓練方針の改善を推進する黒人管理者タスクフォース（Black Managers Task Force），女性管理者・技術者タスクフォース（task forces for female managers and technicians）などの施策が導入された（Dyer et al.〔2004〕pp.166-175）。

　以上のようなオールバニー工場における雇用平等化への取り組みは，明らかに自主的AAという観点から理解されるべきものであったが，その後それは他の工場にも浸透し，さらに1988年5月にジョン・ペッパー（John Pepper）会長が設立したダイバーシティ・タスクフォースを通じて全社的にDMとして体系化されてきた。P&GにおけるDMの現在の姿は，P&Gのホームページによって知ることができる。そこに盛られている情報量は膨大といってよく，ここで紹介し尽くすことはもちろんできないが，その内容を大別すれば，多文化地域社会への**アウトリーチ**（Multicultural Community Outreach），サプライヤー・ダイバーシティ（Supplier Diversity），ダイバーシティ・リクルーティング（Diversity Recruiting）の3分野に分けられる（PG. com）。

[4] P&Gにおけるダイバーシティ・マネジメントの3本柱

　多文化地域社会へのアウトリーチは，寄附金によって，P&G従業員のボランティア活動によって，あるいは企業外のNPO組織と協力することによって，

アウトリーチ：福祉活動や市民運動の分野で使われる言葉であり，特に，福祉や医療に関する支援や助言を必要としている人々が要請してきた後に初めてそれらを提供するのではなく，むしろ支援や助言を提供する側が率先してそれらを必要としている人々を探すとともにその現場へ出向いて奉仕することを意味する。

米国内を含めて P&G が事業活動を行っている国々の住民の生活全般を向上さ
せるための活動である。この分野では，世界中の0～13歳の児童を対象に，衛
生・健康，教育，生活スキルの面で支援する P&G Live, Learn and Thrive が
中心的プログラムである。毎年5000万人の児童が恩恵を受け，2005年度には
総額1億500万ドルが寄附金として拠出された。米国内においては，ヒスパ
ニック系と黒人に対する活動が中心となっている (PG. com, *Global Philanthropy
and Contributions Report 2005*)。

　サプライヤー・ダイバーシティは，マイノリティと女性の所有する企業を認
定しそこから優先的に購入することによりこれらの企業を支援する，1972年
に開始された制度である。2009年には，P&G はマイノリティと女性が所有し
ている2000社以上から20億ドル以上を購入している (2004年は，700社以上
から，11億ドル以上。これは，合衆国における購入総額の約9％)。取引相手別の
内訳をみると，2006年度にこの制度を通じて購入に費やされた18億ドルの内，
マイノリティの所有する企業との取引に7億8600万ドル以上が費やされ，そ
の内の5億5500万ドル以上が黒人の所有する企業との取引に費やされている。
この制度の利用を希望するサプライヤーは，まず，全国マイノリティ・サプラ
イヤー発展審議会 (National Minority Supplier Development Council)，女性企業
全国審議会 (Women's Business Enterprise National Council)，中小企業庁 (Small
Business Administration) のいずれかによってマイノリティあるいは女性によっ
て所有される企業であるという認証を受けた後，P&G のサプライヤー登録サ
イトに登録しなければならない。ちなみに，P&G は，多様なサプライヤーか
ら年間10億ドル以上購入している16企業から構成されるフォーラム「10億
ドル円卓会議」(Billion Dollar Roundtable) の2005年以来のメンバーである (PG.
com, *P&G 2008 Sustainability Report*)。

　ダイバーシティ・リクルーティングは，多様な人材の募集・採用だけに限ら
ず，入社後の能力開発・配置・昇進・定着などへの支援にかかわる活動である。
募集・採用については，いかなる地位についてであれ，志願者は，80カ国で
利用できるオンライン・システムを使って世界各地から応募することができる。
エントリーレベルの職務に関する試験・面接・採用とその後の昇進については

第10章　P&Gジャパンのダイバーシティ・マネジメント

ローカル支社が責任を負うが，上級職位への昇進と国境を越えた配置転換は，本社の執行役員によってグローバルに管理されている。エントリーレベルの職務にかかわる人事についてP&Gが最も重視するのは大学新卒者の採用であり，毎年100以上の大学から学業と学業外活動の両方の点で傑出する大学生を採用している。そのために，多数の上級ライン管理者が世界中のトップ大学を訪問し募集活動に従事している。またインターン・プログラムの体験者を競合企業よりも高い比率で採用している。上級職位にかかわる人事については，世界規模のデータベースを駆使してほんの数分間でまず5名の有能な候補者をみつけ出し，その中から1人を決定して実際に配置するまで3カ月しかかからない。

　以上のリクルーティングの基軸的プロセスにおいてはもちろんカラー・ブラインドが原則であるが，むしろ**カラー・コンシャス**の観点から，P&G自身が設立したサポート・システムあるいは従業員が自主的かつ社内横断的に形成したアフィニティ・グループ（共通関心団体）が様々な属性をもつ応募者や従業員を支援することを，P&Gはむしろ奨励するとともにDMの一環として位置づけている。これらの活動は，女性，ヒスパニック系，黒人，アジア・太平洋系，ゲイ・バイセクシュアル・レズビアン，身体障害者，ネイティブ・アメリカンという7つのカテゴリーに沿って実施されている。P&G自身が設立したサポート・システムの1つとしては，例えば，身体障害者の採用，定着，昇進などを支援する身体障害者タスクフォース（People With Disabilities Task Force）がある。また，アメリカ国内のP&G事業所内では70以上のアフィニティ・グループが活動しており，例えば，公平な競争の場の確立をめざして30年前に設立された黒人リーダー・フォーラム（Black Leadership Forum）は，今や黒人が管理者に昇進するための登竜門になっているとともに，他のアフィニティ・グループのモデルにもなっている。以上の取り組みの結果，2002～2008年に，アメリカ国内の事業所における全管理職に占めるマイノリティの比率は

カラー・コンシャス（color conscious）：「機会の平等」を追求しても，歴史的に形成されてきた差別（結果の不平等）の社会構造は残存するので，真の平等社会を実現するためには，むしろ膚の色（人種）や性別のような属性の違いに着目しなければならないとする考え方。→「カラー・ブラインド」216頁。

16.1%から21.1%へ、女性の比率は34.4%から39.6%へ増大している（PG. com, Douglas A. Ready and Jay A. Conger〔2007〕"Make Your Company a TALENT FACTORY", *Harvard Business Review*, Vol.85, No.6, pp.73-76）。

4 P&Gジャパンにおけるダイバーシティ・マネジメント

1 P&Gジャパンの沿革

P&Gが、1972年11月に日本市場への参入を正式発表し、翌年日本サンホームとの合弁会社P&Gサンホーム（1977年に100%子会社化）を設立して事業を開始したとき、花王やライオンといった日本の競合企業はそれを黒船来航に喩えられるべき脅威と受け止めたが、その10年後の結果はP&Gにとって惨憺たるものであったといってよい。1983年までに、営業損失は2億5000万ドル累積し、年間売上高は最盛時に比べて1億2000万ドル落ち込んでいた。当時CEOであったエドウィン・L・アーツト（Edwin L. Artzt）は、日本から撤退すべきか否かの決断を迫られたが、日本の経営戦略的重要性を重視して、つまり、消費者の要求水準が世界で最も高く、高い技術力をもったライバル企業との競争が熾烈であり、規模という点で世界第2位であるような日本市場で成功しなければ世界で成功することはできないことを確信して、結局日本での事業継続を決断した。その決断は、1984年に、累積赤字を本社に吸収するとともに関連会社5社を統合してP&Gファー・イースト・インク（日本支社）を設立したことによって具体的に示された（2006年にP&Gジャパン株式会社へ組織変更された）。それから四半世紀経ち、今や日本支社はP&Gグループ全体のために新製品や新発想の成否を占う実験場として位置づけられており、そのような日本支社の経営戦略的重要性は、ダーク・ヤーガー（Durk Jager, 1999~2000年）、アラン・G・ラフリー（Alan G. Lafley, 2000~2009年）、ロバート・A・マクドナルド（Robert A. McDonald, 2009年~）と3代続けて日本支社長経験者が本社CEOに選ばれたことによっても裏づけられる。とはいえ、日本支社がP&Gのお荷物であることから脱し最強の海外事業部の1つとなるには、収益が17億ドルに達し、いくつかのブランドでシェアトップを他社と争う位置を

占めるに至った2001年まで待たなければならなかった（Yoshino and Stoneham〔1990〕pp.1, 6-12；Dyer et al.〔2004〕pp.211-218）。そこまでの紆余曲折を少し振り返ってみたい。

1985～1988年に，ヤーガー支社長のもとで，市場調査，広告，物流の根本的改革が行われた結果，売上高はこの間に270％増大し，1988年には洗濯機用洗剤で再び採算がとれるようになり，紙おむつと生理用ナプキンでシェアトップに立ったが，バブル経済崩壊後は売上・シェアともに大きく後退した。新たな収益源として1992年から参入したビューティケア事業も，事態を改善させるよりはむしろ悪化させた。1994年には，ビューティケア事業は，3億ドル未満の売上げで5000万ドルの損失を計上した。その上，1995年1月の阪神大震災で神戸本社と明石工場が被災するという打撃も重なった。したがって，日本支社の立て直しのために派遣されたマクドナルドは，1996年に富士工場を，1999年に栃木工場を閉鎖するとともに，全従業員の4分の1に当たる1100名を解雇あるいは配置転換するリストラを断行せざるを得なかった。

しかしながら一方で，本社に戻って1996年にCOOに就任したヤーガーは，新製品開発こそP&G発展の原動力であるという認識のもとにグローバル戦略を練り直し，R&D予算を12％増大させる一方でマーケティング費用を9％削減する方針を示すとともに，それを実施するための計画である上述したOrganization 2005を策定し始めていた。このような変革は1999年にヤーガーがCEOに就任する前に効を奏し始め，本来主力商品であった紙おむつや生理用ナプキンのシェアが回復するとともに，ビューティケア事業も1997年にはやっと収支相償う段階にこぎつけた。ビューティケア事業からは，造り酒屋で働く杜氏（とうじ）の手が若々しさを保っていることに着目して日本で開発された酵母成分を含む高級スキンケア商品のような世界的ヒットも誕生するまでになった（Bartlett〔2003〕pp.3-6；Dyer et al.〔2004〕pp.218-227）。

〔2〕 P&Gジャパンにおけるダイバーシティ・マネジメント開始の経緯

まさに以上のような経緯を背景として女性の能力やセンスの活用が経営戦略上の重要な課題として浮上したこの時期に，日本支社におけるDMは本格的

に取り組まれ始めたのである。当時グローバル・ダイバーシティ担当副社長であったラヴェル・ボンド（LaVelle Bond）は，そのような課題を次のように述べている。「日本とイギリスの両国において，成長・発展・貢献・リーダーシップに関心がある女性たちが真っ先にチョイスするような会社にP&Gはなる必要がある」(Margaret Blackburn White〔1999〕"Organization 2005 New Strategies at P&G," *Diversity Factor*, Vol.8, No.1, p.19)。

　有村貞則の研究によると，「1990年代に入ると，各部門レベルでダイバーシティ推進のための活動が始まった。……しかし，日本P&Gで正式にダイバーシティが推進されるようになった年を強いてあげるとすると1999年である。なぜなら，この年に初めてダイバーシティ担当のマネジャーが任命されるとともに部門の枠を超えた社員を対象にダイバーシティ・トレーニングの一環であるウィメン・サポート・ウィメン・ワークショップ（WSW）が開催されるようになったからである」(有村貞則〔2007〕『ダイバーシティ・マネジメントの研究』文眞堂，203-204頁）という。カナダで初めて実施されたばかりであったWSWの日本での開催を提案した人物は，当時アジア地区の新規事業開発担当ヴァイスプレジデントに日本人として初めて就任していた和田浩子氏であるが，同氏は提案の理由を次のように述べている。「WSWセミナーは女性管理職に焦点を当て，自分でこのキャリアをチョイスしたということを再確認したり，ロールモデルを考えたり，自己啓発の方法を学ぶものです。……男性たちが，仕事を円滑に進めるためのネットワーク作りをごく自然にできるのに対して，女性はどうもうまくいかないようです。……数日かけた滞在型のワークショップですので，互いに刺激になるだけでなく社内の人脈作りとネットワークを持つことの大切さを感じる良い機会になると思いました。企画書を提出し趣旨を説明したところ，他の外国人のマネジャーたちも賛同してくれました。さらに『でも何で女性だけなの？　男性も一緒にやったらいいのに』という意見も出ました。……でも私は『日本ではまず女性中間管理職のためにやる必要がある』と考えていました。……日本の組織にジェンダーダイバーシティの利点を高めるために，女性側の意識をもっと向上させることが必要だと思ったのです。」(和田浩子〔2008〕『P&G式世界が欲しがる人材の育て方』ダイヤモンド社，228-230頁）

その後，第2回WSWセミナー（2000年）への参加者の中から女性の活用についてトップ経営者層に具体的な要望を出す必要性があることを訴える声が上り，全社規模のウィメンズ・ネットワークが設立される。最初これは非公式のチームとして誕生したが，和田氏の上層部への提案の結果，これ以後ダイバーシティ推進のための公式組織として承認された。またこれに連動して，ダイバーシティ・マネジャーの役職が新設され，第1回WSWセミナーに参加した女性マネジャーが就任した。2003年にはこのセミナーへ男性社員も参加させる方針が打ち出され，名称もダイバーシティ・ネットワークに変更された。また，このような取り組みを広く社員に周知させるために，2004年4月から神戸本社において，朝から夕方まで丸一日を使って社長から一社員までが講演や発表に参加するダイバーシティ・フォーラムが開催されるようになった（和田〔2008〕231-232頁；有村〔2007〕216-218頁）。

3 P&Gジャパンにおけるダイバーシティ・マネジメントの4本柱

現在P&Gジャパンで行われているDMは，大きく分けると4つの分野から構成されている。第一は，DMの前提条件となるべきものであり，上述したような世界共通基準での公正な実施が目標とされる，採用，配置，昇進，人材育成などの雇用管理の分野である。第二は，一般従業員と管理職がどの程度ダイバーシティの推進に貢献したかを給料や昇進に反映させることが方針とされている，人事評価の分野である。第三は，ダイバーシティ・ネットワーク，ダイバーシティ・フォーラム，ハラスメント・トレーニングなどを内容とする教育訓練や自己啓発の分野である。第四は，柔軟な勤務形態（在宅勤務，短時間勤務）やワークライフバランス（産前産後休暇，育児・介護休業の取得支援）などにより多様な働き方を支援する分野である。

以上の取り組みの成果は，P&Gジャパンにおける課長相当職と部長相当職に占める女性の比率がそれぞれ24％と26％（ともに2007年）であり，日本企業の平均より4倍以上も高いことに表れている。ちなみに，日本企業の平均をみると，課長相当職と部長相当職に占める女性の比率はそれぞれ6.5％と4.1％（ともに2007年）である（P&Gジャパンホームページ〔http://jp.pg.com/　2009

年11月15日アクセス])。

5 本社と日本支社のダイバーシティ・マネジメントの対置

　P&G本社のHPにおいて，DMはCompanyという大項目における，Who We Areという中項目の中の一小項目として説明されている。つまり，DMは，少なくともタテマエ上は，同社のいわばアイデンティティにかかわることとして位置づけられている。しかも，その情報量は小項目とはいえ，P&Gジャパンの HP における DM に関する情報量の少なく見積もっても 10 倍以上あるのではないかと推測される。内容的にもワークフォース・ダイバーシティ以外の多文化地域社会へのアウトリーチやサプライヤー・ダイバーシティに多くのページが割かれている。それに対して，P&GジャパンのHPにおいてDMは，「採用」という大項目における，中項目の1つとして説明されている。つまり，そこではDMはワークフォース・ダイバーシティとの関連でのみ，しかも特にジェンダー・ダイバーシティを中心に語られている。結果として，本章のタイトルとは裏腹に，P&GジャパンよりもP&G本社への言及が多くなってしまったが，むしろそのことによって，P&GジャパンにおけるDMの特質と日本企業一般においてDMの名の下に多様性の尊重と活用への取り組みが実施されることの問題性が陰画のように浮び出たのではないだろうか。

　P&G本社においては，多様性への取り組みは，アメリカ社会の矛盾に対する否応なしの ethical な対応としての自主的 AA として開始され，そのような性質と内容を色濃く残しながら現在のDMへと発展し，その practical な側面の成果は長期的観点からのみ評価されているように思える。それに対して，P&Gジャパンにおけるそれは，当時の日本における男女雇用均等化についての ethical な議論と軌を一にしながらも，むしろそのような課題への対応を，P&Gの世界戦略の重要な一環である日本支社の経営戦略を実現するための手段として活用するという practical な意図を先行させる形で，しかも女性の活用以外の多様性の側面についてはほとんど取り上げることなく，最初からDMの名のもとに開始されている。

第10章　P&Gジャパンのダイバーシティ・マネジメント

　P&G本社の先進事例がわれわれに与える印象は，機会均等という本質的に道徳的かつ倫理的であるはずの問題をDMが経営戦略上の問題にすり替えてしまうといった批判的研究者たちによって指摘される危険性（Wrench〔2005〕pp.77-80）には確かに留意しなければならないにしても，奴隷制度や先住民の征服といったAAの遠因となったアメリカにおける歴史的背景を思い浮かべるならば，良かれ悪しかれ，少なくともアメリカにおいてDMのような制度が必要とされるのは無理もないことだということである。それに対して，P&Gジャパンという日本における先進事例は，同社における日本的な性質を帯びた多様性にかかわる課題に取り組む活動それ自体は真剣かつ活発なものであるとしても，そのような活動をDMというアメリカ的特殊性のしみ込んだ言葉の下に行わなければならないことの，何かしっくり行かないとでもいうべき印象を伝えているように思える。

　そのような印象は，DMにかかわる次のような懸念と関連する。アメリカ企業においては，仮にpracticalな意図の下にDMという言葉が使われるときであっても，P&Gの事例が示しているように，その裏にethicalな課題が張り付いていることに少なくとも連想が働かせられ，したがって可能性としてはethicalな課題の解決につながることもあるかもしれない。事実，DMに対する企業努力に関してDiversityIncといった推進団体あるいは『Fortune』や『Black Enterprise』などの雑誌によって毎年発表されるランキングは，多様性の活用がどの程度利益や競争優位の達成につながったかというようなpracticalな観点からではなくて，マイノリティや女性を管理職として何％採用したかというようなethicalな観点あるいはAA的な観点から順位を決定しており，したがって上位企業においてはethicalな課題の解決につながっていることもあるかもしれない（ガースナーが開始したIBMにおけるDMが，これらのランキングにおいて高い評価を受けているのは，それ以前に導入されていたAAの遺産のおかげであろう）。しかし，多様性の次元としてジェンダーの分野だけを取り上げた場合でも（他にも，障害者，外国人などの重要な課題はあるが），AAよりも法的強制力の弱いポジティブ・アクションさえ議論と実践の両面において十分に取り組まれてきたとは言い難い日本（松田聡子〔1998〕「わが国におけるアファーマ

▶▶ Column ◀◀

GLBTとダイバーシティ・マネジメント

　GLBT（あるいはLGBT）とは，ゲイ，レズビアン，バイセクシュアル（両性愛者），トランスジェンダー（性同一性障害者）の略で，性的少数者の総称でもあります。統計値はありませんが，アメリカの15歳以上人口の10%前後とみられています。これらの人々は，依然として，社会のいろいろな面で差別と偏見の対象となっているといわれます。

　しかしながらこれらの人々に対する差別の克服という点では，アメリカの大企業は一般社会よりも一歩も二歩も先を行っているようです。アメリカの34州では，単にゲイであることだけを理由として従業員を解雇したとしても合法ですし，ゲイ同士の結婚を法律上認めるかどうかについての投票を行った27州の内26州がこれを否決しているのに対して，少なくともアメリカ大企業においてはゲイであることは当たり前の現実になっています。2006年時点で，フォーチュン500社の内の半分以上が，正確にいえば263社が，従業員の同性の配偶者に対しても医療保険を提供しているからです。P&Gは2002年から同様の措置を開始しています。

　とはいえ，P&Gも最初から理解があったわけではありません。そもそも本社所在地のシンシナティ市の投票者が，1993年に，ゲイを差別から守るためのいかなる法律をも同市が通過させることを禁じる修正条項（Article 12）を65対35で採択していたという背景もありました。しかしながら，同社内のゲイとレズビアンの従業員によるアフィニティ・グループGABLEを1996年に承認したことにより，次第にGLBTという存在に理解を示すようになりました。そしてその後，2004年にシンシナティ市民は54対46でArticle 12を破棄しましたが，それにはP&Gが破棄賛成を公式的に表明したことが少なからずあずかっていました。当時のCEOラフリー（A. G. Lafley）は支援の理由を，「Article 12は包容力（inclusive）を感じさせず公正でもないだけでなく，市の経済的活力を深刻に損なっている」と述べています。その後，ゲイ権利グループCitizens to Restore Fairnessに対して，P&G社は4万ドルを，ラフリー個人は同社の株式の形で約5000ドルを寄附しました。そして自らがレズビアンであることを公表し，当時はラフリーの後継者と目されていた（しかし，2009年3月8日，55歳の誕生日に退社）アーノルド（Susan Arnold）副社長は1万ドルを寄附しました（Marc Gunther〔2006〕"QUEER INC.", *Fortune*, Vol.154, No.12, pp. 94-110, 参照）。

　GLBTは，以上みたようなワークフォース・ダイバーシティの対象としてだけでなく，ダイバーシティ・マーケティングの対象としても注目されています。GLBT関連市場を，多様性からの連想で「レインボー市場」と呼ぶそうですが，米大手調

査会社ウィテック・コームズ・コミュニケーションズの推計によると，2005年の米国レインボー市場の規模は約75兆円に達するといいます（『日経流通新聞』2006年4月19日付，参照）。

　いずれにしても，多様性の規模と程度の点で，アメリカは日本に比べて桁違いであり，良かれ悪しかれ，DMのような制度が必要とされるのも当然といえば当然といえるのかもしれません。

ティブ・アクション〔ポジティブ・アクション〕受容の経緯と課題」『帝塚山学院大学教養課程研究紀要』第6巻, 39-43頁) において，DMという言葉の下に異質性の尊重と活用が取り組まれると，初めからDMのpractical な方向性に引きずられることにならないだろうか。日経連ダイバーシティ・ワーク・ルール研究会報告書は，「仕事と関係のない属性によって，仕事や処遇などで格差を設けることは許されず，これは戦略としてのダイバーシティ以前の問題である」(日経連ダイバーシティ・ワーク・ルール研究会〔2002〕54頁) と言明するが，日本においてはこの「ダイバーシティ以前の問題」，端的にいえばethical な課題が十分に取り組まれているとは依然としていえないのである。

　最後に，多様性の尊重と活用が日本においてDMの名のもとに行われようとしていることへの筆者の評価とは別に，それが多くの企業によってDMの名のもとに実施されている事実は事実として受け入れた上で，本書全体のテーマとの関連でまずいえることは，「グローバルに統合された企業 (Globally Integrated Enterprise)」(終章を参照) へと進化しつつあるアメリカ企業の代表といえるP&Gの日本支社のDMには，アメリカモデルへの「収斂」あるいは少なくとも「方向性の収斂」といった傾向を見出すことができるということである。問題は，さらにP&Gジャパンをはじめとする在日アメリカ系企業のDMの根幹において日本的要素を維持しようとする傾向が見出せるか否かである。アメリカとは異なる日本というコンテクストの中で考慮されるべき多様性の特質に応じて，DMの根幹において日本的要素が維持されハイブリッドが形成される可能性は大いにありうるといわねばならない。とはいえ，日本に導入されてからまだ日が浅いDMに焦点を合わせてこのような問題を考えるためには，P&G

ジャパンを含めた在日アメリカ企業のDMへの取り組みについてもうしばらく観察を継続することが必要であろう。

[推薦図書]
谷口真美（2005）『ダイバシティ・マネジメント──多様性をいかす組織』白桃書房
　　ダイバーシティとパフォーマンスとの関係，ダイバーシティがもたらすメリットとデメリット，ダイバーシティと企業の戦略的行動との関係などのDMをめぐる理論的諸問題を，膨大な先行研究のサーベイと事例研究に基づいて考察している。

有村貞則（2007）『ダイバーシティ・マネジメントの研究──在米日系企業と在日米国企業の実態調査を通して』文眞堂
　　米国のような多人種・多民族国家ではない日本におけるDMの必要性と可能性を，在米日系企業と在日米国企業の実態調査に基づいて考察している。

澤田　幹・平澤克彦・守屋貴司編著（2009）『明日を生きる人的資源管理入門』ミネルヴァ書房
　　全体的にDMと深く関連する人的資源管理の諸問題が平易に解説されているが，特に，第1章，第2章，第13章において，DMの理論的背景，アメリカと日本の先進事例，日本企業における障害者と外国人の雇用，が取り扱われている。

[設問]
1. 冒頭で紹介した日経連ダイバーシティ・ワーク・ルール研究会報告書は，ジェンダーや国籍のような個人間の異質性も，正社員Vs.非正社員のような個人間の異質性も，ともにDMの対象として同列に取り扱うことを提唱しています。そのようなアプローチが職場における差別の解消につながるかどうか，考えてみましょう。
2. 日本において個人間の異質性の尊重と活用に役立つ法律としてどのようなものがあり，それらはそのような目的に関してどの程度効果をあげているか，調べてみましょう。

（中川誠士）

第11章 ファイザーのメンタルヘルスケア

メンタルヘルスは働く人々にとって非常に大きな問題です。それが原因となって休職どころか退職を余儀なくされるといった事態にもなりかねません。そうなると，働く人々はもちろん，能力開発に取り組んできた企業にとっても大きな痛手になります。さらには，社会全体にとっても大きな負担になりかねません。ファイザーを事例に，企業主体のきめ細やかな対応はどうあるべきかを探ってみましょう。

1　わが国におけるメンタルヘルスケア

1　メンタルヘルスとは

　メンタルヘルスは「精神衛生」あるいは「心の健康」のことで，メンタルヘルスケアとは「心の健康の保持増進のための措置」を指す。わが国では厚生労働省が2000年に「事業場における労働者の心の健康づくりのための指針」，2006年に「労働者の心の健康の保持増進のための指針」をそれぞれ公表し，企業に対して従業員の健康管理を積極的に支援するよう求めた。その背景には，仕事に不安や**ストレス**を感じている労働者が6割を超えるといったストレスの蔓延傾向，さらには精神障害などによる労災補償の増加傾向がある。

　バブル崩壊後の経営環境の変化，グローバル化・IT化の進展，そして何よりも成果・業績型の人事労務管理の推進といった事態が仕事内容や職場の人間関係を大きく変化させたことでストレスの原因となり，多くの労働者がメンタル面での不調を訴えたのである。ここでいうメンタル面での不調（メンタル不全）とは，具体的にはうつ病，躁うつ病，うつ状態，ノイローゼ，心身症，人

ストレス　→本章のColumnを参照。

格障害，統合失調症などの精神面での不調のことである。こうしたメンタル不全の内，精神疾患は一定の割合で発生することが疫学的に証明されており，一生の内に一度は病気にかかる割合（生涯有病率）も，うつ病の場合は7.5％などという数字も明らかになっている（「心の健康に関する疫学調査の実施方法に関する研究」2003年）。つまり，メンタルヘルスケアはすべての企業にとって避けられない問題であり，メンタル不全からの回復には平均で約5カ月間の休務期間を要することから，企業にとって深刻な問題となる可能性が高いのである。

　もちろん，ストレスの原因となる要因（ストレス要因）は，仕事や職場生活だけにあるのではない。それ以外にも，家庭や地域などにも存在している。そのため，労働者がストレスを感知し，それに対処するセルフケアが必要である。だが，職場に存在するストレス要因は，そうしたセルフケアのみで対処できるものではない。そこでは，企業による対策が求められるし，それがセルフケアとならんで支柱とならねばならない理由がある。

2　メンタルヘルスケア

　実際，従業員の健康づくり施策について聞いた調査（社会経済生産性本部『2008年版メンタルヘルス白書』，以下『白書』）においても，メンタルヘルスケアは取り組みとして定期健康診断に次いで2位につけているが，定期健康診断に力を入れる企業が減少しているのに対し，メンタルヘルスケアは2002年以降一貫して増加傾向にある。メンタルヘルスが日常業務に大きく関係していることから，健康づくり施策の中で重視されているのである。これは，2008年度の調査から新たに加わり，社会的現象ともなった「メタボリック症候群対策」に力を入れる企業の18.6％に対し，「メンタルヘルス施策の実施・充実」に力を入れる企業は63.9％であった点にも現れている。

　厚生労働省の先に取り上げた2つの「指針」によると，メンタルヘルスケアは，①セルフケア，②ラインによるケア，③事業場内産業保健スタッフ（**産業**

産業医：厚生労働省の省令で定められた規模の事業場で，事業者によって選任される医師（労働安全衛生規則第13条）。健康診断，健康教育，健康相談，衛生教育，作業環境の維持など，労働者の健康障害の原因調査と再発防止に従事する。

医，衛生管理者，保健師，心の健康づくり専門スタッフ，人事労務管理スタッフ）などによるケア，④事業場外資源（専門知識を有する企業などや地域産業保健センター）によるケア，の4つが継続的かつ計画的に行われることが重要である。企業に求められるのは，①に関しては，そのための教育研修や情報提供を従業員と管理者に行うこと，あるいは相談体制の整備，セルフチェック機会の提供である。②に関しては，部下の状況を日常的に把握している管理職に対して教育研修や情報提供を講じることで，職場環境の把握と改善（ストレスマネジメント），ならびに部下からの相談対応を行える体制の整備である。③に関しては，事業場内産業保健スタッフなどを配置し，セルフケアとラインによるケアを効果的に実施し，メンタルヘルスケア実施に関する企画を立案し，メンタルヘルスケアに関する個人の健康情報を安全に取り扱い，事業場外資源とのネットワークを構築する。④に関しては，必要に応じて事業場内産業保健スタッフなどを通して活用すべきだが，メンタルヘルスケアの推進主体はあくまでも企業である。

3 メンタルヘルスケアの内容

　では，わが国の企業はメンタルヘルスケアとして具体的にどういった内容で取り組んでいるのであろうか。『白書』によると，「管理者向けの教育」（72.9％），「長時間労働者への面接相談」（64.7％），「社外の相談機関への委嘱」（50.6％），「求職者の職場復帰に向けた支援体制の整備」（46.5％），「一般社員向けの教育」（46.1％）が上位5位（複数回答可）を占める内容であった。「長時間労働者への面接相談」は，2006年4月施行の改正労働安全衛生法で月100時間以上の時間外労働をした従業員に疲労の蓄積が認められ，かつ本人が申し出た場合に医師の面接指導を義務化したことが背景にある。それを別とすれば，管理

衛生管理者：厚生労働省の省令で定められた資格を有し，事業者によって選任される者で，少なくとも毎週1回作業場を巡視し，作業方法や衛生状態に有害のおそれがあればただちに必要な措置を講じる（労働安全衛生規則第11条）。
ストレスマネジメント（stress management）：ストレスをなくすのではなく，ストレスとうまく付き合っていくこと。ストレス・コーピング（stress coping）も同じ意味で使う。

者と一般社員に対する教育が目をひく。**ストレスマネジメント**と**セルフケア**，これらが相まって予防と早期発見が可能となる。

　一方，「個人と組織の健康度を高める職場づくり」(15.6%)や「社員カウンセラーやリスナーの養成」(14.1%)の低さに課題が表れている。**成果主義**のもとで求められる短期的成果の追求や業務の専門化，責任範囲の明確化と権限委譲（**エンパワーメント**），これらは職場内コミュニケーションの希薄化をもたらす。さらに，成果主義は業績の良い者のみが脚光を浴びるといった事態を招き，従業員間の連帯感を阻害する。「アフター・ファイブ」という言葉が示すように，かつてのわが国企業では，職場の同僚・先輩，上司などとの活発なコミュニケーションがあった。メンタルヘルスも含めて，以上の問題への対処には管理職がカウンセラー的機能を果たすことが必要なのではないだろうか。

　次に，メンタルヘルスケアに何を期待しているのであろうか。『白書』によると，「不調者が早期に発見できる」(78.4%)，「不調者に適切な対応ができる」(71.0%)，「休職者の復職が適切に支援できる」(57.2%)，「従業員の活力が高まり，生産性が向上する」(51.7%)，「従業員の健康が各職場で常に尊重される」(39.8%)が上位5位（複数回答可）の内容であった。不調者への対応が上位を占めており，「職場で互いに学び，理解し合う風土ができる」(23.4%)といった職場風土への働きかけは不十分である。不調者への対応が必要なことに加えて，そうした不調者の出現をどう防ぐかがより重要なこととなろう。そのためには不調者のサインを見逃さないことが必要で，ここでも日常のコミュニケーションをどう向上させるか，何よりも長時間労働をはじめとした過重労働の改善を進めなければならない。

　最後に，メンタルヘルスケアの範囲である。正規従業員が対象の中心となっているのは当然として，それ以外の嘱託社員，契約社員，派遣社員，パート・アルバイトにはそれほど関心が向けられていない点に課題は残る。それと，労働組合がある企業とそうでない企業では，施策の取り組みと施策の効果に差が

成果主義　→第6章120頁を参照。
エンパワーメント　→第7章142頁を参照。

ある点が意味することは重要である。

2 ファイザーのコアバリュー

本章の課題は，ファイザー（Pfizer Inc.）の日本法人であるファイザー株式会社（以下，両社をPfizerとファイザーで区別する）で行われているメンタルヘルスケアの特徴を明らかにすることにある。それに先立ち，Pfizerでのメンタルヘルスケアの取り組みと，ファイザーを含むPfizerグループの価値観を示すコアバリューを取り上げておきたい。

1 Pfizerとメンタルヘルス

Pfizerは，第5章でもみたように，世界最大規模のヘルスケア企業である。その主力製品は高血圧治療剤・血圧降下剤（ノルバスク），真菌症治療剤（ジフルカン），抗生物質（スルベラゾン），アルツハイマー型痴呆治療剤（アリセプト）などであり，抗うつ剤（ジェイゾロフト）も製造・販売している。だが，Pfizer本社ではメンタルヘルスケアを積極的に展開しているとはいえない。もちろん，アメリカでもメンタルヘルスは大きな問題となっていることは事実である。

Pfizerも含めて，アメリカで企業が主体となってメンタルヘルスに取り組む体制がそれほど整備されていないことは，ある意味従業員を突き放しているとも受け止められる。もっとも，日本と違ってカウンセリングが発達しており，個々の問題解決を支援してくれるカウンセラーをもち，セルフケアが十分可能な状況にあるという側面もある。すなわち，**EAP**（Employee Assistant Program：従業員支援プログラム）をアウトソーシング（外部委託）できるだけの事業場外資源が整っているのである。だが，問題をすべて個人で解決するのは無理である。それに対し，ファイザーでは従業員のメンタルヘルスにきめ細やか

EAP：1970年代のアメリカでは，アルコール依存症や薬物依存症が大きな問題になっていた。それは，働き盛りのビジネス・パーソンにも波及し，業績の低下や退職といった深刻な事態へと進行していた。最初は企業内アルコール・プログラムとして出発したが，その後うつ，神経症，心身症，家庭問題などと多様化する問題に沿った対応が進んでいる。

に対応している。ファイザーの取り組みは，PfizerがモデルとすべきPfizer日本発のメンタルヘルスケアの事例である。

2 コアバリュー

メンタルヘルスケアを含め，Pfizerとファイザーの社員が具体的に行動する際にもつべき価値規準・行動規範がコアバリュー（Core Value）である。

コアバリューは全世界で共通する価値観として1997年に制定された。当初，顧客志向（Customer Focus），人間尊重（Respect for People），誠実と高潔（Integrity），全員参加のチームワーク（Teamwork），革新（Innovation），善き市民（Community），リーダーシップ（Leadership），業績改善（Performance）の8つで構成されていたが，2004年にクオリティ（Quality）が追加された（図11-1）。

コアバリューはこれまでの事業の成功要因の分析から得られたもので，それを遵守すれば従業員が成長し成果を上げられるものとして設定されている。そのため，コアバリューを実践して成果を上げる従業員がより高い評価を受けるよう，行動能力考課を行うための評価基準（コアコンピテンシー）が「善き市民」以外のコアバリューごとに設定されている。以上の点は第5章で触れたので繰り返さない。

この「善き市民」という行動規範を体現するものとして，ファイザーでは"真に実効性のある社会貢献プログラムは何か"という視点で社会貢献活動に取り組んでいる。それは，「ヘルスケア団体のネットワークづくりへの支援」（患者団体や障害者団体などの相互連携の支援），「ファイザープログラム～心とからだのヘルスケアに関する市民活動・市民研究支援」（**NPO**などへの助成），「ファイザーヘルスリサーチ振興財団の研究助成」（医師，研究者，医療関係者への研究助成），社員のボランティア活動への参加の支援，といった取り組みとして具体化されている（『ファイザー企業市民レポート2008』）。

こうした社会貢献は，ファイザーが社員から尊敬され，パートナーとして選

NPO：Nonprofit Organization，非営利団体。広くは，営利を目的とせず，社会貢献活動や慈善活動を行う市民団体を意味するが，特定非営利活動促進法（1998年3月成立）により法人格を得た非営利活動法人（NPO法人）を指す場合もある。

第11章　ファイザーのメンタルヘルスケア

誠実と高潔 Lmegriry	人間尊重 Respert for People	顧客志向 Customer Forus
私たちは,自他ともに最高の倫理規範を,そして製品・業務プロセスに最高の質を求めます。	ファイザー発展の基礎は人材です。私たちは従業員一人ひとりの多様性にこそ私たちの力の源泉があると考えています。これまで社員に敬意をもって接し,人間性を尊重してきたファイザーの歴史は私たちの誇りです。	私たちは顧客のニーズに応えることを第一義とし,常に顧客の満足に視点を置きます。

善き市民 Communlty	革新 Imnoalion	全員参加のチームワーク Team work
当社が事業を展開している世界各国およびコミュニティをより良い生活と労働の場とする上で,私たちは積極的な役割を担っています。それぞれの国や地域市場に溢れるバイタリティーは,当社の長期的な事業発展に直接影響を及ぼします。	革新は,人類の健康改善とファイザーの成長と収益を支える鍵です。	成功する企業となるためには,組織または地理的な壁を越えて変化する顧客のニーズに応えるために,ともに協力し合わねばならないことを私たちは知っています。

業績改善 Performance	リーダーシップ Leadership	クオリティ Quality
誠実さと人間尊重の観点を確認しながら私たちの業績を慎重に評価し,継続的な業績改善に努めます。	知識や権限をお互いに分かち合い,個々人の傑出した努力を求め,それを評価することによってグループの能力を高めます。当社は,このようなリーダーシップ発揮の機会を組織のあらゆるレベルで提供できるよう努めます。	クオリティは,私たちの仕事やすべてのバリューに深く根づいています。私たちは世界中に高いクオリティのヘルスケアを提供することに専念します。私たちの活動やビジネスプロセスは,患者・顧客・社員・投資家・ビジネスパートナーおよび規制当局の期待を上回るクオリティを達成することを目的としています。

図11-1　ファイザーのコアバリュー

（注）　若干文言を変えている。
（出所）　http://www.pfizaer.co.jp/pfizer/company/core_values/index.html　2009年11月20日アクセス

ばれる会社（Employer of Choice）となって初めて実現できることである。その意味で，優れた職場環境と労働条件を社員に提供し，彼（彼女）らの満足度を向上させることは必須要件となる。事実，ファイザーは，「社員の健康管理や安全衛生を推進し，働き甲斐のある，働きやすい職場をつくります」と宣言しているのである。

3　ファイザーのメンタルヘルスケア

1　メンタルヘルスプログラム

　ファイザーにおける人事労務管理は，第5章でみたように，能力主義管理を中核とした集団主義的な仕組みから，2000年以降，成果主義に基づく個人主義的な仕組みへと大きく変貌している。この点は，本書で取り上げた他の企業にもみられる傾向である。こうした個人を直接対象とした人事労務管理の推進は，従業員のメンタルヘルスに大きく影響を及ぼすことになる。

　ファイザーでは，2000年より「ファイザーケアプログラム」の1つとしてメンタルヘルスケアを開始した。それは，メンタルヘルス問題を抱えた社員が増えてきたという現実的課題への対処として始まった。同社の特徴は，それを単にメンタルヘルスケアとしてではなく，「優れた職場環境を整備することで従業員満足度を向上させる」という方針に基づき，その実現のためのアクションと捉えている点に求められる（大内健〔2008〕「ファイザー」『職務研究』No.260，9頁）。

　ファイザーでは，コアバリューに基づき，1997年よりメンタルヘルスケアを含む様々な取り組みが始まった。それらは，ファイザーが「日本で最も成功し，最も尊敬されるヘルスケア企業になる」という同社のビジョン達成に向けた取り組みであった。その主眼は，高い業績による確固たる地位の確立と，従業員から尊敬され，パートナーとして選ばれる会社になることに置かれた。このビジョン実現に向けたキーワードは，「誇りをもって働ける企業」であり，そのためには「優れた職場環境と労働条件」の提供が不可欠で，それによって従業員の満足度が高まり，結果として高い業績につながると考えられたのであ

る(『労政時報』第3536号, 2002年4月26日, 17-18頁)。

当時, 人事部でメンタルヘルスケアを担われた大内健氏は, 次のように語っている。「職場の問題やメンタルヘルスと社員の満足度には大きな因果関係があると考えました。職場にストレスの原因があれば, 社員は心身ともに健康を損ねることになり, それがうつ病や長期欠勤といった重大な問題に発展する可能性があります。そこで社員の心配事や悩みを取り除いて職場の問題やストレスを軽減していけば, 社員にとって働きやすい職場環境が実現し, 満足度も上がると考えたわけです。」(『労政時報』第3536号, 18頁)。

こうした考えに基づき, 2000年に始まったのが人事部を主体とした「メンタルヘルスプログラム」であった。同プログラムは, 「ファイザーケアプログラム」というファイザー独自の従業員満足度向上策の1つである。もう1つが「ファミリーケアプログラム」で, 妊娠, 出産, 育児, 子育て, 介護の各段階で利用できる制度が用意されている。

ファイザーにおけるメンタルヘルスケアは, それまで**健康保険組合**を中心に展開されており, 同社の積極的関与はなかった。同組合は, 外部機関(厚生労働省のいう「事業場外資源」)と契約して, カウンセラーと相談できるサービスを提供していた。しかし, 年間の問い合わせは3〜4件と少なく, 十分機能しているとは言い難いものであった。その最大の原因は, 外部機関に委託していたことから, 広報活動や従業員への周知・徹底が不十分で, 従業員の認知度もそれほど高くなかったことにあった。従業員の健康をより積極的・組織的にケアしていくためには, 同社自身の関与が必要となったのである(『労政時報』第3536号, 18頁)。もちろん, 同社が関与するからといって健康保険組合を介したメンタルヘルスケアがなくなったわけではなく, 2本柱で推進する体制が整ったのである。

健康保険組合:一般のビジネス・パーソンが加入する, 国が行う健康保険事業を代行する法人。企業単独で設立する場合は700人, 同業種の企業が共同で設立する場合は3000人以上の被保険者が必要。

```
メンタルヘルスケア ─┬─ 予防 ─┬─ ストレス要因の軽減 ─┬─ 仕事の設計
                                                      ├─ 労働環境      ⇒ マネジャー教育
                                                      └─ 人間関係
                              └─ ストレス耐性の強化 ── ストレス対処法  ⇒ セフルケア
                  └─ 早期発見・治療 ─┬─ 気づき ─┬─ セルフチェック
                                                  └─ カウンセリングマインド ⇒ 管理者の意識づけ
                                                                              人事キーマン
                                    └─ 相談／カウンセリング           ⇒ 人事サポートライン
                                                                              外部専門施設
```

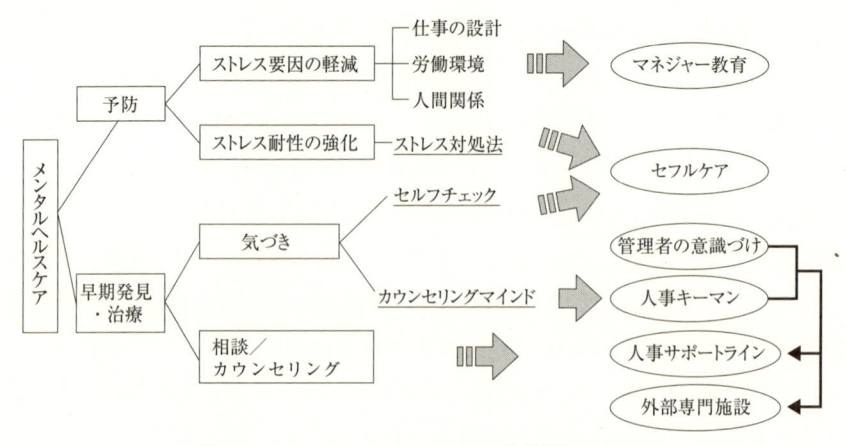

図 11-2　メンタルヘルスケアの施策展開フロー

(注)　若干文言を変えている。
(出所)　『労政時報』第 3536 号，2002 年 4 月 26 日，19 頁。

2　予防と早期発見

　メンタルヘルスプログラムでは，メンタルヘルスに対するアプローチとして，①メンタルヘルスが悪化する前の予防的対策，②メンタルヘルスが悪化・不全した従業員への早期対応，に主眼が置かれた。つまり，予防と早期発見・治療である。予防に関しては，同社・管理職によるストレスマネジメントと従業員本人のセルフケアが必要である。早期発見・治療に関しては，さらに疾病としての管理が必要である。それぞれに対し，啓蒙と教育活動，相談の場の提供，専門家との提携という3つの施策が用意されている（**図 11-2**）。

　予防に関しては2つの方法がとられた。1つはストレス要因の軽減である。そのためには，仕事そのものや労働環境の改善，人間関係の改善などに取り組まなければならない。それを念頭に置きながら，当初は管理職の意識づけに焦点が当てられた。具体的には，2001年より精神科産業医を講師としたストレスマネジメント研修（社内では単にメンタルヘルス研修と呼ぶ）が実施されている。その内容は，年1回ラインマネジャーを対象に，本社と工場・研究所での専門家による研修に加えて，「職場における管理職の役割・視点，ストレスを軽減するための職場運営，部下が相談してきた際の受け答えの仕方」を，ケー

ススタディを活用して研修するものである。もう1つの方法が個人のストレス耐性の強化である。こちらも2001年より，新入社員を対象にストレス・コーピング研修を実施（現在は健康管理のオリエンテーションとして実施）している（『労政時報』第3536号，19-20頁）。

　早期発見に関しては，Web上にセルフチェックシートを用意し，従業員がストレスチェックをいつでも行える体制が整えられている。ただし，本人の気づきよりも周囲が変調にいち早く気づくことのほうが重要である。なぜなら，本人自身が変調に気づいても相談にくるケースが非常に稀だからである。そうであれば，職場では管理職がその任に当たらねばならない。予防に関する意識づけと同時に，早期発見に関しても管理職に部下の言動・行動の変調を早期に発見するよう意識づけが行われたのである。ただ，ここで問題になったのは，管理職が早期に発見してもそれを相談する場がないことであった。そのため，相談・カウンセリングの場を充実するために専用の相談窓口が開設されることになった。

③　人事部内の相談窓口

　冒頭で簡単に触れたように，PfizerではEAPの一環としてメンタルヘルスケアが行われているが，その多くはアウトソーシングされている。つまり，Pfizer自身がこの問題に積極的に関与しているとはみなし難い。ところが，ファイザーでは積極的に関与しているのである。

　ファイザーでは，なぜアウトソーシングという本社のスタイルを踏襲しなかったのであろうか。当初は，発症した社員に外部の専門機関を紹介するという方法も検討されたようである。しかし，最終的には「相談窓口は社内にあるべきと判断」（『労政時報』第3536号，20頁）され，2001年に「人事サポートライン」が開設された（図11-3）。それは，働きやすい職場をつくっていくという目的に照らせば，社内に置くのが一番適切であるからである。ただ，**表11-1**のように，社内に置くとしても内部の産業医だけで十分との議論も成り立つ。「専門性」からいえば専門家のほうが優れているからである。ところが，ファイザーでは最終的に人事部が大きく関与する方法がとられたのである。そ

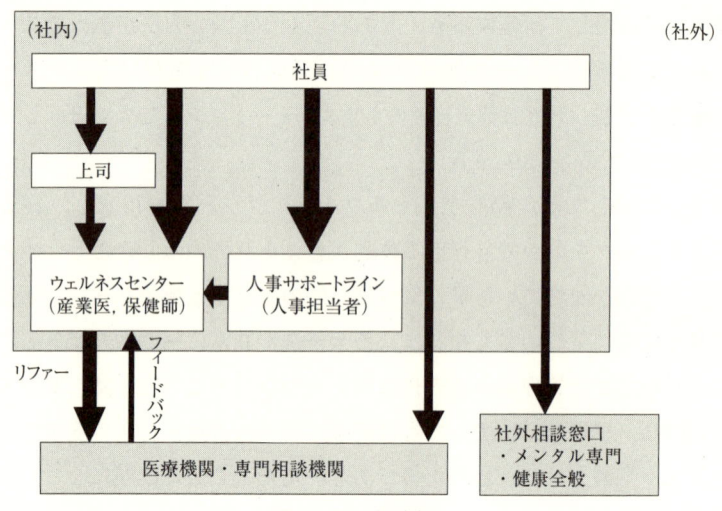

図11-3 相談体制

(出所) 大内 (2008) 12頁。

表11-1 相談窓口

区　分	内　部 (産業医)	内　部 (人事部)	外部 専門家
相談のしやすさ	△	△	○
専門性	○	△	○
社内の理解度	△	○	×
秘密保持	△	△	○
社員への浸透	○	○	△
危機管理への介入	○	○	×
費　用	×	○	△

(出所) 図11-3に同じ。

こには，「社内の状況を良く理解していることと根本的な問題解決ができること」(同上) が一番だとの判断があった。その結果，発症の原因究明，その解決，症状に合った専門家による治療，という仕組みが構築された。この点を，大内氏は次のように述べている。「発症した人をカウンセリングや治療で治すことは重要です。ですが，それだけでは問題は解決しません。発症するからには少なからず職場やマネジメントに問題があったはずで，発症までに至った原

因を解決しなければ,また別の人が発症する可能性があります。当社では人事部が積極的に関与して,原因を突き止め,解決・改善することで本当の意味での問題解決を目指し,働きやすい職場環境を作ろうと考えたのです」(『労政時報』第3536号,21頁)。

先に取り上げた厚生労働省の2つの「指針」では,「労働者の心の健康は,体の健康に比較し,職場配置,人事異動,職場の組織等の人事労務管理と密接に関係する要因によって,より大きな影響を受ける。メンタルヘルスケアは,人事労務管理と連携しなければ,適切に進まない場合が多い」とし,「人事労務管理スタッフは,管理監督者だけでは解決できない職場配置,人事異動,職場の組織等の人事労務管理が心の健康に及ぼしている具体的な影響を把握し,労働時間等の労働条件の改善及び適正配置に配慮する」ことを指摘している。この点で,ファイザーの取り組みは「指針」を先取りした優れた内容をもつものであったことがわかる。それを体現しているのが人事サポートラインである。

人事サポートラインは,人事部職員の3名が相談員を兼務するもので,サポートライン専用の電話と電子メール,社内便,面談のどれかで相談を受け付ける。面談は電話での予約が必要である。相談内容は,①会社のルールや諸制度に関する質問,②会社への提案・意見,③セクハラや職場・業務上の諸問題の相談,苦情,④悩みや不安など,である(同上)。本来の目的である心配事や悩みの相談を受けやすくするために,何でも受け付けること(「よろず相談窓口」)やプライバシーの尊重と相談内容が外部に漏れないこと,相談が評価に影響しないことを社員向けのリーフレットで周知・徹底している。

4 ウェルネスセンター

人事サポートラインを中核として始まったファイザーのメンタルヘルスケアであるが,その後2004年には本社に健康管理を担当する部署(ウェルネスセンター)を開設し,産業保健専門職(産業医と保健師)が個別に対応できる体制が整い,現時点で図11-3のように相談窓口は社内,社外にそれぞれ2カ所ずつある。外部の2カ所は基本的には電話相談である。社内のウェルネスセンターでは産業医・保健師が,人事サポートラインでは産業カウンセラーが相談に

表11-2　ウェルネスセンターのミッションと行動指針

```
＜ミッション＞
□社員がより健康になるために，ひとりひとりに最適なサポートをします
□働きやすい職場になるために，組織に最適な提案をします
□社員や各部門から信頼される伴走者になります
＜行動指針＞
□社員を大切にします
□スピーディに対応します
□積極的にかかわります
□失敗をおそれず新しいことにチャレンジします
□チーム内でオープンな議論をし，結果を共有します
□フィッシュ！哲学を実践します
```

(注)　「フィッシュ！哲学」とは，S・C・ランディンらの『フィッシュ！』(早川書房)で紹介されている，いきいきと働く・いきいき職場をつくる考え方。
(出所)　ウェルネスセンター課長の大内健氏にいただいた資料による。

応じる体制となった。ウェルネスセンターは，「ファイザーをより元気にします」をビジョンに，表11-2に示す3点のミッションと6点の行動指針を掲げている。同センターは，**コンプライアンス**として労働安全衛生法が求める産業医や衛生管理者の選任・管理だけにとどまらず，専門的なサービスを従業員に提供することで，職場環境改善や従業員満足に結びつけることを目的に設置された。当然，メンタルヘルス専門ではなく，定期健康診断や保健指導，長時間勤務者との面談，健康相談，健康教育に従事している。

新たにウェルネスセンターを設けて複数窓口化した意図は，社員が相談しやすい体制を整えることにあった。何よりも，社内の相談体制が複線化することで，相談の棲み分けが可能となり，問題解決に向けてよりきめ細やかな対応が可能となった。「本人に自覚症状や病識がある場合や，部下の変調に気づいたケース」はウェルネスセンターに相談される場合が多く，「上司や同僚との人間関係や評価などの人事上の悩み事の相談」は人事サポートラインに相談される場合が多いようである（大内〔2008〕11頁）。

コンプライアンス　→第9章191頁を参照。

5 治療と復職

　企業がメンタルヘルスケアを行う理由として，大きく分けて**リスクマネジメント**と生産性向上が考えられる。リスクマネジメントとして，コンプライアンスにもとる行為は刑事責任や損害賠償につながるし，何よりも企業の評価自体を下げる。この点ではすでにみた予防と早期発見が求められる。一方，生産性に関して，メンタルヘルスに伴う休職者の増加・長期化は，それに伴うコストが生産性に直接マイナスの影響を及ぼす。この点では，最適な治療と適時の復職による休職者の減少・短期化が求められる。

　主治医による診断書が提出されれば，それに従い休職に入り治療に専念する。休職期間中，本人には上司に対する月1回の報告が義務づけられている。

　復職の際にも主治医の復職可能との診断書が必要である。さらに，休職期間が1ヵ月以上の者は，産業医の復職面談を受ける。この産業医の判定をもとに人事部の責任者が復職許可を出し，復職が決定する。営業社員の場合，営業職としての業務遂行可能なレベルが復職基準となっている。つまり，短期勤務を経て段階的に復職するというスタイルはとっていない。内勤社員の場合，最大1日3時間までの短縮勤務が可能であれば，状況に応じて短縮勤務から復職を行う。ただし，原則として3ヵ月間で通常勤務になることが目標となっている。復職後3ヵ月間は，短縮勤務の有無に関係なく，最低月1回は保健師が社員本人に，そして人事部が上司とそれぞれ面談し，復職後の健康状態や勤務状況をフォローする体制がとられている。そして，3ヵ月経過時点で必要があれば産業医との面談を実施し，就業可否の再判定が行われる（大内〔2008〕13頁）。

　労務行政研究所の調査によると，従業員1000人以上の企業では，メンタルヘルス不調で休職した者の内，復職した者の割合は7～8割程度が最も多くて32.9％，半分程度が25.3％，9割以上が24.1％という結果であった。調査対象全体では，半分程度が最も多くて22.5％，7～8割程度が21.5％，9割以上が20.4％という結果であった（『労政時報』第3725号，2008年5月9日，10-11頁）。

リスクマネジメント（risk management）：危機管理。様々なリスク（危険）がもたらす損害を最小化し，最少費用で解決する管理運営活動。

▶▶ Column ◀◀

2つのストレス

　ストレスというと，日常的に「ストレスが溜まる」などと人間の心的状態を指す言葉として使われていますが，もとは物理学の用語です。ここでは人に関するストレスを問題にします。

　ストレスには，「良いストレス（＝ユーストレス）」と「悪いストレス（＝ディストレス）」があります。ユーストレスは原動力になります。緊張感を集中力に変え，普段以上の力を発揮するといった状態です。一方，ディストレスは精神を不安定化します。その意味で悪いストレスには対処・発散する（＝ストレス・コーピング）必要があります。その方法は人によって違うでしょう。自分にあった方法をみつけることが大事です。これが溜まると，本章で取り上げたメンタルヘルスケアが必要な事態へと進んでしまいます。ストレス・コーピングという，自分にあったストレス対処法を各人が身につけねばならないでしょう。自分なりの対処法がみつかれば，ストレスマネジメントによって，プレッシャーを自身の力に代えられる段階へと進めるでしょう。

大企業のほうがメンタルヘルスケアが充実していることがこうした数字に表れていると思われる。ただ，現実には再発を繰り返す率もそれ相応にあるので，データをとる時点によって復職率は異なる場合が多い。さらに，従前の職種ではなく業務が軽微な職種に異動できる，つまりそうした軽微な職種で復職できる場合と，そうした職種がない場合では復職率も変わってくる。ファイザーの場合，復職者は7～8割程度である。

　最後に，「職場復帰プログラム」に関してである。労務行政研究所の調査は採用される頻度の高いものとして，「業務量・内容の見直し」，「配置転換（休職前の所属と異なる部署への異動）」，「短時間勤務・所定勤務日数の軽減（リハビリ勤務）」，「残業の制限・禁止」を挙げていた（『労政時報』第3725号，18頁）。ファイザーでは，内勤社員の場合，「短縮勤務」と「残業の制限・禁止」が配慮措置としてとられるケースが多いが，不調の原因が職場や業務内容に起因していることが明確なときには「配置転換」もある。しかし，この配置転換は非常に稀なケースのようである。一方営業職の場合は，現在復職プログラムを策

定・導入しようとしている段階である。営業職は,「みなし労働時間制」のもとでの勤務ということもあって,時間短縮や業務軽減方法にはいくつかの課題があった。現時点では,復職直後は内勤業務から出発し,次に同行営業を経て単独営業となり,訪問先を徐々に増やすという方法が検討されているようである。

［付記］　本章執筆に当たり,ウェルネスセンター課長の大内健氏から貴重なご教示・ご助言を多数賜った。この場をお借りして感謝の意を表したい。

推薦図書

島　悟・佐藤恵美（2007）『ストレスマネジメント入門』日経文庫
　　メンタルヘルスに大きく関与するのはストレス。本書は,ストレスとは何かを知り,それに積極的に働きかける方法を紹介している。
ハンク・マッキンネル／村井章子訳（2006）『ファイザーCEOが語る　未来との約束』ダイヤモンド社
　　メンタルヘルスの問題を取り上げているわけではないが,アメリカの医療制度が抱える問題を鋭く指摘し,それに対する「処方箋」を提示している。
日本生産性本部メンタル・ヘルス研究所『産業人メンタルヘルス白書』
　　日本生産性本部内に1977年に設置されたメンタル・ヘルス研究所が,2001年以降毎年刊行している白書。最新の研究論文だけでなく,企業の取り組みも取り上げられている。

設　問

1. 一見個人の問題のようにみえるメンタルヘルスケアになぜ企業が取り組まなくてはならないのでしょうか。
2. 企業が取り組むメンタルヘルスケアにとって最重要課題とは何でしょうか。

（伊藤健市）

みなし労働時間制：実際に働いた時間数に関係なく,一定の時間働いたとみなす制度。それは,事業場外労働と裁量労働に導入されている。前者は,新聞・雑誌・テレビ記者のような労働時間の算定が困難な職種,後者は,職務の性格上労働者の裁量が大きな労働で,時間計算がふさわしくないことで使用される。長時間労働の常態化から過労死・過労自殺へとつながりかねないといった問題をはらんでいる。

終章

グローバル化と日本モデル

1 資本主義とグローバル化

『資本論 (*Das Kapital*)』(第1巻は1867年に出版) で資本主義経済を鋭く分析し,その法則性を解明したカール・マルクス (Karl Marx) は,フリードリッヒ・エンゲルス (Friedrich Engels) との共著『共産党宣言 (*Manifest der Kommunistischen Partei*)』(1848年) において,資本主義が国境をはじめとする種々の障壁を崩して世界的規模の生産体制と消費システムを作り出すことを明らかにした。つまり,資本主義の発展にとって,グローバル化は必然であることを明確にしたのである。少し長いが彼らのいうことを聞いてみよう。

「自分の生産物の販路を絶えず拡大していく必要に迫られて,ブルジョアジーは地球上をせわしなく駆けめぐる。……
　ブルジョアジーは,世界市場を開拓することによって,すべての国々の生産と消費を国籍を超えた性格のものにした。……。確立して久しいその国固有の産業は,滅ぼされてしまったか,あるいは徐々に滅ぼされようとしている。そうした産業は新しい産業によって駆逐され,こうした新しい産業の導入が文明国民の死活問題となる。新しい産業では,国内産の原料だけではなく,はるか遠い地域で産する原料を加工する。生産物は自国内だけではなく,地球上のあらゆる場所で消費される。国産品で満たされていたこれまでの欲求に代わって,はるかに遠い国々や地域の生産物によらねば満たされない新しい欲求が現れてくる。以前の地域別・国別での自給自足や閉鎖性に代わって,世界各国間の全面的な交易,世界各国の全面的な依存関係が現れる。この点は,物的生産物ばかりではなく,知的生産物でも同じである。……
　生産用具が急速に改良され,交通手段が飛躍的に便利になると,ブルジョアジーは最も未開な国民をも含めて,あらゆる国民を文明社会に取り込もうとする。商品

価格の安さは，中国の城壁を打ち壊し，未開人のどんなに頑固な外国人嫌いをも降伏させられる重砲である。絶滅したくなければ，どの国もブルジョアジーの生産様式に合わさざるを得ない。……。一言でいえば，ブルジョアジーは，自分自身の姿に似せて世界を作り変える。」(英語版を底本に，岩波文庫，国民文庫，新日本出版社，大月書店のマルクス・フォー・ビギナーなどを参考に筆者訳)

　文中のブルジョアジーを企業に，交通手段をITや通信手段などに置き換えるまでもなく，マルクスらの言葉は現代の資本主義経済の分析としても十分に通用する。だが，残念ながら，彼らはグローバルな競争を強いられた働く人々が働き続けるには何が必要か，さらにはグローバル化が進展すれば働く人々に何が求められるのか，という点は明らかにしていない。働く人々が働き続けられるかどうかは，彼(彼女)らが置かれている現実にかかっている。そして，そうした現実に対し現代の企業経営が，アメリカモデルであろうと日本モデルであろうと，どういった影響を及ぼすのかにもかかっている。この点を明らかにするのが本書の目的であった。

2　グローバル化の進展

　ジャーナリストのトーマス・L・フリードマン (Thomas L. Friedman) は，資本主義の精緻な分析から得られた法則性に基づくマルクス・エンゲルスらの結論と違い，「グローバリゼーション」とそれによる「フラット化」をキーワードに，企業を取り巻く環境の変化を通して，現代社会における働き方・働かせ方の変化，そこで働く人々に求められるもの，を赤裸々に描いている。彼は，*The World is Flat : A Brief History of the Twenty-first Century* (Farrar Straus & Griroux〔2005〕／伏見威蕃訳〔2008〕『フラット化する世界［増補改訂版］(上)(下)』日本経済新聞出版社) において，21世紀初頭のグローバル化の動向を分析した。そこで彼が想定したのは，国や企業のグローバル化から個人のグローバル化へと移行する世界であった。

　フリードマンは，これまでに世界は3つのグローバル化の時代を経験してきた，という。彼はそれらを「グローバリゼーション 1.0～3.0」と名づけている。

終　章　グローバル化と日本モデル

　グローバリゼーション 1.0 は，クリストファー・コロンブスが航海に乗り出し，旧世界と新世界の貿易が始まった 1492 年から 1800 年頃までの時代である。この時代にあって世界統一を推進したのは国家や政府であり，その原動力は物理的な力，つまり腕力，馬力，風力，蒸気動力であった。この時代の国家や政府は，壁を打ち壊して，世界をつなぎ合わせることで世界統一を図ろうとした。グローバリゼーション 1.0 の重要課題は，「自国をグローバルな競争やチャンスにどう適合させればよいか」，「自国を通じてグローバル化し，他の人々とうまく力を合わせるには，どうすればよいか」といった点にあった（『フラット化する世界（上）』24 頁）。

　グローバリゼーション 2.0 は，大雑把にいって 1800 年から 2000 年までの時代で，その間世界大恐慌と 2 度の世界大戦があった。この時代にあって世界統一を推進する原動力は，国家や政府に代わり多国籍企業であった。多国籍企業は，市場と労働力を求めてグローバル化した。この時代の前半，世界統一は蒸気機関と鉄道による輸送コストの軽減によって推進され，後半には通信コストの軽減がそれに取って代わった。つまり，電報，電話，パソコン，衛星通信，光ファイバー，初期のワールド・ワイド・ウェッブである。世界市場が誕生し，生産と労働の世界的な取引が出現した。蒸気船と鉄道から電話とコンピュータへのハードウェアの飛躍的進歩が世界統一の推進力であった。グローバリゼーション 2.0 の重要課題は，「自社は世界経済にどう適合するのか」，「どうやってビジネスチャンスを自社のものにするのか」，「自分の会社を通じてグローバル化し，他の人々とうまく力を合わせるには，どうすればよいか」といった点にあった（同上，24 頁）。

　グローバリゼーション 3.0 は，2000 年前後から始まり，そこではグローバル化がまったく新たな時代に突入した。これまでの国家や政府，多国籍企業と違い，グローバリゼーション 3.0 の原動力はグローバルに競争を繰り広げるという個人が新たに獲得した力である。個人は，パソコン，光ファイバー，ワークフロー・ソフトウェアの発達のもと，個人としてグローバル化する力を獲得する。そこでは，世界中の個人が競争するだけでなく，共同作業する機会も飛躍的に増大するのである。2.0 の次だから 3.0 だが，2.0 と 3.0 では違いが非常に

大きいし，速度と範囲が桁外れなのである。グローバリゼーション3.0の重要課題は，「個人として，現在のグローバルな競争やビジネスチャンスのどこに割り込めばよいのか」，「一人で他の人々とグローバルな共同作業をするには，どうすればよいのか」といった点にある（同上，26頁）。ここでいう個人は，グローバリゼーション1.0と2.0では欧米人であったが，3.0では多種多様な個人であり，あらゆる肌の色の人間である（同上，26頁）。

　グローバリゼーション2.0はメインフレーム・コンピュータの時代であった。人々はオフィスで働いていた。そこで重視されたのはC^2（CommandとControl，指揮と統制）であり，企業は垂直に組織されていた。パソコン，インターネット，光ファイバーの時代であるグローバリゼーション3.0で重視されるのもC^2であるが，それはConnectとCollaborate，つまり接続と共同作業であって，企業が水平に組織される。人々はオフィスを離れ，デジタル化・超小型化・バーチャル化・パーソナル化・ワイヤレス化のおかげで，どこでも仕事ができるようになった（同上，279頁）。こうした変化は，個人やコミュニティ，さらには企業組織を含めてあらゆるものに波及する。

3　グローバルに統合された企業と日本モデル

1　グローバル化と企業

　こうしたグローバル化，これが21世紀の世界（＝フラット化する世界）を規定するといっても過言ではない。こうした動きは，2008年9月に起きたリーマン・ショック後にどう変化するのか。このアメリカに端を発した金融危機は，100年に一度という世界同時不況をもたらし，実体経済を悪化させている。だが，それがグローバル化を阻害することはないだろうし，今回の同時不況を経験した世界は，それから立ち直ればグローバル化とそこでのイノベーションをさらに加速させることは間違いない。

　グローバル化は，経済，産業，ビジネス，消費，生活など社会を構成するあらゆる分野に非常に大きな影響を及ぼしている。とりわけ企業は，これまで国境で守られ一国一組織を想定していた時代から，地球規模で1つの組織を意識

終　章　グローバル化と日本モデル

したものへと変貌しなければならない事態に直面している。

　では，グローバル化の中で生き残りをかけて競争する企業とそこで働く人々には，今後何が求められるのであろうか。彼（彼女）らが，フリードマンのいう「無敵の民」となるには，今後何が必要なのであろうか。それには，まず現実の経済社会で起こっていることを多面的に理解しなければならない。なぜなら，グローバル化の影響を真っ先に受けるのが企業であり人であるからである。

2 　国際企業，多国籍企業，そしてグローバルに統合された企業

　これまで，国際企業（International Enterprise），多国籍企業（Multinational Enterprise）といった段階を経て発展してきた企業は，現在「グローバルに統合された企業（Globally Integrated Enterprise, GIE）」へと進化しようとしている。国際企業は，海外で製造・販売することを目的とし，すべての経営機能は本社に集約され，海外子会社は製造・販売といった機能の一部を担当していた。海外子会社の役割は，本社で策定された戦略を実行に移すことにあった。そこでの競争優位はプロセスの効率化にあった。多国籍企業の場合，国際企業と違うのは，本社には海外子会社に共通する経営機能のみが集約され，世界各地に存在する現地法人への権限委譲がみられたことである。その意味で，海外子会社は本社から自立し，こうした子会社の集合体が多国籍企業の組織であった。海外子会社の役割は各国・各地域への適合であり，戦略もそれに見合うべく本社の世界戦略に沿いつつも，各国・各地域の実情に合わせた戦略であった。その競争優位は各国・各地域市場への対応力にあった。

　GIEでは，こうした多国籍企業モデルと違い，地球上には1つの組織しかないのである。経営機能はそれが一番最適な場所に分散され，経営資源の最適化を図るのである。海外子会社の役割は，多国籍企業の場合と同様，各国・各地域市場への適合であるが，それを経営資源の統合による効率性とイノベーションを活用しながら実行する。その競争優位は，知識の移転・共有・活用にある。GIEでは，たとえ日本の企業であったとしても，購買部門の本部は中国にあり，販売部門の本部はアメリカにあって，研究開発はインドに本部があるといったスタイルになる。それぞれの本部は，本部のある国の市場だけを見ているわけ

ではなく，世界の市場動向に沿って事業展開するのである。もちろん，環境の変化に対応して，本部を置く場所も変わってくる。

　IT化がこうした事態を支えている。世界規模での電子メールや光ファイバー・ネットワーク，ワークフロー・ソフトウェア，さらにはテレビ会議などの通信手段を機能的に統合したコミュニケーション環境なくしてGIEは成り立たない。そこでは，ネットワーク上の共同作業（コラボレーション）を支えるXMLという新しいデータ記述言語とそれに付随するSOAP（サービス指向アーキテクチャー）という通信プロトコルによる業務単位のコンポーネント化が進み，それがグローバルな共同作業の基盤を提供するのである。20世紀への転換期における鉄道網，1950年代における道路網と同じ役割を演じたのは，光ファイバーを使った通信網であった。光ファイバーは，地域主義を打破し，均等なグローバル商業ネットワークを構築し，それによってデジタル化されたサービス労働・ビジネス支援業務・知識労働を低コストな国々にアウトソーシングできるようにした。鉄道網と道路網は国内経済に恩恵をもたらしただけだが，光ファイバーを介した通信網は，1990年代以降のインドに象徴されるように，世界経済に恩恵をもたらした。

　こうした技術革新を通して，地球上の多様な人種や文化，人々の多様な価値観や考え方，こうした多様性（diversity，ダイバーシティ）を最適活用することが，まさにグローバル化時代の企業が生き残るために必須の方法，と認識されている。

３　グローバルに統合された企業

　GIEをもう少し具体的にイメージするため，IBM（International Business Machines Co.）での取り組みを取り上げたい。同社のサミュエル・J・パルミサーノ（Samuel J. Palmisano）会長兼CEOは，2006年に『フォーリン・アフェアーズ（*Foreign Affairs*）』誌に発表した論文「グローバルに統合された企業（The Globally Integrated Enterprise）」で，次のように述べている（坪田國矢〔2009〕「GIEにおける働き方」『無限大』No.124）。

終　章　グローバル化と日本モデル

　「ヒエラルキーを利用した，命令とコントロールによる管理方法はもはや無用となりました。それらはむしろ企業内の情報の流れを阻害し，今日的な仕事の流動的・協業的性質を台なしにしています。テクノロジーとビジネス標準の共有が広まるにつれ，さらなるグローバルな統合といういまだ経験したことのないチャンスが訪れます。」
　「最も重要なことは，IT革命によってテクノロジーと事業の運営方法が地球規模で標準化され，企業間あるいは企業内で相互にリンクして作業が行われるようになったことです。テクノロジーとビジネス・スタンダードが共有されることにより，企業のグローバリゼーションの在り方が変わったのです。」
　「GIEへの移行は，第1に［どこで］財・サービスを生産するかの変化であり，第2は［誰が］それらを生産するかの変化です。従来，企業は販売場所の近くに生産拠点を選ぶのが一般的であり，海外投資の多くは特定の市場に向けてなされてきました。しかし，いまではより多くの投資が，全地球規模のマーケットに供給する方法に切り替えることを目的としてなされるようになりました。生産のグローバル統合はコスト低減に繋がり，新たなスキルと新たな知識の源への門戸を開いてくれます。」
　「物事の進め方を変える方法に関する洞察が，これまで以上に持続的な競争優位性を確保する上で必要となってきています。真のイノベーションとは，単なる創造や新製品の立ち上げではありません。それはさらに，サービスの提供方法，ビジネス・プロセスの統合，企業や制度のマネージ方法，知識の伝達方法，公共政策の立案方法に関係していきます。グローバルな統合とイノベーションの邂逅は，偶然に起きているのではありません。テクノロジーに本質的に備わったグローバル性による必然なのです。インテグレーションとイノベーションという抗い難い力によって，旧式の多国籍企業が持つ国家間ハブネットワークは非効率かつ冗長なものとなりつつあります。」
　「グローバルに統合されると，企業は，先進国と開発途上国の双方に大きな経済的恩恵をもたらすことができます。開発途上国の労働力をグローバル生産システムに組み込むことによって，途上国における生活の質が向上し，労働条件が改善し，多くの雇用が生まれています。事務管理部門や販売サポートといった，かつては大組織しか利用できなかったサービスが社会インフラとして整備され，中小企業でも利用可能になりつつあります。」

　GIEでは，「戦略・管理・オペレーションがすべてグローバル規模で実行」される。それは「最適な『コスト』『スキル』『ビジネス環境』のあるところな

らどこでも運営され，グローバルに，水平的に統合」された企業なのである（「多様な人材の育成に対するIBMの取り組み」〔2009〕『PROVISION』No.60, 50頁）。つまり，GIEがめざすのは「世界最適化」である。そこでは，部品調達が最高品質・低価格の部品を世界から調達するものに変わるし，経営機能の最適化は最適人材を含む経営資源を世界規模で調達した上で，世界規模で業務分担をめざすものへと移行する。経営資源は分散させても，ビジネス・プロセスが1つに統合されているのである。

4 グローバルに統合された企業と「無敵の民」

　すでに触れたように，グローバリゼーション1.0では国が，グローバリゼーション2.0では企業がそれぞれ生き残る道を考えねばならなかった。その企業は，グローバリゼーション3.0ではGIEに変身することで生き残ろうとする。では個人はどうか，グローバリゼーション3.0で求められているのは，国や企業ではなく，個人の生き残りである。グローバリゼーション3.0，つまりフラット化された世界では先進国の働く人々が発展途上国の働く人々と生き残りをかけて競争しなければならない。日本人やアメリカ人が中国人やインド人と競争しなければならないのである。特に，肉体労働ではなく高学歴者の多くが就くであろう知的労働においてそうである。一方，グローバル化の進展は，これまでなかったような新たな仕事を生み出している。フリードマンは次のようにいっている。「フラットな世界には，適切な知識と技倆と発想と努力する気持ちがあれば，ものにできるいい仕事が山ほどある」（『フラット化する世界』（上），389頁），と。でも，こうもいっている。「ただ，はっきりいって，このやりがいのある仕事は楽ではない。」（同上）そこでは，科学技術の技倆だけでなく，精神的柔軟性と努力する気持ち，変化に対する心構えのあるなしが問われるのである。

　そうした人をフリードマンは「無敵の民」と呼んでいる。それは，「自分の仕事がアウトソーシング化，デジタル化，オートメーション化されることがない人」（同上，392頁）を意味している。ここでいっている，デジタル化・オートメーション化とは，例えば電話の受付をするのが人から「録音された声」に

代わることを指している。そうした仕事は代替可能だったのである。つまり，「無敵の民」とは，代替不可能な仕事をする人のことなのである。それには3種類ある。1つ目は，「かけがえのない，もしくは特化した」人々である（同上，394-395頁）。一流の脳外科医やがん研究者などがこれにあたる。2つ目は，「地元に密着」して「錨を下ろしている」人々である。弁護士や歯医者といった高度な仕事に携わっている人からゴミ収集人やメイドといった簡単な仕事に就いている人まで種々の職種が含まれるが，「特定の場所で仕事をしていたり，特殊な地場の知識が関係していたり，顧客，クライアント，患者，同僚，聴衆と直接の個人的結びつきや相互交流」をもつ人々である（同上，396頁）。以上の人々が「無敵の民」であることは容易に理解できる。問題は3つ目の人々である。教育水準が高い人々の大部分はここに属している。

3つ目は，旧ミドルクラスに代わる新ミドルクラスの仕事に就いている人々である。旧ミドルクラスの仕事とは，組立ラインで働く人々，データ入力，セキュリティ分析，会計士を含む経理関係の仕事などであり，グローバル化の進展で代替可能となった仕事である。では，新ミドルクラスの仕事とそこで求められる人材とはどういったものなのか。フリードマンは，「偉大な共同作業者・まとめ役」，「偉大な合成役」，「偉大な説明役」，「偉大な梃子入れ役」，「偉大な適応者」などといった人材を挙げている（同上，400-431頁）。

これらすべてを取り上げることは無理なので，最初の「偉大な共同作業者・まとめ役」とはどういったものかを明らかにしておこう。それは，他人との共同作業や社内の共同作業をまとめる仕事であり，世界各地の様々な労働力を操る仕事である。いうまでもなく，GIEで求められる仕事である。そこでは，水平な共同作業を巧みに行うことができる能力が必要とされる。また，企業のサービスを，ローカル市場向けに微調整する能力も必要になる。そして，多様な文化の多元的な労働力を集め，刺激を与え，管理し，そうした環境で働かせる能力も必要となる（同上，401頁）。製品やサービスが複雑化すればチームの規模も大きくなり，そこでは優秀なチームリーダーが必要になる。そうしたリーダーは，仲間と調和・協調して事に当たらなければならないし，チームに説明し，刺激を与えねばならない（同上，402頁）。グローバリゼーション3.0では，

こうした能力を兼ね備えた人が求められるのである。

5　グローバルに統合された企業と日本モデル

　パルミサーノが彼流に規定したGIEは，日本の現地法人である日本アイ・ビー・エム（以下，日本IBM）とそこで働く人々にどういった影響を与えるのであろうか。GIEのもとでの「働き方」「働かせ方」の変化に焦点を当てて考察しておこう（坪田〔2009〕）。

　日本で働くIBMの社員は，これまで基本的には日本IBMの社員であったが，今後は日本で働くIBMの一員になる。そうなれば，これまでの2万人強のチームメイトが，世界中で38万人に膨れ上がる。GIE化の影響は，単に社員数が増加するといった点にとどまらない。そこでは，各国でそれぞれの国の慣行や労働法に沿って構築されてきた人事労務管理制度が，グローバル・スタンダードに則って再構築されなければならないものとなる。事実，日本IBMの給与・福利厚生を担当するリーダーは，オーストラリアの社員だそうである。それは，日本IBMの人事労務管理制度を変革するには，グローバル・スタンダードの視点が欠かせないとの判断に基づいている。一方，日本IBMの社員がIBMのグローバルな人材活用・多様化を推進する仕組みづくりのリーダーとなっている事例もある。東京から，アメリカ，ヨーロッパ，アジア地域で業務に携わっている部下に指示が出されているのである。GIEは，あらゆる業務を最も適した国，環境のもと，最適な人材に遂行させることを主眼に置いている。それゆえ，人事サービスの拠点も，アジア地域は大連かマニラに置かれており，日本，中国，韓国，インド，ASEAN，オーストラリアなどの社員は，人事関連の案内，回答，書式を大連かマニラの担当者から受け取るのである。ヨーロッパでは，ハンガリーに人事サービスの拠点が置かれているようである。

　要するに，「世界の最適な場所で，最適な人材が仕事をすればいい。そこで意味を持つのは，場所と機能と人材のマッチングです。現実には言語や法規などの壁がありますが，それを踏まえた上で，地球最適経営，地球最適人事を実現」（坪田〔2009〕）するのがGIEなのである。働く者にとって，GIEではどこの現地法人の社員かは問題ではなくなる。GIEでは世界最適人事が基本である

から，日本の現地法人で採用されたとしても，その仕事は世界に目を向けている。そこでは，GIEに必要な知識・能力・言語を有し，グローバルな発想ができる人材が求められるのと同時に，そうした人材をチームとして機能させることも必要となる。個々人が専門性をもつことに加えて，それを個々人が所属する組織を超えてチームとして共有することが求められる。チームには当然チームワークが必要であるが，それは旧来の調和的・協調的なそれではなく，多様な個性がぶつかり合い議論する中で個々人がその能力を発揮できるチームワークでなくてはならない。最後に，GIEでの「働き方」には「グローバル時間」という概念が入ってくる。極端な話をすれば，24時間働き続けるといった事態も生じかねない。グローバル下の労働は，そうした「働き方」も想定しておかねばならない。その際必要なのは，自身の「働き方」をワークライフバランス（WLB）の観点から自己管理する能力である。

　GIEが，こうした人事労務管理制度も含め，旧来の制度構造を大転換させる可能性は十分ある。しかしその際，企業統治（コーポレート・ガバナンス）をどう考えるかという避けて通れない問題がある。GIEの多くはアメリカに本社を置く企業である。そのため，GIEでは英米型のコーポレート・ガバナンスがグローバル・スタンダードになる可能性が高い。だが，英米型のコーポレート・ガバナンスには問題がある。それは，エンロン，イムクローン，ワールドコム，タイコなどでの粉飾決算，こうした企業とウォール街のアナリスト，さらには監査法人との癒着問題などとして表面化した。さらに，歴史の違い，文化の違い，伝統の違い，法制度を含む制度構造の違い，こうした多くの違いを背景に各国別のコーポレート・ガバナンスの仕組みがあるのを無視し，それを英米型に統一することは不可能に近い。

　そもそも，アリー・デ・グース（Arie de Geus）がいうように，事業を行う基本的な理由によって世界の企業は2種類に大別できる。1つが経済的な目的のために経営される企業であり，もう1つが共同体としての生命を維持していくことを目的とした企業である（Arie de Geus〔1997〕*The Living Company*, Harvard Business School Press／堀出一郎訳〔2002〕『企業生命力』日経BP社）。アメリカ企業は経済的企業であり，日本企業は共同体である。同じことを，ミシェ

ル・アルベール（Michel Albert）は，資本主義の性格から説明している。アメリカモデルは個人の成功と短期的な利益に主眼を置き，日本やドイツは集団の成功と長期的な利益を重視している，と（Michel Albert〔1991〕*Capitalisme contre Capitalisme*, Editions du Seuil／小池はるひ訳〔2008〕『資本主義対資本主義〔新装版〕』竹内書店新社）。

　社会や文化など，企業を取り巻く環境が違えば，企業自体にも違いが出てくる，と両者はいいたいのである。そうであれば，英米型のコーポレート・ガバナンスを日本企業に適応することには無理がある。つまり，GIEへの移行が時代の要請であったとしても，そこでのコーポレート・ガバナンスを1つに収斂させる必要はないし，無理である。日本企業の中では最もアメリカ型に近いガバナンス体制を採用し，外国人を経営トップにおき，かつて外資導入率の高かったソニーであっても，株主総会の運営や経営陣の交代などの重要局面において，きわめて「日本的」な部分を残している。さらに，日本企業の中で委員会設置会社への移行を見送る企業が多いという事実は，機関投資家の発言力が大きくなった現在にあっても，アメリカモデルのガバナンスがどこまで日本の社会に適応可能なのか，なお一層慎重に見定めようとする姿勢を日本の多くの企業がとっている証左といえる。

　同じことは，人事労務管理制度をはじめとする種々の制度構造についてもいえる。本書で取り上げた在日アメリカ系企業は，GIEへの道を歩んでいる企業である。だが，そうした企業の人事労務管理制度は，アメリカモデルへの「方向性の収斂」はみられたものの，日本独自の風土や慣習，さらには経営文化から導かれる特徴を色濃く維持するものであった。

　例えば日本IBMの給与制度である。IBMの「ガースナー改革」は，従業員志向から株主志向へのコーポレート・ガバナンスの転換を背景に，業績志向を強化するものであり，それが日本IBMの給与制度に大きく影響し，同社はIBMが世界共通の制度として策定した「新職務等級制度」を1997年に導入した。こうした動きは，まさにグローバルな人事労務管理制度が要請するものであった。グローバルに事業を展開するIBMにとって，世界規模でのチームやプロジェクトによる組織編成が常態化し，各国社員との協業が業務遂行の中核を占

終　章　グローバル化と日本モデル

めるようになったからである。新職務等級制度においては，各職務は世界共通基準で測られた重要性に基づいて世界共通の職務等級に格付けされる。賃金はこの職務等級とそこで求められる業務遂行度や能力発揮結果としての「業績」によって決定されるということになる。このような仕組みのもとでは，給与制度にみられた各国の独自性はなくなり，グローバル・スタンダード（＝アメリカ型の給与制度）に収斂する，と考えるのがごく自然な見方であろう。

　ところが，日本IBMの場合，職務の重要性とそこでの「業績」に焦点を当てるばかりではない。むしろそれらを根底から支える人の能力やスキルをより総合的に把握しようとする姿勢がみられるのである。日本IBMは，従業員の能力保有レベルを，就いている職務の等級や業績のみで捉えようとはしない。第4章で指摘されているように，コア能力やマーケット能力といった能力の種類ごとに客観的な能力評価制度を設けて，能力やスキルを多角的かつ総合的に評価して処遇に結びつけていこうとしている。ここには，仕事や「業績」の注視というアメリカモデルに加えて，測ることの難しい属人的な要素への注視という日本モデルが色濃く残っている。日本IBMでは，たしかに，アメリカモデルの給与制度への「方向性の収斂」が現象としてみられたものの，その根幹には日本的な要素が残っており，アメリカモデルへの「収斂」とは捉えられないのである。

　また，ファイザーの人事考課では，グローバル化のもと，職群別職能資格制度に残っていた年齢給が廃止されるとともに，制度化された「狭義の定期昇給」が一掃され，人事考課に年功的要素は反映されなくなった。そこでは，人事考課の要因がアメリカモデルの特徴である職務と業績のみに着目するものに変化し，日本モデルの特徴であった「能力」が消えてしまったのであろうか。ファイザーでは，短期的な評価は「業績」で決定される，つまりアメリカン・スタンダードである。ところが，長期的な評価の結果である「等級」については，一般社員レベルでは職務等級ではなく行動能力考課（＝コンピテンシー等級）なのである。第5章で指摘されたように，それまでの能力考課ほどではないが，行動能力の考課という点で職務・業績以外の要素が残されている。Pfizerにはないファイザー独自の制度である行動能力考課は，職務・業績だけでなく，

265

社員の能力開発・育成にも十二分に配慮するという日本モデルの人事考課を体現しているのである。ファイザーの人事考課にあっても，アメリカモデルへの「収斂」といった事態はみられないのである。

　以上の日本 IBM とファイザーの事例が示しているように，グローバル化と GIE 化の潮流の中で，アメリカモデルへの「収斂」という影響を最も強く受けるであろう在日アメリカ系企業の人事労務管理制度には，「方向性の収斂」といった事態はたしかに認められるものの，根幹には日本モデルが残っている。問題は，これを「残照」とみるべきなのかどうかである。われわれは決して残照などとは思っていない。そこに，グローバル・スタンダード（＝アメリカモデル）に学びつつも，日本モデルを確固たるものとして維持しようとする力強い信念を見出すのはわれわれだけではないだろう。

（伊藤健市・中川誠士・堀　龍二）

索　引

あ 行

アーツ, E.L. *226*
IR（投資家関係）　*36, 45*
ICP（認定プロフェッショナル専門職制度）　*152, 153*
IBM　*14, 141, 142, 144*
IBM リーダーシップ・コンピテンシー　*155*
アウトソーシング　*142*
アウトリーチ　*223, 230*
アファーマティブ・アクション　*213, 221, 214 – 218, 230, 231*
アフィニティ・グループ　*225, 232*
アフラック　*187, 189*
アメリカモデル　*8, 9, 13*
有村貞則　*228*
安定株主　*38, 40 – 42*
ERISA 法　*34*
EAP（従業員支援プログラム）　*239, 245*
e ラーニング　*137, 157, 178*
委員会設置会社　*57, 63, 66*
委員会等設置会社　*44, 57, 63*
育児・介護支援　*195*
イコール・オア・ベター　*18*
一時転勤制度　*197*
ウォール・ストリート・ルール　*34*
エグゼクティブ・リーダーシップ・コンピテンシー　*155*
M&A　*34, 45, 124*
エンパワーメント　*142, 238*
エンロン　*35*
Organization 2005　*220, 227*
OJT　*137*

Off-JT　*144, 160,*
オープン・ドア制度　*19*

か 行

ガースナー Jr., L.V.　*24, 26 – 28, 212, 231*
ガースナー改革　*24, 28, 71, 85, 86, 142, 143*
海外視察団　*9, 10, 14*
外国人株主　*41, 50, 57, 59, 62*
改正労働安全衛生法　*237*
階層別教育訓練　*197*
階層別研修　*202*
学習する組織　*148*
家族主義　*26*
カフェテリアプラン　*73*
株式相互持ち合い　*38, 41*
株主価値　*41, 44*
株主総会　*35, 37, 43, 64*
株主代表訴訟　*63*
カラー・コンシャス　*225*
カラー・ブラインド　*216, 225*
間接雇用　*44*
カンパニー制　*53, 54*
管理職教育　*145*
官僚制の逆機能　*215*
機関投資家　*22, 34, 36, 40 – 42, 44*
企業家精神　*53*
企業文化　*25*
キヤノン　*45*
キャリア　*163, 164*
キャリア開発　*135*
キャリア形成　*166, 182*
キャリアパス　*17*
QSP（リッツ・カールトンにおける従業員選抜

テスト） 176, 182
休暇取得支援 205
教育訓練 16
業績給 70-72
業績考課 107, 113, 114
業績評価 82, 83, 86, 87, 89, 132
キング牧師 214, 221
クレドー（クレド） 125, 171, 172, 175, 182, 184
クレドー・オフィス 128
クレドー・サーベイ 127
クレドーチャレンジミーティング 127
クレドーリーダー 135
グローバル・スタンダード 45
グローバル・スタンダード・オブ・リーダーシップ 130
グローバル・リーダーシップ・プロフィール 130
グローバル化 2, 3
経営資源 54
経路依存性 4
ケリー, E. 213, 215, 216
権限委譲 180
健康支援 206
コアコンピテンシー 114, 240
コア能力 148
行動能力考課 113, 114, 117, 240
行動評価 132
公民権運動 214, 221
公民権法 214, 216, 221
コース制 104
コーポレート・ガバナンス 2, 22
ゴールド・スタンダード 171, 176, 179-182
子育てシフト勤務 195
コップズ, P. 222
子ども看護休暇 196
雇用調整 36
コンピテンシー 83, 114, 117, 119
コンピテンシー評価 133, 135

コンプライアンス 205

さ 行

ザ・リッツ・カールトン・ホテル 169, 170, 175, 179
サテライト・オフィス 188
サプライヤー・ダイバーシティ 223, 230
CEO（最高経営責任者） 58
CSR（企業の社会的責任） 32, 45
GM（ジェネラル・モーターズ） 33
GLBT（ゲイなど性的少数者） 232
COO（最高業務執行責任者） 58
ジェネラリスト 166-168
ジェンダーダイバーシティ 228, 230
事業部制 53
事業本部制 52, 54
自己申告制度 182, 200
市場（株主）志向 8
次世代育成支援対策推進法 191
執行役 58
執行役員制 55, 62, 66
シナジー効果 52, 55
資本主義の多様性 1
シャイン, E.H. 165
社外取締役 35, 36, 43, 45, 55, 58, 66
社内FA（free agent）制度 182
社内公募制度 182
自由主義体制 1
終身雇用 5, 16, 37, 44, 45, 51
情意考課 107
職群別職能資格制度 104, 105, 109
職種別職務等級制度 109, 112, 116
職能給 78, 92, 120
職能資格制度 78, 92, 119
職務記述書 76
職務給 71, 76-78, 90
職務等級制度 76, 77, 90, 91
職務評価 76, 92

索　引

所定労働時間　196
ジョブ・ポスティング　200
ジョンソン・エンド・ジョンソン　122
シングルレート　102
人事考課　82, 83
人事サポートライン　247, 248
新入社員教育　144
随意雇用契約　36
スウェージー, A.　220
ステークホルダー　23, 32, 33, 45, 125
ストック・オプション　35, 58
ストレス　235
ストレス耐性　245
ストレスマネジメント　238, 244
ストレス要因　236
スピーク・アップ制度　19
スペシャリスト　166-168
成果考課　107, 120, 184, 238, 242
セニョリティ　20
セルフケア　236, 237, 239, 244
全社的品質管理（TQC）　74
総合決定給　98, 99
組織（従業員）志向　8
組織のフラット化　85, 90
ソリューション・ビジネス　74, 75, 84, 85

た　行

退職者再雇用制度　201
ダイバーシティ・マーケティング　232
ダイバーシティ・マネジメント　211, 212, 217
　-221, 225, 227, 230-233
ダイバーシティ・リクルーティング　223, 224
多角化　52, 53, 55
短時間勤務制度　195
直接金融　38, 42, 50
Day 21　177
ドビン, F.　213, 215, 216
トヨタ自動車　45

取締役　38, 55, 62, 66
取締役会　32, 35, 55, 58, 62, 63

な　行

内部からの昇進　221
内部昇進制　17
ナショナルモデル　3, 4
ナレッジ・ワーカー　148
日経連ダイバーシティ・ワーク・ルール研究会
　211, 212, 233
日本IBM　142, 147
日本モデル　9, 14
年俸制　86, 87
能力考課　100, 106, 108, 110, 113, 117

は　行

配当　64
パルミサーノ, S.J.　142, 143, 147
範囲職務給　77, 87, 91
P&G　216, 217, 219, 220, 223, 224, 230-233
P&Gジャパン　219, 226, 227, 229, 230, 233
ファイザー　97
フォーチュン500社　232
福祉国家体制　1
福利厚生　5, 18, 72, 73
ブラウン判決　213, 221
ブロード・バンディング　90
プロフェッショナル　148
プロフェッショナル専門職　150
プロフェッショナル専門職制度　149
分社分権化　125
ペッパー, J.　223
変革型リーダー　156
変革型リーダーシップ　157
変動給　73
方向性の収斂　5-7, 13
ホール, D.T.　163
ポジティブ・アクション　231

269

ま 行

マーケット能力　*148, 153*
マイノリティ　*215-217, 221, 224, 225, 231*
埋没コスト　*5*
マクドナルド, R.A.　*226, 227*
メインバンク　*37, 38, 40-42, 50*
メンタル不全　*235, 236*
メンタルヘルス　*235, 238, 239, 242*
メンタルヘルスケア　*235-239, 242, 243, 245*
メンタルヘルスプログラム　*243*
モージェンス, H.　*221*
目標管理（制度）　*79, 82, 83, 86, 113*
目標考課　*107*
もの言う株主　*66*

や 行

ヤーガー, D.　*226*
有給休暇　*205*
余暇充実支援　*205, 206*

ら 行

ラインナップ　*179-181*

ラテラル・サービス　*178, 182*
ラフリー, A.G.　*226, 232*
リーダーシップ開発　*157*
リストラ　*5*
リストラクチャリング　*22, 24*
リッツ, C.　*169*
レイオフ　*20, 25, 36, 143*
レインボー市場　*232, 233*
レヴェリング, R.　*28*
レンジレート　*100*
労働安全衛生法　*248*
ローカライゼーション　*193*
ロール・プレイング　*128*

わ 行

ワーク・ライフ・バランス　*229*
ワークフォース・ダイバーシティ　*232*
ワークライフバランス　*187*
ワールドコム　*35*
和田浩子　*228*

執筆者紹介（所属，執筆分担，執筆順，＊は編者）

＊伊藤　健市（関西大学商学部教授，序章，第1章，第5章，第7章，第11章，終章）

　澤田　　幹（金沢大学人間社会研究域経済学経営学系教授，第2章，第3章）

＊堀　　龍二（駒澤大学経済学部教授，第4章，終章）

　佐藤　健司（京都経済短期大学教授，第6章，第9章）

　谷本　　啓（同志社大学商学部准教授，第8章）

＊中川　誠士（福岡大学商学部教授，第10章，終章）

〈編著者紹介〉

伊藤　健市（いとう　けんいち）
　1952年　生まれ
　現　在　関西大学商学部教授
　主　著　『アメリカ企業福祉論』ミネルヴァ書房，1990年
　　　　　『インターナショナル・ハーヴェスター社従業員代表制の研究』関西大学出版部，2009年

中川　誠士（なかがわ　せいし）
　1954年　生まれ
　現　在　福岡大学商学部教授
　主　著　『テイラー主義生成史論』森山書店，1992年
　　　　　『やさしく学ぶマネジメントの学説と思想〔増補版〕』（共著）ミネルヴァ書房，2010年

堀　龍二（ほり　りゅうじ）
　1954年　生まれ
　現　在　駒澤大学経済学部教授
　主　著　『人間らしく働く』（共著）泉文堂，2008年
　　　　　『ニューディール労働政策と従業員代表制』（共著）ミネルヴァ書房，2009年

現代社会を読む経営学⑬
アメリカの経営・日本の経営
──グローバル・スタンダードの行方──

2010年4月30日　初版第1刷発行　　　　　検印廃止

定価はカバーに
表示しています

　　　　　　　　　伊　藤　健　市
　編 著 者　　中　川　誠　士
　　　　　　　　　堀　　　龍　二
　発 行 者　　杉　田　啓　三
　印 刷 者　　藤　森　英　夫

発行所　株式会社　ミネルヴァ書房
607-8494　京都市山科区日ノ岡堤谷町1
電話代表（075）581-5191番
振替口座　01020-0-8076番

©伊藤・中川・堀ほか，2010　　　　亜細亜印刷・藤沢製本

ISBN978-4-623-05758-0
Printed in Japan

現代社会を読む経営学

全15巻
（Ａ５判・上製・各巻平均250頁）

① 「社会と企業」の経営学　　　　　　　　　國島弘行・重本直利・山崎敏夫 編著
② グローバリゼーションと経営学　　　　　赤羽新太郎・夏目啓二・日髙克平 編著
③ 人間らしい「働き方」・「働かせ方」　　　黒田兼一・守屋貴司・今村寛治 編著
④ 転換期の株式会社　　　　　　　　　　　　　　　　　　　細川 孝・桜井 徹 編著
⑤ コーポレート・ガバナンスと経営学　　　　　　　　海道ノブチカ・風間信隆 編著
⑥ CSRと経営学　　　　　　　　　　　　　　　　　　　　　小阪隆秀・百田義治 編著
⑦ ワーク・ライフ・バランスと経営学　　　　　遠藤雄二・平澤克彦・清山 玲 編著
⑧ 日本のものづくりと経営学　　　　　　　　　　　　　鈴木良始・那須野公人 編著
⑨ 世界競争と流通・マーケティング　　　　　　　　齋藤雅通・佐久間英俊 編著
⑩ NPOと社会的企業の経営学　　　　　　　　　　　　馬頭忠治・藤原隆信 編著
⑪ 地域振興と中小企業　　　　　　　　　　　　　　　　　　吉田敬一・井内尚樹 編著
⑫ 東アジアの企業経営　　　　　　　　　　　　　　　　　　中川涼司・髙久保 豊 編著
⑬ アメリカの経営・日本の経営　　　　　　　　　伊藤健市・中川誠士・堀 龍二 編著
⑭ サステナビリティと経営学　　　　　　　　　　　　　　　足立辰雄・所 伸之 編著
⑮ 市場経済の多様化と経営学　　　　　　　　溝端佐登史・小西 豊・出見世信之 編著

―― ミネルヴァ書房 ――

http://www.minervashobo.co.jp/